2021

天津调查年鉴

Tianjin Survey Yearbook

国家统计局天津调查总队　天津市统计局　编

Compiled by　NBS Survey Office in Tianjin　Tianjin Municipal Bureau of Statistics

中国统计出版社

China Statistics Press

图书在版编目（CIP）数据

天津调查年鉴. 2021 = Tianjin Survey Yearbook 2021 : 英汉对照 / 国家统计局天津调查总队，天津市统计局编. -- 北京 : 中国统计出版社，2021.7
ISBN 978-7-5037-9525-1

Ⅰ. ①天… Ⅱ. ①国… ②天… Ⅲ. ①统计资料－天津－2021－年鉴－英、汉 Ⅳ. ①C832.21-54

中国版本图书馆 CIP 数据核字（2021）第 123044 号

天津调查年鉴 -2021

作　　者 / 国家统计局天津调查总队　天津市统计局
责任编辑 / 李　冲
执行编辑 / 吕仁睿
封面设计 / 李雪燕
出版发行 / 中国统计出版社
通信地址 / 北京市丰台区西三环南路甲 6 号　邮政编码 /100073
电　　话 / 邮购（010）63376909　书店（010）68783171
网　　址 / http://www.zgtjcbs.com/
印　　刷 / 河北鑫兆源印刷有限公司
经　　销 / 新华书店
开　　本 / 880mm×1230mm　1/16
字　　数 / 254 千字
印　　张 / 13.25　0.5 彩页
版　　别 / 2021 年 7 月第 1 版
版　　次 / 2021 年 7 月第 1 次印刷
定　　价 / 280.00 元　280.00yuan(RMB)

本书附同版本 CD-ROM 一张，光盘内容以书面文字为准。
如有印装差错，由本社发行部调换。

2020年全市居民人均可支配收入构成

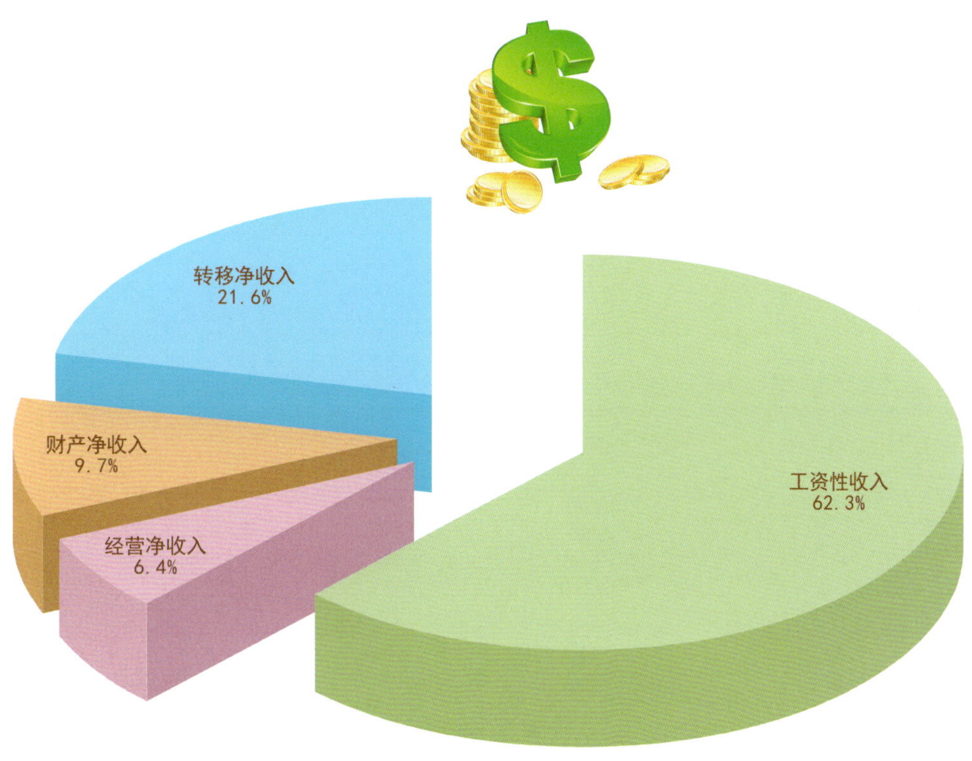

2020年全市居民人均消费支出构成

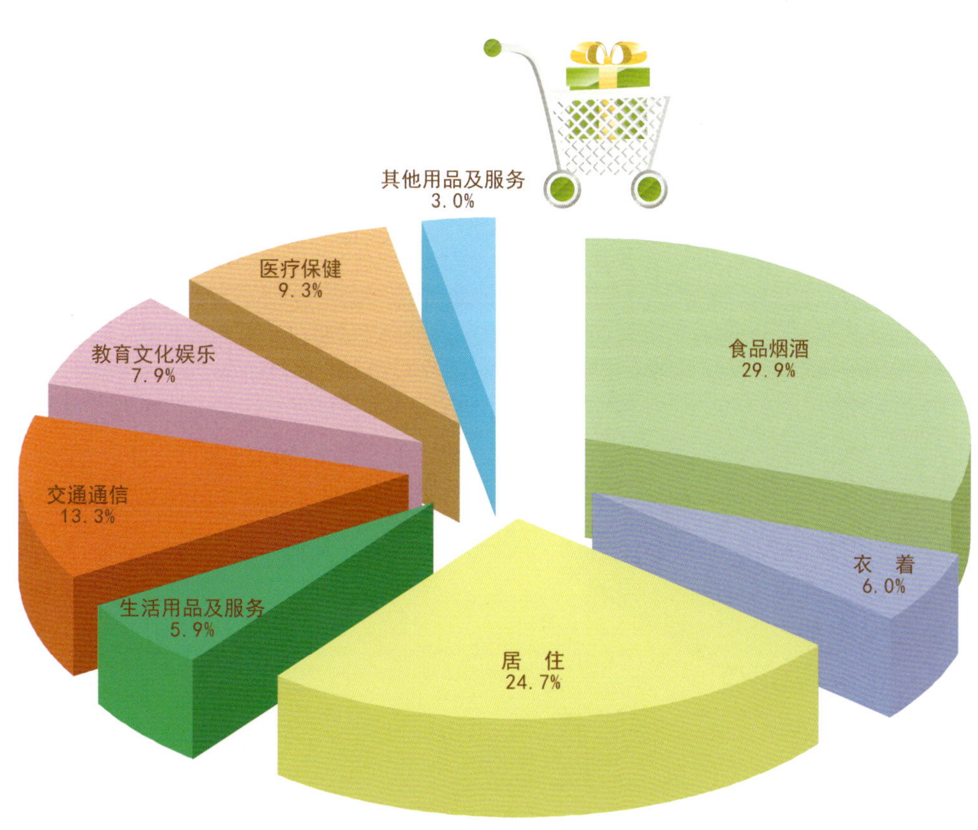

2020 年城镇居民人均可支配收入构成

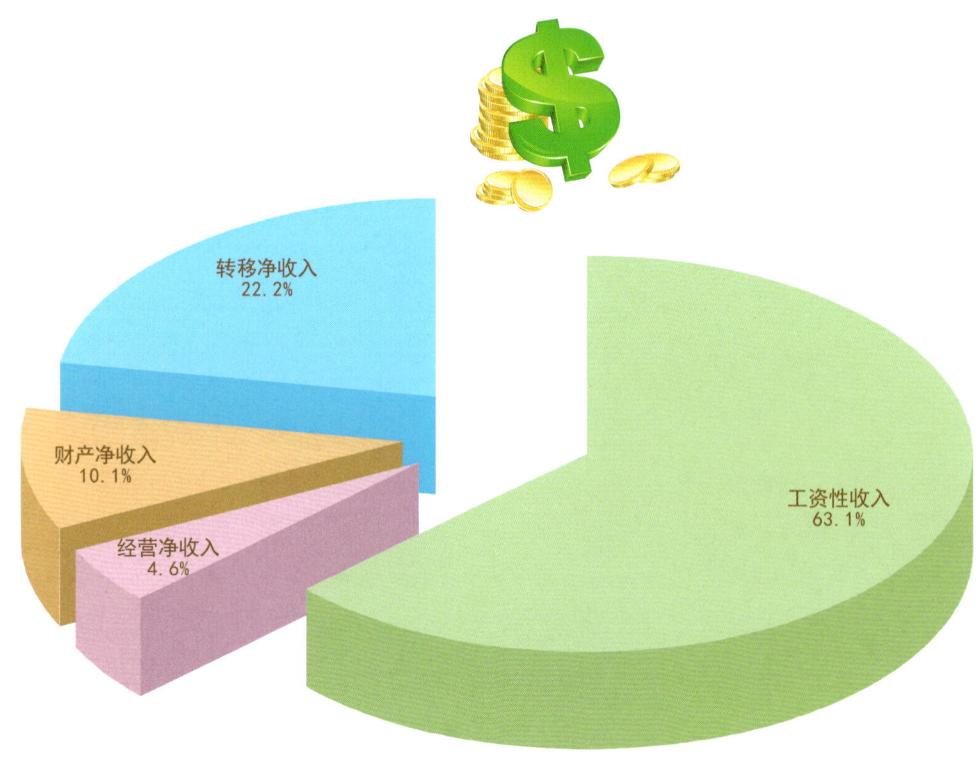

2020 年城镇居民人均消费支出构成

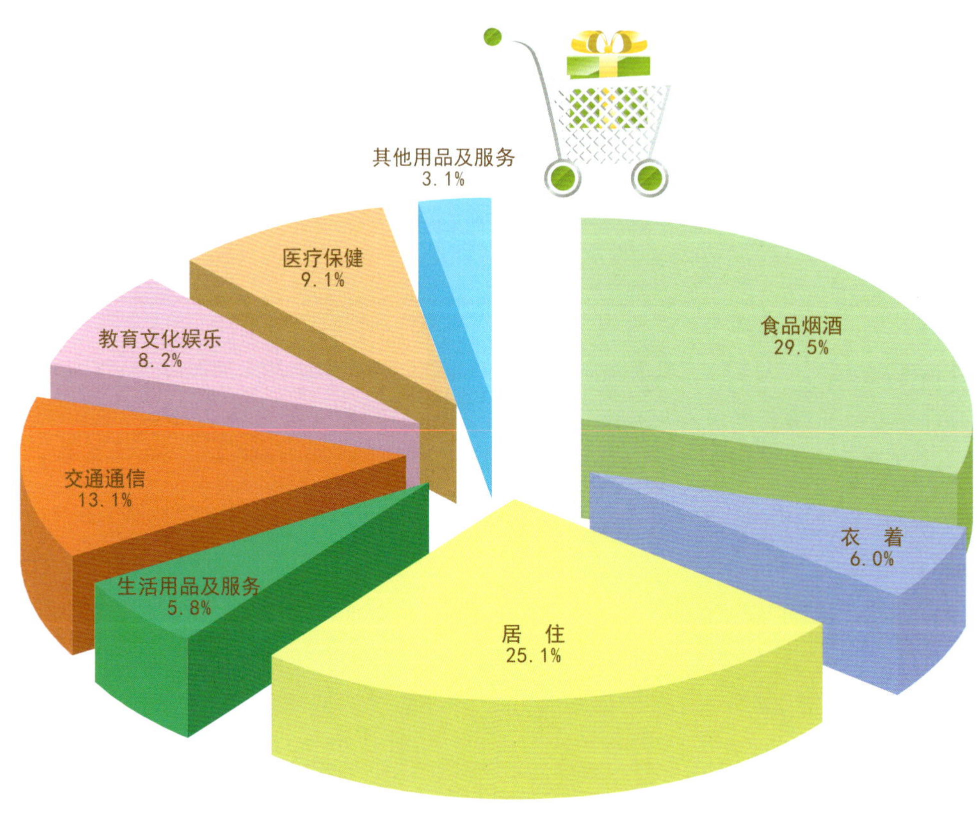

2020 年农村居民人均可支配收入构成

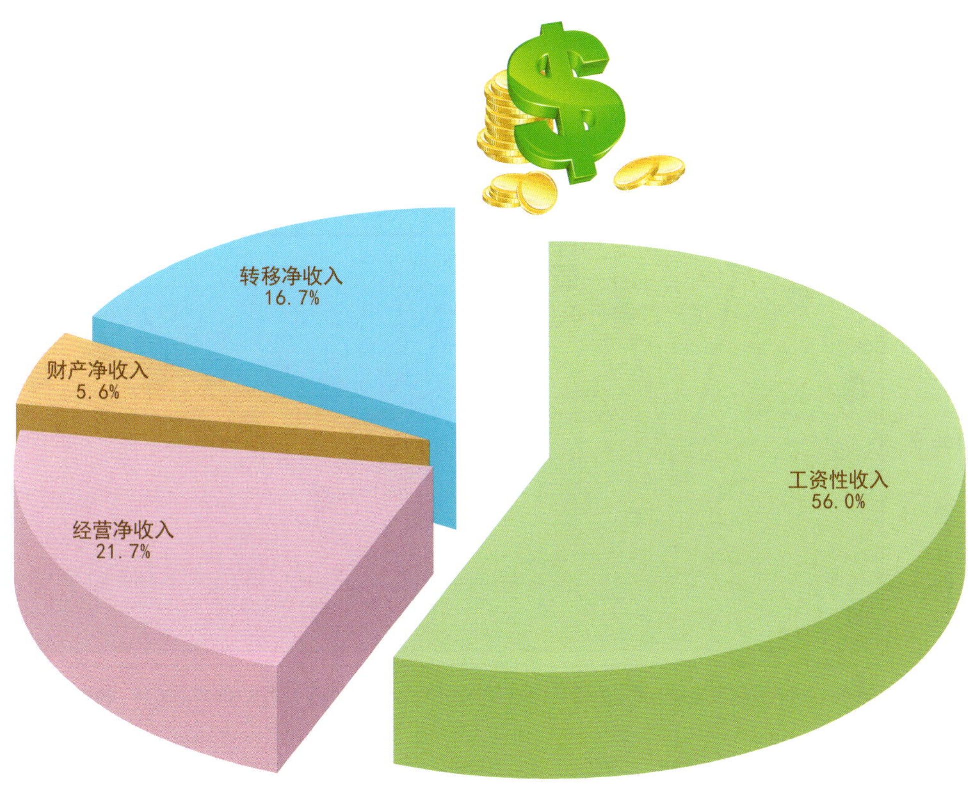

2020 年农村居民人均消费支出构成

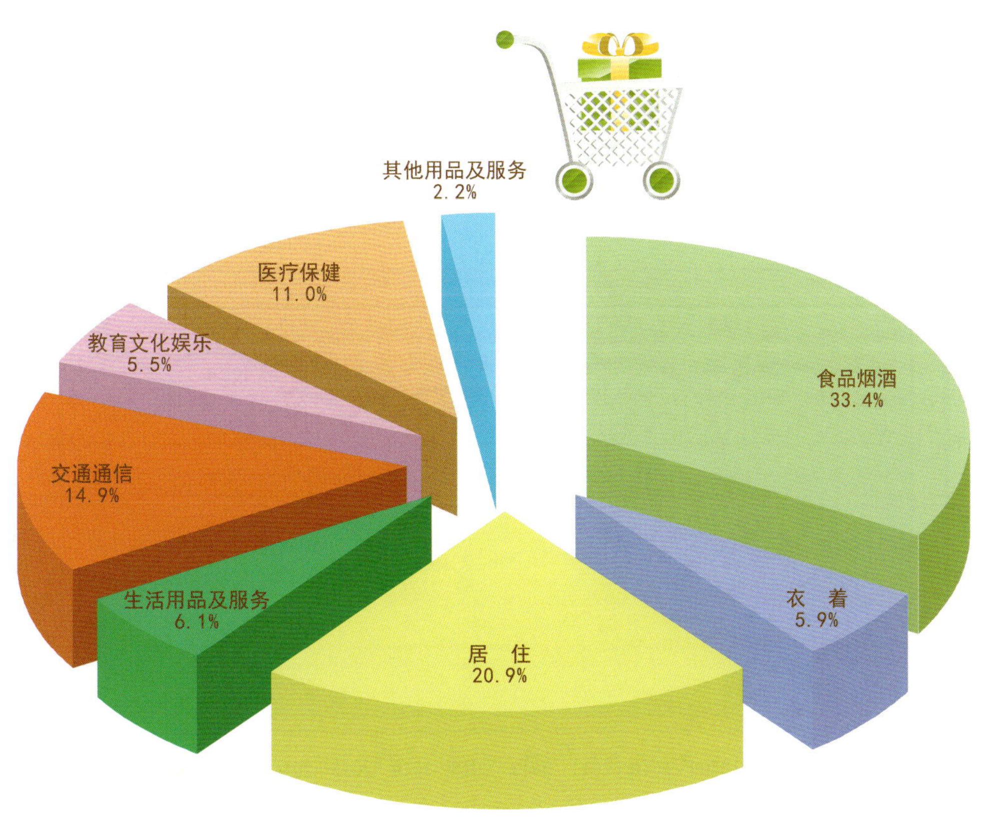

天津调查年鉴—2021

编辑委员会

Tianjin Survey Yearbook 2021
Editorial Board and Staff

编者说明

一、《天津调查年鉴》是一部反映天津城乡居民生活、居民消费价格、工业生产者价格、房地产价格、固定资产投资价格、农村与农业发展情况的统计资料工具书，创刊于2006年，逐年出版。本书以翔实的抽样调查资料与统计资料向社会各界展现天津经济与民计民生发展状况，成为社会各界了解天津、认识天津和分析研究天津经济和社会发展的权威性资料工具书。

二、《天津调查年鉴2021》载有综合篇、人民生活篇、价格及价格指数篇、农业篇四个篇目。为方便读者使用，在书中每篇后注明统计指标解释。

三、本年鉴数据资料所使用的计量单位，除部分面积单位使用亩或万亩外，其他均为国际统一标准计量单位。

四、本年鉴统计图表中，"#"表示其中的主要项，"空格"表示统计指标无数据，"…"表示数据不足本表最小计量单位数。

五、由于与不同年份有关专业的普查结果相衔接，以及国家统计制度变化等原因，年鉴中部分指标的历史年度数据会有变动。读者在使用历史资料时，凡以前的年鉴与本年鉴数据有出入的，均以本年鉴为准。

六、感谢广大读者对《天津调查年鉴》编辑出版工作的支持和帮助，欢迎继续提出宝贵意见，使《天津调查年鉴》的形式和内容更趋完善。

EDITOR'S NOTES

Ⅰ. *Tianjin Survey Yearbook* is a statistics publication, which reflects various aspects of the livelihood of urban and rural Tianjin residents, consumer prices, industrial producer prices, real estate price, fixed-asset investment prices, purchasing managers' index, rural and agricultural development. It was created in 2006 and published annually ever since. Possessing plentiful and detailed sampling survey and statistical materials to reflect various aspects of Tianjin's economic and the development of people's livelihood, the yearbook has become the most authoritative statistics publication for various circles to get to know Tianjin and to analyze Tianjin's economic and social development.

Ⅱ. There are four chapters in *Tianjin Survey Yearbook* 2021 including General Survey, People's Living Conditions, Price and Price Indices, Agriculture. To facilitate and ensure comprehension, there are explanatory notes attached after each chapter.

Ⅲ. The units of measurement used in this yearbook are internationally standard measurement units except for partial area units which used mu or million mus.

Ⅳ. In the charts of this yearbook: "#" indicates a major breakdown of the total; (blank space) indicates the data is not available; and "···" indicates the figure is not large enough to be measured with the smallest unit in the table.

Ⅴ. Some data in this yearbook is different from former yearbook for the reason of keeping consistent with data of census as well as changes of national statistics system. The data of this yearbook should be considered as authoritative.

Ⅵ. The readers' support and help during the editing and publishing work of *Tianjin Survey Yearbook* is very much appreciated. And we hope for your valuable suggestions to make the form and content of Tianjin Survey Yearbook more perfect.

目 录

Contents

一、综合

GENERAL SURVEY

二、人民生活

PEOPLE'S LIVING CONDITIONS

三、价格及价格指数

PRICE AND PRICE INDICES

四、农 业

AGRICULTURE

一、综　合

Chapter 1
GENERAL SURVEY

2020年天津市国民经济和社会发展统计公报

天津市统计局
国家统计局天津调查总队

2020年，面对国内外形势深刻复杂变化特别是新冠肺炎疫情的严重冲击，天津市坚持以习近平新时代中国特色社会主义思想为指导，全面贯彻党的十九大和十九届二中、三中、四中、五中全会精神，深入贯彻落实习近平总书记一系列重要讲话和指示要求，按照党中央、国务院决策部署，在市委、市政府坚强领导下，坚持稳中求进工作总基调，坚持新发展理念，坚持供给侧结构性改革，科学统筹疫情防控和经济社会发展，扎实做好“六稳”工作，全面落实“六保”任务，全市经济社会经受住了前所未有考验，发展好于预期，经济运行加速恢复，经济结构调整优化，动能转换提速显效，民生福祉不断增强，全面建成高质量小康社会取得决定性成就，“十三五”实现圆满收官。

一、综合

根据国家统一初步核算，2020年天津市生产总值（GDP）14083.73亿元，按可比价格计算，比上年增长1.5%。其中，第一产业增加值210.18亿元，下降0.6%；第二产业增加值4804.08亿元，增长1.6%；第三产业增加值9069.47亿元，增长1.4%。三次产业结构为1.5∶34.1∶64.4。

财税结构进一步优化。全年一般公共预算收入1923.05亿元，其中税收收入1500.08亿元，占一般公共预算收入的比重为78.0%。从主体税种看，增值税650.31亿元，企业所得税310.52亿元，个人所得税103.40亿元。全年一般公共预算支出3151.37亿元，投入民生领域支出占财政总支出比重保持在75%左右。其中，社会保障和就业支出518.51亿元，教育支出443.05亿元，卫生健康支出175.67亿元。

供给侧结构性改革持续深化。去产能取得实效，2020年四季度，全市规模以上工业产能利用率为78.8%，高于上年同期0.6个百分点；全年水泥产量下降17.2%，平板玻璃产量下降5.2%。减税降费稳步推进，年末规模以上工业企业资产负债率为54.4%，全年规模以上工业企业百元营业收入成本85.80元。投资补短板力度不断加大，全市社会领域投资增长12.8%，其中教育投资增长13.9%，文化体育和娱乐投资增长85.8%。

新动能引领作用凸显。新产业加快发展，全年高技术产业（制造业）增加值增长4.6%，快于规上工业3.0个百分点，比上年加快1.5个百分点，占比为15.4%，提高1.4个百分点；工业战略性新兴产业增加值增长4.4%，快于规上工业2.8个百分点，比上年加快0.6个百分点，占比为26.1%，提高5.3个百分点。高技术服务业和战略性新兴服务业营业收入分别增长5.4%和4.9%，均快于规模以上服务业平均水平，占比分别超过1/3和1/4；新兴服务业逆势快速增长，互联网和相关服务营业收入增长16.1%，研究和试验发展增长18.5%，软件和信息技术服务业增长9.5%，直播带货、远程办公、在线教育、互联网医疗等新模式快速发展。新动能投资增长较快，高技术产业投资增长14.0%，战略性新兴产业投资增长1.8%，智能制造投资增长22.9%。部分电子及新产品产量保持较快增长，服务机器人产量增长1.6倍，电子计算机增长93.3%，新能源汽车增长70.3%，电子元件增长35.4%，集成电路增长28.5%，光电子器件增长2.1倍。信息安全、动力电池入选全国20个先进制造业集群。“中国信创谷”“细胞谷”“生物制造谷”“北方声谷”及市数字经济产业创新中心等新增长点正在形成。天津（西青）国家级车联网先导区揭牌，天津经济技术开发区入选首批国家数字服务出口基地。

营商环境争创一流。深入实施我市《优化营商环境条例》，完成“一制三化”2.0 版改革任务，出台进一步优化营商环境更好服务市场主体的若干措施，制定实施优化营商环境三年行动计划，852 项政务服务事项实行承诺审批，564 项实行“不见面”办理，“证照分离”实现涉企经营许可事项和改革实施范围全覆盖。“津心办”上线服务事项 1700 余项，实现企业开办等业务“掌上办”。实施市场准入负面清单（2020 年版），清理准入不合理限制和隐性壁垒。推动出台我市社会信用条例，开展区域信用和市级部门诚信建设状况监测。全年新登记市场主体 25.62 万户，其中民营市场主体 25.45 万户。

民营经济活力不断增强。全年民营经济增加值 5053.91 亿元，增长 0.3%，占全市比重为 35.9%。规模以上民营企业工业增加值增长 2.0%，快于全市平均水平 0.4 个百分点，占比为 26.5%，比上年提高 4.8 个百分点。限额以上民营企业批发和零售业商品销售额增长 7.1%，快于全市平均水平 6.7 个百分点，占比达到 59.1%。民营企业出口增长 21.0%，快于全市出口 19.1 个百分点，占比为 43.5%，提高 6.8 个百分点。

居民消费价格涨幅回落。全年居民消费价格上涨 2.0%，涨幅比上年回落 0.7 个百分点。分类别看，食品烟酒价格上涨 6.5%，衣着下降 1.5%，居住上涨 0.7%，生活用品及服务上涨 0.2%，交通和通信下降 2.9%，教育文化和娱乐上涨 2.6%，医疗保健下降 0.1%，其他用品和服务上涨 7.9%。

工业生产者价格同比下降。全年工业生产者出厂价格下降 2.9%，工业生产者购进价格下降 3.1%。

二、农业

农业生产总体稳定。全年农林牧渔业总产值 476.36 亿元，增长 0.9%。其中，农业产值 228.49 亿元，林业产值 15.73 亿元，牧业产值 145.10 亿元，渔业产值 68.64 亿元，农林牧渔专业及辅助性活动产值 18.40 亿元。粮食生产再获丰收，全年粮食产量达 228.18 万吨，增长 2.2%；蔬菜产量 266.47 万吨，增长 9.8%；肉类产量 29.46 万吨；水产品产量 28.48 万吨，增长 8.6%；禽蛋产量 20.83 万吨，增长 7.6%；牛奶产量 50.07 万吨，增长 5.7%。生猪和能繁母猪存栏连续 11 个月环比增加。

现代农业发展势头良好。深入实施小站稻振兴工程，种植面积 80.2 万亩。新建高标准农田 25.4 万亩，建设提升规模化规范化设施示范园区 33 个、种养循环示范场 80 个、水产健康养殖示范场 8 个。宁河国家现代农业产业园基本完成创建任务，宝坻国家现代农业产业园加紧建设，都市型奶业产业集群项目加快推进。

三、工业和建筑业

工业生产稳中向好。全年全市工业增加值 4188.13 亿元，比上年增长 1.3%，规模以上工业增加值增长 1.6%。规模以上工业中，分门类看，采矿业增加值增长 2.8%，制造业增长 1.5%，电力、热力、燃气及水生产和供应业下降 1.0%。分企业规模看，大型企业增加值增长 1.5%，占规上工业的比重为 51.2%；中小微企业增加值增长 1.8%，快于全市平均水平 0.2 个百分点，占比为 48.8%，比上年提高 8.4 个百分点。分登记注册类型看，国有企业增加值下降 3.8%，占比为 27.9%；民营企业增加值增长 2.0%，占比为 26.5%；外商及港澳台商企业增加值增长 4.7%，占比为 45.6%。从重点行业看，汽车制造业增加值增长 5.7%，黑色金属冶炼和压延加工业增长 2.6%，医药制造业增长 3.5%，电气机械和器材制造业增长 22.9%，仪器仪表制造业增长 16.7%，铁路、船舶、航空航天和其他运输设备制造业增长 13.5%，石油和天然气开采业增长 6.3%。规模以上工业在目录的 407 种产品中，42.3%的产品产量实现增长。

建筑业增势较好。全年建筑业增加值 719.73 亿元，增长 3.9%，建筑业总产值 4388.17 亿元，增长 7.1%。建筑业企业房屋施工面积 15234.45 万平方米，其中新开工面积 3922.07 万平方米。截至年末，全市具有特级、一级资质的总专包建筑业企业 336 家，比上年末增加 14 家。

四、服务业

服务业生产不断改善。全年批发和零售业增加值 1246.22 亿元，比上年下降 2.0%；交通运输、仓储和邮政业增加值815.55亿元，下降1.0%；住宿和餐饮业增加值132.04亿元，下降24.2%；金融业增加值2056.73亿元，增长5.1%，占全市生产总值的比重为14.6%；房地产业增加值1302.51亿元，下降0.3%。

交通运输业发展提速。全面加快天津港建设世界一流智慧港口、绿色港口，全球首次集装箱传统码头无人自动化改造全流程实船系统测试取得成功，外贸集装箱船舶整船换装功能实现突破，北疆港区C段智能化集装箱码头工程加快建设。出台加快“公转铁”“散改集”和海铁联运发展政策措施，海铁联运吞吐量突破80万标准箱。天津港集疏运专用货运通道建设方案获批。全年全市货运量53566.39万吨。其中，铁路11123.81万吨，水运9133.99万吨，公路32261.07万吨。货物周转量2370.73亿吨公里。其中，铁路284.52亿吨公里，水运1442.01亿吨公里，公路640.12亿吨公里。全年客运量1.16亿人次，旅客周转量278.82亿人公里。港口货物吞吐量5.03亿吨，增长2.2%；集装箱吞吐量1835.31万标准箱，增长6.1%。机场旅客吞吐量1328.55万人次，货邮吞吐量18.50万吨。截至年末，全市民用汽车保有量329.03万辆，其中私人汽车279.20万辆；民用轿车205.94万辆，其中私人轿车188.20万辆。

邮电业快速增长。全年邮电业务总量1779.54亿元，增长32.4%。其中，电信业务总量1584.94亿元，增长32.6%；邮政行业业务总量194.60亿元，增长30.8%。全年快递业务量9.28亿件，增长33.0%。年末固定电话用户325.81万户，移动电话用户1711.01万户，固定互联网宽带接入用户534.60万户。提速“两网”建设，移动宽带、固定宽带下载速率均跃居全国第3位；累计建成5G基站2.4万个，完成中国北方首条2.6GHz频段5G智能网联测试道路建设，“5G+智慧教育”获批国家级智慧应用试点。围绕智慧城市、智慧港口、智能制造等重点领域打造150个5G应用场景。西青区、津南区入选国家数字乡村试点地区。

五、国内贸易

消费市场稳步复苏。落实国家促进消费扩容提质加快形成强大国内市场的实施意见，出台“促进汽车消费11条”。线上津洽会和一批线下展会成功举办，推出“99购物节”等200多场全市性活动。打造夜间经济2.0版，重点推进十大工程，形成多元化夜间消费市场。加快金街步行街改造提升，引进培育一批特色店项目。全年批发和零售业商品销售额下降1.8%，其中限额以上批发和零售业商品销售额增长0.4%，限额以上中小微企业商品销售额增长5.1%。社会消费品零售总额下降15.1%，其中限额以上社会消费品零售总额下降12.9%。

消费结构加快升级。全年限额以上单位商品零售额中，粮油类、蔬菜类、饮料类零售额分别增长6.8%、41.0%和2.5倍，体育、娱乐用品类增长62.9%，文化办公用品类增长27.7%，智能家用电器和音像器材增长2.2倍，新能源汽车增长47.9%，智能手机增长33.1%。

六、固定资产投资

固定资产投资平稳增长。全年固定资产投资（不含农户）增长3.0%。分产业看，第一产业投资增长83.0%，第二产业投资增长1.6%，第三产业投资增长2.6%。分领域看，工业投资增长1.8%，其中制造业投资增长0.6%；基础设施投资增长20.0%，其中交通运输和邮政投资增长34.6%，信息传输和信息技术服务投资增长33.7%，水利、生态环境和公共设施管理投资增长14.8%。

全年房地产开发投资下降4.4%。全市新建商品房销售面积下降11.6%，其中住宅销售面积下降11.7%；商品房销售额下降7.1%，其中住宅销售额下降6.2%。

七、金融

金融市场健康发展。社会融资规模稳步增长，全年全市社会融资规模增量累计为4508亿元，同比多增1642亿元。年末中外金融机构本外币各项存款余额34145.00亿元，比年初增加2356.22亿元，比上年末增长7.4%。各项贷款余额38859.42亿元，比年初增加2718.15亿元，增长7.5%。其中，制造业中长期贷款余额 1038.15 亿元，增长 27.6%，贷款余额和增速均创新高。

证券市场发展成效明显。出台关于支持企业上市融资加快新动能引育的有关政策，全年新增上市公司 8 家，年末全市共有 78 家上市公司的 83 只股票在境内外资本市场交易。年末证券账户 626.15 万户，比上年末增长 12.8%。全年各类证券交易额 61342.3 亿元，增长 53.6%。其中，股票交易额 36207.68 亿元，增长 69.8%；债券交易额 22430.06 亿元，增长 32.7%；基金交易额 2535.10 亿元，增长 52.8%。期货市场成交额 129552.13 亿元，增长 27.6%。

保险市场稳步发展。全年原保险保费收入 672.09 亿元，增长 8.8%。其中，人身险保费收入 507.83 亿元，增长 9.1%；财产险保费收入 164.26 亿元，增长 7.9%。全年赔付支出 168.18 亿元，增长 6.3%。其中，人身险赔付 84.54 亿元，增长 7.2%；财产险赔付 83.64 亿元，增长 5.5%。年末共有保险机构 377 家，保险公司从业人员 10.48 万人。

八、开发开放

外贸出口保持增长。全年外贸进出口总额 7340.66 亿元，下降 0.1%，基本恢复至上年水平。其中，进口 4265.54 亿元，下降 1.5%；出口 3075.12 亿元，增长 1.9%。从贸易方式看，一般贸易出口 1746.24 亿元，占全市出口比重为 56.8%，比上年提高 4.5 个百分点，增长 10.7%，快于全市出口 8.8 个百分点；加工贸易出口 1142.85 亿元，下降 10.1%。从贸易伙伴看，对欧盟出口增长 3.8%，对美国出口增长 2.2%，对东盟出口增长 1.0%，对日本、韩国出口分别下降 11.5%和 2.7%。从产品结构看，机电产品出口占比为 66.0%，高新技术产品出口占比为 28.4%。

招商引资取得积极成效。全年共引进内资项目 3024 个，实际利用内资 2926.18 亿元，增长 1.5%。其中，引进服务业项目 2281 个，到位资金 2408.98 亿元，占比 82.3%；引进制造业项目 491 个，到位资金 372.54 亿元，增长 33.2%，占比 12.7%。全市新批外商投资企业 570 家，合同外资额 362.48 亿美元，增长 14.7%，实际直接利用外资 47.35 亿美元，增长 0.1%。

对外开放力度加大。积极融入“一带一路”，互联互通合作深度开展，开行中亚国际班列 396 列，累计发送 43448 标准箱。经贸投资合作持续深化，融入中蒙俄、中巴经济走廊建设取得成效，天津意大利中小企业产业园加快建设，中埃•苏伊士经贸合作区保税仓库完成验收交付，中国—中东欧“17+1”国家农业合作示范区核心区完成建设规划编制，中日（天津）健康产业发展合作示范区规划建设有序推进。全年新设境外企业机构 99 家，中方投资额 16.48 亿美元，增长 3.3%。对外承包工程新签合同额 59.2 亿美元，完成营业额 56.7 亿美元。年末在外劳务人员 1.31 万人。

自贸试验区改革创新引领作用突出。法定机构改革全面落地，66 项自主创新措施全面实施，10 项试点经验向全国推广。出口加工区、东疆保税港区、天津保税物流园区转型升级为综合保税区。全年自贸试验区新设立企业 1.08 万家，新增内资企业注册资本 3004 亿元。

九、京津冀协同发展

承接北京非首都功能疏解和支持雄安新区建设取得新进展。发挥能动机制作用，积极对接服务北京，北京地区在津投资 1262.27 亿元，占全市利用内资比重达到 43.1%。持续完善“1+16”承接载体，出台支持重点平台服务京津冀协同发展的政策措施，滨海—中关村科技园新增注册企业 666 家，宝坻京津中关村科技城新增注册企业 210 家。签署“世界一流津冀港口全面战略合作框架协议”，发挥天津港集团雄安新区服务中心作用，天津港雄安绿色通道操作量 9694 标准箱。

重点领域协同发展。京津、京沪、京滨、津兴四条高铁联通北京格局加快形成。全年天津口岸进出口总额 13214.53 亿元，其中来自京冀的货物占比 31.0%。京津冀异地就医门诊直接结算试点有序推进。

十、城市建设和公用事业

城市载体功能继续拓展。编制完成国土空间总体规划初步方案，加快构建“津城”“滨城”双城发展格局。交通强国建设试点实施方案获批，地铁4号线南北段、7、8、10、11号线一期、6号线二期和B1线、Z4线加快建设。滨海新区绕城高速全线贯通，津石高速公路天津西段开通，津石高速公路天津东段、塘承高速公路滨海新区段加快建设，邦喜公路、滨玉公路等项目通车，外环线国道功能外迁工程圆满收官。截至年末，全市公路里程16411.02公里，其中高速公路1324.79公里。新开公交线路14条，全市公交线路达到1002条，公交运营车辆12409辆。

公用事业平稳发展。供热、燃气旧管网改造分别完成55.1公里和51.2公里，污水处理能力达到401万吨/日，生活垃圾分类全面推进。新增8座生活垃圾无害化处理设施，中心城区生活垃圾已全部实现科学无害化处理。全社会用电量874.59亿千瓦时，其中城乡居民生活用电量126.11亿千瓦时，增长10.4%。

十一、教育和科学技术

教育事业均衡发展。完成第三轮义务教育学校现代化标准建设，制定义务教育学位资源建设三年行动方案，谋划新一轮职业教育改革创新，推进高等教育内涵建设，加快高校“双一流”建设。全年完成义务教育资源建设项目41个，新增办学规模938个班，新增中小学学位4.34万个。深入开展学前教育资源建设两年攻坚行动，全年新增幼儿园学位6.97万个。截至年末，全市共有研究生培养机构24所，普通高校56所，中等职业教育学校73所，普通中学530所，小学885所。全年研究生招生2.83万人，在校生7.90万人，毕业生2.17万人。普通高校招生17.50万人，在校生57.22万人，毕业生14.27万人。中等职业教育学校招生3.56万人，在校生9.84万人，毕业生3.67万人。普通中学招生17.23万人，在校生49.04万人，毕业生14.88万人。小学招生13.38万人，在校生73.01万人，毕业生11.04万人。幼儿园2575所，在园幼儿29.86万人。

创新活力不断激发。成功举办第四届世界智能大会。实施科技创新三年行动计划，自主创新和原始创新策源能力明显提升。推进创新平台建设，大型地震工程模拟研究设施、新一代超级计算机、国家合成生物技术创新中心建设进展顺利；省部共建组分中药国家重点实验室和国家应用数学中心获批，入围国家军民科技协同创新平台试点。梯次培育科技型企业，国家高新技术企业累计7420家，评价入库国家科技型中小企业、市级雏鹰企业、市级瞪羚企业分别达到8179家、3557家和385家。新增12家国家备案众创空间，总数达到88家，国家专业化众创空间达到6家、位居全国第三。国家企业技术中心达到68家，市级企业技术中心达到646家。年末全市共有国家级重点实验室14个。全年签订技术合同9822项，合同成交额1112.98亿元，增长20.6%；技术交易额600.8亿元，增长18.2%。

人才引育和科技创新成果丰硕。加强“项目+团队”引才，遴选306个创新创业团队“带土移植”。“海河英才”行动计划累计引进各类人才35万人。年末在津院士36人，新建博士后工作站43个，新进站博士后417人。全年市级科技成果登记数1880项，其中，属于国际领先水平94项，达到国际先进水平231项。全年专利授权7.54万件，其中发明专利5262件；年末有效发明专利3.82万件。

十二、文化旅游、卫生健康和体育

文化事业繁荣活跃。圆满完成“2020年天津市名家经典惠民演出季”等活动，共举办演出472场次，精品剧目30台。京剧《秦香莲》等6部作品入选“庆祝中国共产党成立100周年舞台艺术精品创作工程”。圆满完成第五届市民文化艺术节，线上线下参与人数达2425.77万人次。电视剧《换了人间》获第32届飞天奖优秀电视剧奖。平津战役纪念馆被评为国家一级博物馆，大沽口炮台遗址博物馆等3家博物馆被评为国家二级博物馆。完成第二批基层综合性文化服务中心达标验收，85个街镇和2363个村居综合性文化服务中心全面达标。滨海新区、西青区、和平区入选第一批国家文化和旅游消费试点城市。智慧山文化创意产业园入选第二批国家文化产业示范园区创建园区。截至年末，全市共有艺术表演团体 146 个，文化馆 17 个，博物馆 70 个，公共图书馆 28 个，街乡镇综合文化站 245 个。全市影院共计 119 家，放映场次 48.91 万场，观影人数 770.22 万人次，实现票房收入 2.89 亿元。全年出版图书 9463 万册，期刊 2757 万册，报纸 1.98 亿份。

旅游提振复苏。推出全市所有 A 级旅游景区对全国医务工作者实行年内免门票举措。成功举办 2020 中国旅游产业博览会，创新线上线下一体办展模式，吸引 2000 余家文旅企业参与。举办“鼓楼津声”“I•游天津”旅游季等系列活动，推广 52 条精品旅游路线，打响“网红天津”城市 IP。推出天津通票 2.0，全力打造“近代中国看天津”等优质旅游升级版。蓟州区、和平区、中新天津生态城国家全域旅游示范区加快建设，金街步行街、国家海洋博物馆获评国家 4A 级旅游景区。全年共接待入境游客 17.13 万人次，入境旅游外汇收入 3.34 亿美元；接待国内游客 1.41 亿人次，国内旅游收入 1331.42 亿元。

卫生健康体系建设不断推进。制定实施健康天津行动计划，出台促进中医药传承创新发展的实施方案。出台促进 3 岁以下婴幼儿照护服务发展实施细则，实施妇女儿童健康促进计划。加强院前急救能力建设，6 个急救分中心建成投入运行，接报至到达现场平均时间降至 10 分钟以内，全市急救站点达到 204 个。截至年末，全市共有各类卫生机构 5836 个，其中医院 423 个。卫生机构床位 6.84 万张，其中医院 6.15 万张。卫生技术人员 11.40 万人，其中执业（助理）医师 4.92 万人，注册护士 4.27 万人。医疗卫生机构诊疗人数 9841.6 万人次，其中医院诊疗人数 5536.7 万人次。

体育事业发展取得新成绩。成功举办全国蹦床锦标赛、全国棒球锦标赛、全国青年棒球锦标赛、全国短道速滑冠军赛、全国短道速滑锦标赛等赛事和第六届全国大众冰雪季暨天津冰雪嘉年华活动。天津女排第 13 次获得全国女排联赛冠军。在全国最高水平赛事上，天津体育健儿共获得 18 枚金牌、16 银牌、18 枚铜牌。更新 450 余个社区（行政村）健身园，健身广场 115 个等，新建多个健身广场、健身步道、篮球场、口袋健身公园等体育健身设施。

十三、就业和人民生活

就业形势总体稳定。出台“强化稳就业 76 条”“高校毕业生就业 40 条”等一系列助企稳岗措施，重点群体就业压力有所缓解；举办首届“海河英才”创业大赛，推动 70 个优质项目落地孵化。全年新增就业 37.09 万人，调查失业率呈现稳中有落态势。

居民收入稳定增长。全年全市居民人均可支配收入 43854 元，增长 3.4%。其中，财产净收入 4240 元，增长 8.5%；转移净收入 9478 元，增长 12.9%。按常住地分，城镇居民人均可支配收入 47659 元，增长 3.3%；农村居民人均可支配收入 25691 元，增长 3.6%。

人居环境持续改善。完成 12.2 万平方米市区零散棚户区改造和 5087 户农村困难群众存量危房改造。18 个积水片区改造全部完工。建成 150 个农村人居环境整治示范村。实施农村全域清洁化工程，圆满完成新一轮农村饮水提质增效工程，累计让 2061 个村、202.2 万农村居民喝上“安全水”“放心水”。完成农村 29.6 万座户厕和 1510 座公厕的改造提升。

十四、社会保障和社会救助

社会保障网进一步筑牢。持续推进全民参保计划，年末全市参加城镇职工基本医疗保险人数 618.43 万人，参加城乡居民基本医疗保险人数 545.67 万人，分别比上年增长 3.9%和 0.7%；参加城镇职工基本养老保险人数 730.83 万人，参加城乡居民养老保险人数 169.72 万人，分别增长 5.1%和 3.2%；参加城镇职工工伤保险人数 405.63 万人，增长 1.4%；参加城镇职工失业保险人数 349.12 万人，增长 4.1%；参加城镇职工生育保险人数 353.51 万人，增长 3.6%。

社会救助体系持续完善。年末全市老人家食堂达到 1696 个，养老机构 387 家。老人日间照料服务中心（站）1257 个，床位数 1.2 万张。提供住宿的社会服务机构拥有床位 5.99 万张。全市低保对象 14.14 万人，特困供养人员 1.22 万人，各类福利机构年末收养人员 2.5 万人。开展残疾人技能技术培训 4600 余人次，全市残疾人新增就业 5399 人。全年社会救助总支出 19.58 亿元。全年医疗救助总人数 29.97 万人，医疗救助支出 4.69 亿元。

十五、扶贫协作、生态环保和安全生产

协作支援助力脱贫。高质量推进东西部扶贫协作和支援合作，全年投入财政帮扶资金 32.56 亿元，实施帮扶项目 1309 个，选派干部人才 2336 人，募集社会帮扶款物 4.62 亿元。开展“津企陇上行”“津企承德行”“民营企业西部行”“消费扶贫”等活动，完善外出就业“点对点”服务、在津稳岗就业政策跟进工作机制，强化教育医疗帮扶，圆满助力 50 个结对贫困县、335.65 万贫困人口脱贫摘帽，实现“两不愁三保障”。

污染防治成效显著。打好蓝天保卫战，“钢铁围城”“园区围城”加快治理，撤销取缔工业园区 132 个。PM2.5 平均浓度 48 微克/立方米，比上年下降 5.9%，优良天数比例 66.9%，提高 6.9 个百分点。打好碧水保卫战，地表水国控断面优良水质占比 55.0%，提高 5 个百分点，水环境达到近年最好水平。劣Ⅴ类水质比例降至 0。12 条入海河流全部消劣，近岸海域优良水质比例达到 70.4%。建成区全部消除黑臭水体。打好净土保卫战，完成耕地土壤环境质量类别划定，更新发布建设用地土壤污染风险管控与修复名录。

生态环境建设加速提质。深入实施“871”重大生态工程，湿地自然保护区全面升级保护，七里海湿地完成生态修复工程，北大港湿地持续开展生态补水，大黄堡湿地完成翠金湖、燕王湖项目区生态修复，团泊湿地开展北堤南侧提升改造工程。双城间绿色生态屏障加快建设，重点打造十大生态片区，造林绿化工程完成 4.9 万亩。海岸线加快提升生态功能，整治修复滨海湿地 531.87 公顷、岸线 4.78 公里，全力打造“水清、岸绿、滩净、湾美”的蓝色海湾。全市森林覆盖率 12.07%。中新天津生态城国家绿色发展示范区建设取得明显成效。蓟州区获批国家生态文明建设示范区。子牙经开区获批国家生态工业示范园区。

安全生产形势总体稳定。全年工矿商贸生产安全事故死亡 101 人。

注：1. 本公报中数据均为初步统计数。

2. 全市生产总值、各产业增加值绝对数按现价计算，增长速度按可比价格计算。

3. 规模以上工业企业是指年主营业务收入 2000 万元及以上的全部法人工业企业。

4. 规模以上服务业企业是指年营业收入 1000 万元及以上，或年末从业人员 50 人及以上的交通运输、仓储和邮政业，信息传输、软件和信息技术服务业，房地产业（不含房地产开发经营），租赁和商务服务业，科学研究和技术服务业，水利、环境和公共设施管理业，教育，卫生和社会工作法人单位；年营业收入 500 万元及以上，或年末从业人员 50 人及以上的居民服务、修理和其他服务业，文化、体育和娱乐业法人单位。

5. 限额以上批发业企业是指年主营业务收入 2000 万元及以上的批发业企业；限额以上零售业企业是指年主营业务收入 500 万元及以上的零售业企业；限额以上住宿和餐饮业企业是指年主营业务收入 200 万元及以上的住宿和餐饮业企业。

6. 固定资产投资（不含农户）统计口径范围为计划总投资 500 万元及以上的固定资产项目投资及全部房地产开发项目投资。

7. 电信业务总量按 2015 年价格计算。

8. 邮政行业业务总量按 2010 年价格计算。

2020 年天津居民收支情况分析

2020 年，面对新冠肺炎疫情对经济社会发展造成的严重不利影响，全市上下扎实做好“六稳”工作，全面落实“六保”任务，统筹推进疫情防控和经济社会发展，全市经济保持质量向好、结构向优、步伐稳健、稳中求进的发展态势。始终坚持以人民为中心的发展思想，不断夯实民生保障，居民收入实现稳步增长；居民基本生活需求得到良好保障，消费意愿逐步恢复，消费支出降幅收窄。

一、克服疫情影响，居民收入稳步增长

国家统计局天津调查总队抽样调查资料显示，2020 年天津居民人均可支配收入为 43854 元，比上年名义增长 3.4%，较前三季度回升 0.9 个百分点；扣除价格因素，实际增长 1.4%，扭转了 2020 年一季度以来实际增速为负的局面。

按常住地分，城镇居民人均可支配收入为 47659 元，比上年名义增长 3.3%，扣除价格因素，实际增长 1.3%；农村居民人均可支配收入为 25691 元，比上年名义增长 3.6%，扣除价格因素，实际增长 1.5%，农村居民收入增速超过城镇居民 0.3 个百分点。城乡居民收入名义增速分别较前三季度回升 0.8 和 2.1 个百分点，城乡居民收入比为 1.86，与上年持平。

分季度看，2020 年上半年受到疫情的强力冲击，居民收入出现了近年来未有的下降局面。随着疫情防控取得良好成效，全市推进复工复产、复商复市，落实稳就业、保民生政策，进入下半年后，居民收入增速逐渐回升，实现稳步增长。

（一）稳就业政策落地见效，工资性收入增速逐步回升

2020 年，天津居民人均工资性收入 27339 元，占人均可支配收入的 62.3%，较上年减少 1.4 个百分点；增长 1.2%，比前三季度回升 0.7 个百分点，拉动全市居民人均可支配收入增长 0.8 个百分点。分城乡看，城镇居民人均工资性收入 30053 元，增长 1.6%，占比为 63.1%，较上年减少 1.1 个百分点；农村居民人均工资性收入 14385 元，下降 2.5%，占比为 56.0%，较上年减少 3.5 个百分点。农村居民工资性收入受疫情影响范围更广、程度更深，尽管后期恢复速度更快，但无法扭转前期损失，全年仍处于下行区间。

为应对疫情影响，全市贯彻落实稳就业各项政策措施，通过社保减免、返还等稳定就业形势，加大对就业困难劳动力的扶持力度，项目建设、农村各类改造带动用工需求上升，从而确保总体就业形势平稳。此外，落实疫情防控一线医务人员待遇和城乡社区工作者补助，提高失业保险金、防暑降温费、高温补贴等标准，这些因素都对居民工资性收入的逐步回升起到了积极作用。但由于 2020 年部分机关事业单位“创文”“创卫”奖金及绩效奖金未发放，对工资收入的增长产生不利影响。

（二）民生保障良好，转移净收入快速增长

2020 年，天津居民人均转移净收入 9478 元，增长 12.9%，拉动全市居民人均可支配收入增长 2.5 个百分点，继续成为拉动居民收入增长的第一动力。其中，城镇居民人均转移净收入为 10565 元，增长 13.4%；农村居民人均转移净收入为 4287 元，增长 6.2%。

天津市坚持以人民为中心的发展思想，不断夯实民生保障，一是上调退休退职人员基本养老金标准，并自 1 月份补发，拉动退休金收入较快增长，人均养老金和离退休金增长 9.3%；二是调整城乡最低生活保障标准及救助范围，并加大对因疫情致困家庭的帮扶力度，促使人均社会救济和补助收入增长 18.6%；三是疫情稳定后，居民门诊、住院等就医行为受影响程度缩小，医保保障水平进一步提升，报销医疗费收入较

快增长。2020 年，农村地区户厕改造持续推进，并发放清洁取暖用电用气补贴，但由于 2019 年清洁取暖设备改造和户厕改造投入更大，拉高了基数，导致从政府得到的实物产品和服务较上年下降。

（三）保市场主体成效显现，经营净收入降幅继续收窄

2020 年，天津居民人均经营净收入 2797 元，下降 9.7%，降幅较前三季度收窄 6.7 个百分点。其中，城镇居民人均经营净收入为 2216 元，下降 17.8%；农村居民人均经营净收入为 5568 元，增长 11.7%。

2020 年全市粮食作物播种面积扩大，种植结构优化，粮食取得丰收，同时部分粮食价格上涨，带动相关种植户收入增长。以生猪为代表的部分养殖产品价格大幅上涨，推动牧业、渔业收入增加。二三产经营方面，天津市给予中小微企业和个体工商户房租减免、降低用水价格，开通融资服务绿色通道，降低融资成本，向创业人员发放创业补贴等优惠政策，并大力发展夜间经济，推动一二三产融合发展，鼓励农家院、农业休闲旅游发展等，使得经营情况逐步好转。疫情稳定后，居民外出休闲、购物等意愿增强，尤其是暑期、国庆、中秋等长假期间，蓟州农家院等周边游取代了往年的长途游、出国游，为全市本地经营户收益的增加创造了良好条件。

（四）财产净收入平稳增长

2020 年，天津居民人均财产净收入 4240 元，增长 8.5%。其中，城镇居民人均财产净收入为 4824 元，增长 6.9%；农村居民人均财产净收入为 1451 元，增长 40.4%。居民存款余额增长，村集体经济状况良好，以及农村土地流转更加有序、规模扩大等因素，带动利息、红利、转让承包土地经营权收入增长，尤其是对农村居民的财产净收入产生较大推动作用。但由于外来人员减少，一些商铺出租困难，出租房屋收入仍下降 6.9%。

（五）“十三五”期间居民收入年均增长 7.0%

“十三五”期间，天津市坚持人民至上，落实积极的就业政策，加大民生投入，完善兜底保障，居民收入稳步增长。全市居民人均可支配收入年均增长 7.0%，其中，城镇居民人均可支配收入年均增长 6.9%，农村居民人均可支配收入年均增长 6.8%。人均工资性收入年均增长 7.3%，是拉动居民增收的主要动力；人均转移净收入年均增长 8.9%，民生保障政策成效明显。

2020 年，全市及分城乡居民人均可支配收入分别达到 2010 年的 2.28 倍、2.19 倍和 2.63 倍，居民收入名义翻番。扣除价格因素后，分别为 1.78 倍、1.71 倍和 2.05 倍，农村居民收入实际翻番。

二、基本民生保障良好，消费结构因疫而变

随着新冠肺炎疫情得到有效控制，经济社会秩序加快恢复，加上天津市各项刺激消费措施得以落实，居民消费支出降幅较前三季度继续收窄。2020 年，天津居民人均消费支出 28461 元，比上年下降 10.6%，扣除价格因素，实际下降 12.4%。其中，城镇居民人均消费支出 30895 元，比上年下降 11.2%，实际下降 13.0%；农村居民人均消费支出 16844 元，比上年下降 5.6%，实际下降 7.5%。

（一）恩格尔系数上升

2020 年，居民人均食品烟酒消费支出 8516 元，下降 5.2%，其占消费支出的比重（恩格尔系数）为 29.9%，比上年提高 1.7 个百分点。居民各类消费均受到疫情显著影响，但食品作为生活必需支出，弹性更小，其受影响程度弱于其他消费类别，引起恩格尔系数有所上升。为配合防疫要求，居民在家就餐明显增加，而外出就餐次数和花费减少，再加上粮食、蔬菜、畜肉类价格不同程度上涨因素，居家消费的食品支出增长 5.2%，但外出餐饮消费下降 31.1%。其中，人均蔬菜消费量增长 2.6%，支出增长 11.0%；人均肉类消费量减少 3.5%，但支出增长 32.8%；人均禽类消费量增长 14.6%，支出增长 19.7%。

（二）消费刺激政策促进多类消费回暖

为有效应对新冠肺炎疫情影响，天津市出台多项扩大消费措施，鼓励各区发放餐饮、家电建材等领域消费券，优化机动车限购管理措施、挖潜汽车消费，活跃夜间经济、打造精品夜市，发展休闲农庄特色民宿等业态、丰富旅游产品，刺激居民消费意愿回暖。与前三季度相比，多个消费类别支出降幅继续收窄。

其中，学校和各类培训机构复课，以及周边休闲游市场回暖，教育文化娱乐服务支出虽仍下降 37.1%，但降幅收窄 7.5 个百分点；疫情后居民健康意识加强，门诊、住院等就医行为恢复，人均医疗保健支出下降 11.6%，降幅收窄 3.6 个百分点；商场恢复营业，发放购物券，人均衣着支出下降 14.4%，降幅收窄 3.8 个百分点；受增加小客车个人指标配置额度、放宽个人指标申请资格和给予新能源汽车充电消费券等优惠政策刺激，人均购买汽车支出增长 9.4%；5G 手机上市带来一波更新换代潮，人均购买移动电话支出增长 3.9%。

（三）疫情改变消费习惯，部分商品需求旺盛

疫情对居民的消费行为和习惯产生明显影响。为减少直接接触，以及直播带货等消费形式推广，居民通过互联网消费次数和花费大幅增加，人均邮费支出增长 3.9%；居民日常生活数字化程度提高和居家办公学习需要增加，带动人均购买家用台式电脑和笔记本电脑支出分别增长 38.5%和 13.1%；居家时间增加，导致人均居住支出增长 1.3%，其中，人均用水支出增长 2.0%，人均管道天然气支出增长 8.0%；疫情提高了居民健康消费需求，居民人均购买医用酒精、口罩等医疗卫生器具支出增长 3.6 倍，人均购买洗涤及卫生用品支出增长 18.6%，人均购买洗碗机、消毒碗柜支出分别增长 1.7 倍和 1.5 倍；公共交通出行受到一定抑制，更多选择自助方式，人均购买自行车和电动自行车支出分别增长 65.1%和 29.2%。

（四）生活条件和设施继续完善

2020 年，天津市坚持以人民为中心的发展思想，以 20 项民心工程为抓手，积极发展公共事业，完善民生基础设施，居民生活条件和设施进一步完善。

饮水质量提升。实施农村饮水提质增效工程，推进农村供水管网和设施建设，99.0%的社区（村）饮用水经过集中净化处理，提高 2.5 个百分点；99.3%的家庭实现住宅或院内管道取水，提高 4.4 个百分点；存在间断或定时供水等用水问题的家庭占比为 6.0%，下降 0.3 个百分点。

卫生条件改善。继续推进农村户厕改造，97.5%的家庭在住宅或院内独用厕所，提高 1.8 个百分点；98.3%的家庭有洗澡设施，提高 0.7 个百分点；99.6%的家庭住宅或院内有洗手设施及肥皂和水，提高 4.6 个百分点。

社区环境美化。利用新建改造城乡道路、优化社区村庄环境、改造小区路灯、建设垃圾处理设施、拓展群众健身场所等工程，全部社区（村）实现了进入社区（村）的道路为水泥或板油路面、社区（村）内主要道路有路灯和垃圾集中处理；79.3%的社区（村）内有绿化园林景观设计，提高 1.7 个百分点；98.2%的社区（村）内有健身器材，提高 0.7 个百分点。

公共设施完善。推进老旧小区供热燃气管网改造，88.3%的社区（村）开通管道燃气，提高 1.3 个百分点；自行取暖的家庭中有 49.3%使用管道天然气，提高 7.2 个百分点；79.7%的家庭主要炊用能源为管道天然气，提高 0.9 个百分点。大力发展学前教育，98.8%的社区（村）可以便利地入学幼儿园或学前班，提高 2.8 个百分点。81.4%的社区（村）内有卫生站，提高 4.2 个百分点。

2020 年天津城镇居民收支情况分析

2020 年初新冠疫情突发，各行各业停工停产，停商停市，居民居家隔离，对生产生活造成较大影响，居民收入和消费也受到前所未有的冲击。随着全市持续统筹疫情防控和经济发展，凝心聚力做好“六稳”工作，积极落实“六保”任务，全市经济加速恢复，主要经济指标好于预期，居民生活基本恢复如常，收支状况逐步好转。

一、2020 年城镇居民收入情况

（一）收入增速逐步回升，实现与经济增长基本同步

面对疫情冲击，天津市各项援企稳岗政策加码，助力各行各业复工复产，国家统计局天津调查总队抽样调查结果显示，2020 年天津城镇居民人均可支配收入为 47659 元，比上年名义增长 3.3%，扣除价格因素实际增长 1.3%，实现与全市经济增长基本同步。全年收入名义增速较前三季度和上半年分别提高 0.8 和 4.8 个百分点。四大项收入中仅经营净收入增速仍处于下行区间，但降幅明显收窄，其他三项收入呈现不同程度的增长态势。

（二）收入水平和增速对比

在全国 31 个省（自治区、直辖市）中，城镇居民收入绝对值水平位居第 6 位，排在上海、北京、浙江、江苏和广东之后，比全国平均水平高 3825 元，收入增速与山东并列第 21 位；在四大直辖市中，天津收入绝对值水平位居第 3 位，增速居第 3 位，高于北京。

（三）居民收入变化特点

工资性收入逐步企稳回升。人均工资性收入为 30053 元，增长 1.6%，增幅较前三季度提高 0.7 个百分点，占人均可支配收入的比重为 63.1%，拉动人均可支配收入增长 1.0 个百分点。天津市打出政策“组合拳”，助力援企稳岗，工资收入逐渐克服疫情的影响，企稳回升。住户调查监测数据显示，截止到 11 月底，工资受影响人员比例已经从 2 月的两成以上降低至 2.4%，居民服务、批发零售等部分行业从业人员人均工资收入已经高于疫情前水平。另外，疫情期间为一线社区和医务工作者提供补助、防暑降温标准提高、国企混改职工收入上涨、义务教育教师发放超额绩效奖以及住房公积金缴存基数的调整等多项有利因素助力工资收入增长。但由于 2020 年部分机关事业单位“创文”“创卫”奖金及绩效奖金未发放，标准也未提高，一定程度上影响了工资性收入的增长。

经营净收入降幅继续收窄。人均经营净收入为 2216 元，下降 17.8%，占人均可支配收入的比重为 4.7%，与前三季度相比，降幅收窄 3.8 个百分点。城镇经营户以第三产业为主，受疫情影响程度更深，但影响范围已逐月缩减。天津市扶持个体经营户的优惠政策和大力发展夜间经济、打造精品夜市等对于稳定经营收入起到了一定积极作用。住户调查监测数据显示：截止到 11 月底，非农经营户经营人员受影响比例已经从 2 月份的七成以上降低到一成以下。但家庭经营户抗风险能力较弱，受疫情影响程度较大，部分经营户已退出，部分户经营效益也大不如前，前期受到的不利影响不足以被抵消，经营净收入仍处于下行区间。

财产净收入平稳增长。人均财产净收入为 4824 元，增长 6.9%，占人均可支配收入的比重为 10.1%，拉动人均可支配收入增长 0.7 个百分点。其中人均红利收入为 649 元，随着新型城镇化建设的持续发展，集体经济不断壮大，居民从中获益，带动红利收入实现较快增长；人均出租房屋财产性收入为 427 元，

疫情得到有效控制后，虽然租房需求有所恢复，但部分房屋租金的下降及空置导致全年出租房屋收入仍处于下降区间。

转移净收入增速领跑。人均转移净收入为 10565 元，增长 13.4%，占人均可支配收入的比重为 22.2%，拉动人均可支配收入增长 2.7 个百分点，为收入实现增长"保驾护航"。其中 7 月份上调退休退职人员基本养老金，并补发了上半年增长部分，带动人均养老金或离退休金收入增长 9.1%，成为转移性收入的主要增长点；社会兜底保障标准的进一步提高及民心工程的持续推进，带动人均社会救助和政策性生活补贴增长 17.8%。居民就医行为的逐步恢复以及医保保障水平提升，带动人均报销医疗费增长 14.2%。

二、2020 年城镇居民消费情况

（一）消费支出正在回暖，结构有所改变

2020 年天津城镇居民人均消费支出为 30895 元，比上年下降 11.2%，降幅较前三季度继续收窄 1.6 个百分点。八大类消费支出除居住类略有增长外，其余仍处于不同程度的下行区间。随着居民生活基本恢复正常，加之多举措促进线上线下消费的政策措施，居民消费热情正在回升。部分消费因防疫需求及居家减少外出而增加，消费结构较以往发生变化，食品烟酒、衣着、居住和生活用品及服务等基础型消费支出占比较上年提高 4.3 个百分点。

（二）居民消费变化特点

恩格尔系数上升，在外饮食支出有所恢复。人均食品烟酒支出为 9122 元，下降 6.1%，降幅较前三季度收窄 0.9 个百分点。恩格尔系数为 29.5%，较上年提高了 1.6 个百分点。食品烟酒支出在七类下降的消费类别中降幅最小，主要因为居民居家时间增加，担心疫情减少在外就餐，保障基本生活的薯类、豆类、肉禽、蔬菜及食用油支出在增加，加之粮食、蔬菜、畜肉类价格不同程度上涨，人均食品支出增长 6.8%。而外出就餐行为的减少使得人均在外饮食支出下降 31.7%，不过随着工作和生活节奏的逐渐恢复，在外饮食支出也在逐渐回暖，降幅较前三季度收窄 5.2 个百分点。

居住类支出略有增长，部分生活用品需求上涨。人均居住支出为 7770 元，增长 0.9%，是八大类消费中唯一增长的项目。城镇居民对居住环境和居住条件的要求更高，在疫情防控稳定后，居民家居装修类支出增加，人均住房装潢支出增长 16.4%，而居家时间延长及外出的减少，使得水费、燃气费支出都稍有增长。人均生活用品及服务支出为 1804 元，下降 12.0%，但疫情使得居民更加注重环境卫生及家庭健康，更多人选择购买消毒碗柜及消毒用洗涤及卫生用品，相关支出均有所增长。

文教娱乐、医疗保健支出降幅持续收窄。人均教育文化娱乐支出为 2531 元，下降 37.7%，降幅较前三季度收窄 7.1 个百分点。随着学校恢复正常授课，各类线下培训班陆续开班，人均教育支出降幅收窄 12.2 个百分点；为了避免聚集，居民减少非必要性外出，文化娱乐类支出降幅仍较大，仅收窄 1.0 个百分点。人均医疗保健支出为 2811 元，下降 11.6%，降幅较前三季度收窄 3.2 个百分点。居民购买口罩及预防疾病等医疗器具及药品支出增加，人均增长 6.0%；居民就医、住院行为逐步恢复，人均医疗服务支出降幅收窄 5.3 个百分点。

交通通信支出仍下降，相关工具类支出有所增长。人均交通通信支出为 4046 元，下降 12.0%。其中居民居家时间延长及远途出行的减少使得人均交通支出下降 14.7%，但出于防疫顾虑，确保安全出行，居民购买汽车、电动车及自行车等交通工具支出均在增加；人均通信支出下降 2.7%，降幅较前三季度收窄 2.5 个百分点，主要因为居民购买手机、电话等通信工具支出增加。

服务性消费占比回升，降幅逐渐收窄。人均服务性消费支出为 13861 元，下降 19.5%，占消费支出的比重为 44.9%，较前三季度、上半年分别回升 0.1 和 1.7 个百分点，降幅则分别收窄 2.5 和 6.8 个百分点。服务性消费作为原来消费的热点因为疫情受到明显抑制，随着疫情防控的常态化，居民在文教娱乐、外出就餐、交通出行、旅馆住宿及美容美发等方面的需求正在恢复，"五一""十一"等节假日的消费热情有所回升，但总体而言与往年旺盛的消费需求相比差距仍然较大。

三、需要关注的问题及建议

（一）优化收入结构，提升收入增长内生动力

从全年数据来看，天津城镇居民收入状况虽然在逐季好转，但恢复速度还有待提高。与全国收入增速对比，天津城镇居民人均可支配收入增速低了 0.2 个百分点，与江浙一带和广东等省份也有一定差距。在疫情突发的背景下，原有的收入结构问题也更加凸显，以往城镇居民收入增长的主要来源为工资和转移净收入，结构较为单一，疫情冲击使得工资收入增长明显减缓，总体收入增长无法得到有效保障。

促进居民增收的首要任务仍然是稳定就业，稳定就业的前提是稳企业，特别是中小微企业及个体经营者，这类企业抗风险能力较弱，但又提供了最多的就业岗位，在疫情防控常态化的背景下，需要为这些企业提供持续有效的惠企帮扶政策助力企业发展，增强企业创造岗位和稳定就业岗位的能力。另外还应加强对高校毕业生和低收入群体等重点群体就业形势的关注，加强就业帮扶指导，鼓励灵活就业，落实兜底保障政策。同时通过进一步规范金融市场秩序，打击非法集资等活动，完善信用监管及金融产品创新，提升群众投资意愿和渠道，提高财产性收入。

（二）提振消费信心，刺激新型消费支出

虽然当前疫情防控形势总体稳定，但海外疫情形势依然严峻，国内部分地区疫情散发，诸多不确定因素使得疫情防控措施与居民预期都在随着疫情形势的变化而改变。天津城镇居民人均消费支出降幅比全国消费降幅高了 7.4 个百分点，文教娱乐、外出就餐和交通出行等服务性消费虽然有所回升，但降幅仍较大，居民消费能力和消费意愿还有待加强。

提振居民消费信心归根结底还要落实到提高居民收入上，疫情冲击使得部分居民收入来源不稳定，消费能力和意愿都受到影响，全市仍需在稳岗促就业、优化收入分配格局，扩大中等收入群体上下功夫。挖掘疫情产生的各类“云消费”潜力，如在线诊疗、云健身、直播购物等，通过线上线下的融合发展，刺激新型消费支出。大力发展“小店经济”“夜间经济”等商业形态，抓住节日消费热点，投放各品类消费券，拓展消费渠道，提升消费意愿，同时落实落细疫情防控措施，为居民提供安全的消费环境，打消消费顾虑。

2020 年农村居民收支情况分析

2020 年，全市统筹推进常态化疫情防控和经济社会发展，扎实做好“六稳”工作，全面落实“六保”任务，多措并举支持和组织推动各类市场主体复工复产，助力经济恢复发展，确保了战疫情与稳经济的“双战双赢”。

一、农村居民收入增速回升，消费降幅进一步收窄

2020 年初，受新冠肺炎疫情影响，农村居民人均可支配收入出现了近年来未有的下降。随着疫情防控取得良好成效，全面推进复工复产，经济运行呈现向好态势，农村居民收入增速开始回升。国家统计局天津调查总队抽样调查结果显示，2020 年天津农村居民人均可支配收入为 25691 元，比上年增长 3.6%，高于城镇居民 0.3 个百分点，较前三季度增速提高 2.1 个百分点。四大项收入中除工资性收入外，其他三项收入均为正增长，呈“三增一降”态势。

2020 年，天津农村居民人均消费支出 16844 元，比上年下降 5.6%，降幅较前三季度收窄 1.6 个百分点。八大类消费中，食品烟酒及居住支出仍然保持平稳增长，其他消费支出出现不同程度下降。

二、工资、经营收入回暖，农民增收动能转换

（一）工资收入降幅持续收窄，仍是农民收入主要来源

2020 年，农村居民人均工资性收入为 14385 元，下降 2.5%，降幅较前三季度收窄 1.6 个百分点。工资性收入占可支配收入的比重为 56.0%，较上年下降 3.5 个百分点，但仍是农民收入的主要来源。从全年来看，工资收入下降主因是疫情前期部分人员未就业而收入受损。随着疫情得到有效管控，天津市扎实做好农民工返岗复工服务工作，帮扶农村就业困难劳动力转移就业，疫情对农村居民就业的影响大幅减弱，农村居民就业情况稳步恢复，工资收入也已基本恢复正常。

此外，固定资产投资规模扩大、农村户厕改造等多项民生工程持续推进，带动用工需求增加，提高防暑降温费及高温补贴标准，增发医务人员和防疫工作者临时工作补助，发放义务教师超额绩效、乡镇义务教育阶段教师工作津贴等多项增收政策助力农村居民工资性收入恢复增长。

（二）非农经营受挫，一产经营拉动经营净收入增长

2020 年，农村居民人均经营净收入为 5568 元，增长 11.7%，拉动可支配收入增长 2.4 个百分点，是农民增收的第一动力。天津市把稳定粮食生产、保障粮食安全作为头等大事和首要任务来抓，有效应对新冠肺炎疫情造成的不利影响，促进农业生产各项工作稳步推进。粮食播种面积略有扩大，粮食产量稳步增长，种植结构优化，小麦、玉米等粮食价格均有上涨，多方面因素共同作用，拉动种植户收入较快增长。同时，以生猪为代表的部分养殖产品价格大幅上涨，推动牧业、渔业等收入增长。

因疫情影响，非农经营户 2 月大面积停工停产，之后逐步好转，但从全年来看，非农经营收入仍然严重受挫，第二产业经营净收入为 827 元，下降 5.0%；第三产业经营净收入 2248 元，下降 4.7%。调查数据显示，住宿餐饮业和居民服务业收入已基本达到正常水平；制造业因疫情期间停工停产或订单减少，仍未得到有效恢复，收入下降幅度较深；批发零售业受到网络带货等新型产业冲击，收入仍大幅下降。

（三）农村土地流转有序，财产净收入大幅上涨

2020年，农村居民人均财产净收入为1451元，增长40.4%，占人均可支配收入的5.6%。随着农民理财观念转变和理财渠道的拓宽，加上疫情期间居家隔离时间较长，消费支出降低，存款金额上涨，使利息净收入增收空间扩大，实现快速增长。部分村集体加快土地流转，使转让承包土地经营权租金净收入实现较快增长，全年人均880元。

（四）民生领域保障有力，转移净收入稳定增长

2020年，农村居民人均转移净收入为4287元，增长6.2%。提高离退休养老金，有效保障广大离退休人员的基本生活，农村居民人均养老金或离退休金为2677元，增长13.2%。上调城乡最低生活保障标准，各项政策性生活补贴有效落实，针对特殊困难家庭，加强帮扶力度，继续做好救助工作，使社会救济和补助、政策性生活补贴等收入稳步增长。农村地区持续推进户厕改造、发放清洁取暖用电用气补贴等，但总体上低于2019年户厕改造、清洁取暖设备改造等投入，导致从政府和组织得到的实物产品和服务收入比上年减少，对转移净收入增长产生不利影响。

三、疫情对消费产生较大影响，农民消费结构发生改变

（一）食品烟酒支出保持平稳增长

2020年，农村居民人均食品烟酒支出为5622元，增长2.2%，较前三季度增幅提升1.2个百分点。占消费支出比重（恩格尔系数）为33.4%，比上年提高2.6个百分点。因疫情防控的需要，居家饮食明显增加。调查数据显示，农村居民人均食品类支出增长10.3%，各类食品均有不同程度增长。由于猪肉价格上涨带动各类肉制品价格均有上涨，肉类和禽类消费增幅最高，分别为33.6%和26.4%；其次为蔬菜和食用菌、食用油及谷物消费，增幅分别为12.7%、12.7%和10.3%。相对应的是外出就餐减少，使在外饮食下降23.4%，酒类支出下降17.1%，但食品加工服务费上涨60.8%。

（二）居家生活消费有所上涨

疫情的爆发使农村居民在外消费的意愿降低，居家生活消费均有所上涨。2020年农村居民人均居住类消费支出为3528元，增长4.8%。其中，水电燃料及其他支出为1424元，增长20.2%。农村居民更在意家中舒适度的提升，增加家中装饰品和生活用品等，调查数据显示，家具及室内装饰品支出增长14.6%，家用纺织品支出增长2.5%，个人用品支出增长3.0%，文娱耐用消费品支出增长9.5%。

（三）购买出行工具带动交通类支出小幅上涨

2020年，农村居民人均交通类支出为1836元，增长1.0%。为应对疫情影响，天津市及时出台促进消费的相关政策，对汽车消费形成有效刺激，使农村居民汽车支出增长49.4%。同时，农民的出行方式也随着目前疫情防控常态化发生了改变，更多地选择自助方式，带动购买自行车、电动自行车支出分别增长68.0%和24.8%。长途外出和选择公共交通意愿降低，导致交通费支出下降39.1%。其中，购买飞机票支出减少39.4%，购买火车票支出减少64.5%，市内公共交通支出减少41.7%，出租汽车费支出减少30.1%。

（四）五类消费降幅逐季收窄

2020年，农村居民消费支出呈现下降态势，但随着疫情防控形势持续向好，复工复产复市有序推进，农村居民消费逐步回暖，五类支出降幅较前三季度均有所收窄。其中衣着支出降幅收窄5.7个百分点，交通通信支出降幅收窄4.6个百分点，教育文化娱乐支出降幅收窄12.3个百分点，医疗保健支出降幅收窄6.7个百分点，其他用品及服务支出降幅收窄19.4个百分点。生活用品及服务受2019年清洁取暖提供改造设备的影响，导致基数较高，因而出现较大降幅。

（五）服务性消费逐步恢复

受疫情严重冲击，2020年服务性消费下降15.6%，较前三季度收窄5.7个百分点。其中，人均饮食服务支出降幅收窄6.0个百分点，教育文化娱乐服务支出降幅收窄15.0个百分点，医疗服务支出降幅收窄6.9个百分点。2020年服务性消费占消费支出比重为32.9%，比上年下降3.9个百分点，疫情对服务性消费影响要大于商品性支出。

2020 年天津居民消费价格保持温和上涨态势

2020 年，面对新冠肺炎疫情不利影响，天津市认真贯彻落实党中央、国务院各项决策部署，统筹做好疫情防控和恢复社会经济发展，切实采取有效措施做深做细做实市场保供稳价工作，取得显著成效，有力顶住疫情冲击，市场供需基本平衡，人民生活得到保障，居民消费价格温和上涨，全年 CPI 累计上涨 2.0%，顺利实现调控目标。但物价上涨结构性特点突出、核心 CPI 持续走低、重要民生商品价格居高不下等问题值得关注。

一、2020 年居民消费价格运行特点

（一）价格总水平温和上涨

2020 年，天津市居民消费价格指数（以下简称 CPI）同比上涨 2.0%，涨幅较上年回落 0.7 个百分点，重回 2016-2018 年保持在 2%左右的箱体运行区间。其中食品价格上涨 7.6%，涨幅较上年扩大 1.6 个百分点；非食品价格上涨 0.8%，涨幅较上年回落 1.2 个百分点。与全国相比，天津市 CPI 涨幅比全国平均水平低 0.5 个百分点，总体走势保持一致，在全国 31 个省（自治区、直辖市）区中位列第 25 位。

（二）月度同比价格指数前高后低

同比价格由涨转降。1 月份，天津市 CPI 以 4.6%的涨幅高位开局；2-5 月份，食品价格加速回落，带动 CPI 同比涨幅持续回落，5 月份降至 2.2%；经过 6-8 月份 3 个月的平稳运行后，从 9 月份起 CPI 再次进入加速回落状态，至 11 月份，同比指数已降为负值，12 月份继续保持下降态势，时隔十年 CPI 再次进入“负时代”。

（三）月度环比指数下降月份增多

1-12 月份环比 CPI “六涨六降”，下降面为 50%，较上年扩大 33.3 个百分点。1-2 月份，受疫情、春节、寒冷天气等多方面因素影响，食品供给遭受短期冲击，价格出现短期大幅跳涨；3 月份起，疫情期间一系列保供稳价政策效果持续显现，食品价格重新恢复正常，带动 CPI 环比由升转降，并连续 4 个月处于下行区间；7-9 月份主要受高温高湿天气因素影响，食品价格季节性上涨，CPI 重新恢复上涨态势，但涨幅均处于历年同期偏低水平；10-11 月份猪肉供给明显改善，食品价格再次回落，CPI 再次进入下降状态；12 月份，多地疫情出现反弹，叠加两节临近、天气寒冷等多重因素，食品价格持续性上涨，CPI 重回上涨状态。

（四）结构性上涨特征明显

构成居民消费的八大类商品和服务价格“五涨三降”，为近五年来价格下降类别最多的一次。分类看，其他用品和服务、食品烟酒、教育文化和娱乐、居住、衣着价格均为上涨，其中食品烟酒价格上涨 6.5%，涨幅较上年扩大 1.9 个百分点，对 CPI 上涨的贡献率约为 84.4%，成为推动 CPI 上涨的主要因素。交通和通信价格降幅较上年扩大 2.2 个百分点，衣着、医疗保健价格均为近五年来首次下降。

（五）核心 CPI 创近八年新低

核心 CPI 是指将食品和能源价格剔除之后的居民消费价格指数，更能真实反映宏观经济运行情况。2020 年天津核心 CPI 上涨 1.3%，同比回落 1.0 个百分点，也创近八年新低，反映出目前经济下行压力较大需求偏弱的情况，企业生产经营压力加大，不利于经济的持续健康发展。

（六）食品价格涨幅再创新高

受 2019 年猪肉价格大幅上涨的滞后拉动，2020 年食品价格大幅上涨 7.6%，再创新高，其中翘尾因素

约为 6.2 个百分点，新涨价因素仅占 1.4 个百分点。分月度看，上半年各月食品价格同比涨幅连续回落，从 1 月份最高点 15.8%回落至 6 月份 6.8%；三季度受食品价格季节性拉升影响，涨幅稍有扩大，平均为 7.8%；进入四季度，翘尾因素迅速减弱，价格涨幅陡然回落，10 月份回落 5 个百分点至 2.1%，11 月份出现同比下降 1.5%的局面，12 月份又转为上涨 0.9%。所监测的 14 类主要食品价格“九涨四降一平”，其中畜肉类、豆类和菜类涨幅最为突出，分别上涨 31.1%、9.9%和 9.8%；蛋类、干鲜瓜果类、食用油价格分别下降 12.5%、6.5%和 1.1%，对食品价格上行起到了抑制作用。主要食品价格变动特点是：

1. 以猪肉为主的畜肉类价格保持高位上涨态势。2020 年畜肉类价格上涨 31.1%，其中翘尾因素约为 32.0 个百分点，新涨价因素为-0.9 个百分点。分类看，猪肉价格上涨 47.7%，畜肉副产品价格上涨 27.6%，其他畜肉及制品价格上涨 26.4%，牛肉价格上涨 12.1%，羊肉价格上涨 5.0%，除牛肉、羊肉价格涨幅低于上年以外，其余三类价格涨幅均在上年高位的基础上继续扩大。2020 年猪肉环比价格经历了三轮上涨两轮下降，三轮上涨区间分别为 1-2 月份，6-7 月份以及 12 月份，环比平均涨幅为 6.0%；两轮下降区间分别为 3-5 月份和 8-11 月份，环比平均降幅为 3.7%。猪肉价格的环比变动及各月翘尾因素决定了猪肉价格同比走势一路下行，至 10 月份猪肉价格结束了 19 个月的上涨周期转为下降。

2. 鲜菜价格涨幅显著高于上年。2020 年鲜菜价格上涨 9.8%，高于上年 9.5 个百分点，其中翘尾因素约为 12.7 个百分点，新涨价因素为-2.9 个百分点。全年鲜菜价格经历了同猪肉价格变动基本一致的三轮上涨两轮下降，季节性特征明显。三轮上涨区间分别为 1-2 月份，6-9 月份以及 12 月份，环比平均涨幅为 5.3%，其中 6 月份鲜菜价格反季节性上涨主要受北京新发地疫情影响，天津市鲜菜调运出现短暂阻力；两轮下降区间分别为 3-5 月份和 10-11 月份，环比平均降幅为 7.7%，其中 3-5 月份鲜菜价格降幅显著，连续高于 15%。

3. 鲜果价格显著下降。2020 年鲜果价格下降 9.3%，由上年大幅上涨转为大幅下跌，其中翘尾因素约为-13.8 个百分点，新涨价因素为 4.5 个百分点。2020 年仅麒麟西瓜、葡萄、桃子因产量下降价格明显上涨外，苹果、梨、香蕉等主要品种产量恢复、供应充足，价格稳定。

4. 禽蛋价格同为由涨转降。2020 年鸡蛋、禽肉价格分别下降 14.2%和 0.6%，同比上年均由涨转降，新涨价因素为负是主要影响原因。2019 年禽蛋价格一路高涨刺激产能扩张，导致 2020 年蛋鸡及肉鸡货源充足，加之疫情影响需求低迷，各月环比价格以降为主。

（七）非食品价格涨幅回落

2020 年非食品价格上涨 0.8%，涨幅低于近四年 2.0%的平均水平。从月度走势看，1 月份同比涨幅达到最高点，为 2.3%，随后各月持续回落，至 11 月份进入下降通道，12 月份为全年最低，下降 0.4%。

1. 服务消费价格涨幅趋缓。2020 年服务消费价格上涨 1.5%，对 CPI 上涨的贡献率约为 31%，同比上年分别回落 1.1 个和 11 个百分点，各类服务价格均有不同程度回落。一是文娱出行服务价格全面回落。今年以来特别是上半年，受疫情影响，天津市文化娱乐消费领域受到重创，旅行社、电影院于 7 月份才正式复工营业，交通出行、宾馆住宿客流量严重萎缩，美容美发洗浴健身等缓慢恢复，相关领域消费价格低位运行。2020 年飞机票价格下降 7.2%，旅馆住宿价格下降 1.8%，上网费价格下降 1.7%，长途汽车价格下降 0.8%，景点门票价格下降 0.3%；旅行社收费、美发、美容、洗浴价格同比虽为上涨，但涨幅显著低于上年水平。二是居住类服务价格低位运行。2020 年以来各月私房房租价格走势平稳，季节性波动特征不明显，月度环比涨幅均处于近五年同期最低值或较低值。装潢维修费、私房房租、自有住房价格分别上涨 5.0%、1.2%和 0.9%，物业管理费持平，均显著低于上年。三是劳务型服务价格涨跌各半。疫情对劳务市场影响不一，部分类别受从业人员减少影响价格上涨，如中介服务、家政服务、车辆修理与保养、衣着洗涤保养价格分别上涨 6.0%、4.7%、4.3%和 3.5%；部分类别受市场需求冲击较大价格下降，如快递服务、家庭维修服务价格分别下降 10.2%和 0.1%。四是教育服务价格涨多降少。教育服务收费部分受政府调价影响，如 2019 年民办教育收费集体上调的滞后影响拉动 2020 年小学初中教育、高中中职教育价格分别上涨 27.1%和 9.7%；2020 年 9 月份幼儿园收费进行统一规范，影响学前教育价格 9 月份环比下降 2.5%，全年平均下降 1.4%；部分受市场因素影响，如课外教育价格上涨 5.7%，专业技能培训价格下降 0.7%。

2．工业消费品价格近四年首次下降。国内外疫情持续蔓延，对全球工业品消费市场产生巨大冲击，国际大宗商品价格持续下降，国内部分出口商品被迫转内销，让原本就处于买方市场的工业消费品面临更严重的供大于求状况，价格更是出现10个月连续下降，降幅由3月份的0.4%扩大至12月份的2.7%。全年工业消费品价格下降1.1%，为近四年来首次转降。分类看，价格下降的基本分类达到55个，下降面达到40%，较上年增加10个，集中在服装、鞋类、交通工具、交通工具用燃料、住房装潢材料、家用器具等类别，特别是汽油、西药、衣着价格分别下降14.4%、4.2%和1.5%，合计影响CPI下降约0.49个百分点。

3．在外餐饮、烟酒价格涨幅创新高。2020年在外餐饮、烟酒价格分别上涨4.9%和2.5%，较上年分别扩大2.5个和1.0个百分点，均创近五年新高。2020年上半年餐饮企业陆续复商复市，积极应对疫情不利影响，主动创新求变，但迫于原材料成本上涨、营业收入下滑、刚性成本支出等困难，频繁上调菜品价格，1-12月在外餐饮环比价格"八涨四降"，最高涨幅为1.8%。2020年烟草价格涨幅明显，特别是每盒10元以下的低价烟价格频繁上涨，供应短缺，1-12月烟草环比价格"十涨一降一平"，全年上涨3.2%。

二、影响2020年居民消费价格变动的主要因素

（一）宏观经济形势为价格走势总体稳定提供有利条件

2020年，面对严峻复杂的国际形势、艰巨繁重的国内改革发展稳定任务特别是新冠肺炎疫情的严重冲击，我国有力顶住疫情影响，在世界主要经济体中率先实现正增长，实现疫情防控和恢复经济双战双赢；"十三五"规划主要目标任务即将完成，货币政策继续保持稳健中性，这些都为CPI平稳运行提供了有利的条件。

（二）部分农产品供给不足推高价格

一是部分粮食品种供给下降，如大豆进口量下降，杂粮类产量下降，影响干豆、豆制品、其他粮食价格涨幅创近五年新高。二是由2018年的非洲猪瘟疫情导致的猪肉供给紧缺状态仍未有效缓解，猪肉及相关产品价格仍然高位运行，另外羊肉价格也由于全国活羊养殖量下降而大幅上涨，受此影响，餐饮企业成本增加，在外餐饮价格持续上涨。三是部分菜果品种由于产地受灾供应量锐减，价格大幅上扬，如大葱、生姜、麒麟西瓜等，2020年价格高出2019年近一倍。

（三）疫情对消费需求产生抑制作用阻碍消费价格上行

一方面，疫情暴发初期，所有文娱、餐饮、教育、居民生活服务业消费全面暂停，随着疫情防控形势向好，这类接触性服务消费需求持续回暖，但和正常年份相比仍显低迷之势。另一方面，疫情对居民收入水平产生不利影响，进而促使居民消费需求进一步萎缩，不必要的消费支出进一步缩减，居民消费升级步伐放缓。因此2020年，文娱服务、教育服务、居住服务以及部分居民生活服务业消费价格涨幅明显趋缓。

（四）政策性因素促使部分消费品类价格下降

2020年4月份和11月份，国家连续组织第二批、第三批全国药品集中采购，分别涉及32个和55个药品规格，影响天津市西药价格环比持续下降，降幅在0.2%~7.8%之间。2020年9月份，天津市规范幼儿园收费标准，部分收费较高的幼儿园统一下调价格，影响9月份学前教育价格环比下降2.5%。2020年10月份，天津市下调居民用天然气价格，由2.61元/立方米下调至2.5元/立方米，影响9月份管道燃气价格环比下降4.2%。

（五）房地产市场降温带动相关商品服务价格涨幅回落

天津严格按照"房子是用来住的，不是用来炒的"定位，强化监管力度，注重房地产市场长期风险防控和短期有序调控，坚决遏制炒房等投机行为，房地产销售市场有所降温，影响私房房租、装潢维修费、住房装潢材料、家用器具等相关类别价格同步回落。

（六）国际市场价格输入传导产生一定影响

2020年，全球遭遇新冠肺炎疫情，加上国际局势复杂，贸易摩擦加剧，大宗商品价格频繁波动。布伦特原油价格由年初的72美元/桶降至年末的53美元/桶，期间跌至近20年最低点至16美元/桶。纽约黄金由

1530美元/盎司一路涨至年末的1900美元/盎司。受国际市场价格变动影响，天津市汽柴油价格年内调整12次，累计下降14.4%，金饰品价格累计上涨26.7%。

（七）2019年价格翘尾拉升作用显著

据测算，在2020年2.0%的涨幅中，翘尾因素约为1.7个百分点，是推升2020年物价上涨的主要因素。

2020 年天津市工业生产者价格运行分析

2020 年受国际国内经济下行压力、新冠疫情及国际原油价格大幅波动的影响，一些工业行业产品价格持续走低，随着原油价格回升及国内经济复苏，逐步出现积极信号，但天津市工业生产者出厂价格和购进价格较上年仍有较大幅度回落，处于低位运行走势。根据当前大宗商品价格走势初步预计，2021 年初天津市工业生产者价格将稳中有升。

一、全年工业生产者价格运行情况

根据国家统计局天津调查总队抽样调查资料显示：2020 年天津市工业生产者出厂和购进价格分别下降 2.9%和 3.1%，降幅比上年分别扩大 2.2 和 1.9 个百分点，生产资料是影响天津市工业生产者价格持续回落的主要因素。

（一）月度环比价格呈较大振幅走势

从各月出厂价格环比数据来看，天津市工业生产者出厂价格涨多跌少，2 月、3 月、4 月、9 月、10 月份环比分别下降 1.6%、2.7%、3.4%、0.2%和 0.2%，其余月份均为上涨，其中 12 月份涨幅最大，环比上涨 1.8%。购进价格各月环比同样涨多跌少，1-5 月份均下降，其余月份均为上涨，其中 7 月份上涨幅度最大，环比上涨 2.0%。

（二）月度同比价格呈深 V 走势

从各月出厂价格同比数据来看，1-4 月份天津市出厂价格同比由升转降，降幅逐月扩大，5 月份同比下降 7.0%，为全年最大降幅，之后开始回升，且降幅呈逐渐收窄趋势。购进价格与出厂价格运行轨迹相似，6 月份开始回升，12 月份同比降幅收窄至 0.4%。

（三）生产资料类产品价格冲高回落

2020 年天津市生产资料出厂价格比上年下降 4.3%，降幅比上年扩大 3.0 个百分点，影响总指数下降 3.1 个百分点。其中采掘业、原料业和加工业价格分别下降 18.4%、7.8%和 0.6%。从各月同比来看，天津市生产资料出厂价格与总指数走势相同，1-4 月份同比呈下降趋势，自 5 月开始回升，且降幅呈逐渐收窄趋势。

（四）生活资料类产品价格小幅上涨

2020 年天津市生活资料出厂价格比上年上涨 0.9%，涨幅比上年提高 0.1 个百分点，拉动总指数上涨 0.2 个百分点。其中食品、衣着分别上涨 5.9%、0.2%，一般日用品、耐用消费品分别下降 1.3%、3.1%。

（五）九大类购进价格三涨六降

2020 年九大类原材料购进价格与上年相比三涨六降。下降的有燃料动力类、黑色金属材料类、化工原料类、木材及纸浆类、建筑材料及非金属类、纺织原料类，分别下降 13.8%、0.6%、9.0%、3.9%、6.6%、6.7%，这六大类共影响总指数下降 4.1 个百分点。上涨的有农副产品类、有色金属材料及电线类、其他工业原材料及半成品类，分别上涨 25.4%、0.1%、0.1%。

二、工业生产者价格区域比较

（一）指数低于全国平均水平

据国家统计局反馈数据资料显示：2020 年全国工业生产者出厂价格比上年下降 1.8%，天津市下降

2.9%，低于全国1.1个百分点，在31个省（自治区、直辖市）排位中，天津市居第21位；全国购进价格比上年下降2.3%，天津市下降3.1%，低于全国0.8个百分点，在30个省（自治区、直辖市）（不含西藏）排位中，天津市居第22位。

（二）降幅高于北京市和河北省

比较2020年京津冀三地的工业生产者出厂价格，北京市下降0.9%，河北省下降1.5%，京津冀三地中天津市降幅最大。

三、工业生产者价格运行的主要特点

（一）石油及其下游行业产品价格同比大幅下降

2020年受新冠疫情、世界经济衰退、原油供需失衡等因素影响，国际市场原油价格一度暴跌，随后出现连续四个月反弹，随着美欧疫情再度恶化，全球经济前景转向暗淡，市场对未来石油需求担忧加剧，国际原油价格连续回落，虽然年末国际原油价格持续反弹，但整体较上年仍有较大差距。受此影响，2020年天津市石油和天然气开采业价格同比下降33.1%（其中，石油开采业价格下降34.8%）。其下游的精炼石油产品（汽油、柴油、润滑油、重石脑油），基础化学原料、专用化学产品受石油价格下降及市场需求不足影响同比价格也出现大幅下降，2020年石油、煤炭及其他燃料加工业价格同比下降13.7%，化学原料和化学制品制造业价格同比下降8.8%。这三个行业影响工业生产者出厂价格同比累计下降2.6个百分点，为今年天津市工业生产者价格持续低位运行的主要影响因素。

（二）黑色金属及相关行业价格小幅回落

受疫情影响，基建类相关行业开工较往年有所推迟，下游需求受到抑制，复工复产后基建补短板相关政策陆续出台为拉动“钢需”注入强劲动力，进入“金九银十”后，在国内经济复苏的大背景下，局部基建、房地产项目提速，加之环保限产力度加大、铁矿石价格高位运行，致使成本端与需求端双双发力，钢材市场价格震荡走高。但受疫情及外围宏观因素等影响，市场需求延后，价格较上年仍有小幅回落，受此影响，2020年天津市黑色金属冶炼和压延加工业价格同比下降1.4%，金属制品业价格同比下降3.6%，这两大行业影响工业生产者出厂价格同比下降0.4个百分点。

（三）汽车制造业价格持续回落

汽车市场延续上年低迷走势，加之今年疫情影响，市场需求再度受到冲击，虽然疫情好转后消费端回暖，但拉动有限，各大厂家和经销商更是为抢占市场份额，完成销量目标，纷纷优惠降价促销。2020年天津市汽车制造业价格同比下降5.0%，影响工业生产者出厂价格同比下降0.4个百分点。其中，汽车整车制造和汽车用发动机价格均下降7.0%，汽车零部件及配件价格下降2.6%，改装汽车价格下降0.2%。

（四）农副产品加工业和食品制造业价格高位震荡

随着美国大豆价格不断刷新高点，导致我国进口大豆成本不断增加，加之国内大豆市场惜售情绪浓厚，消费端回暖进一步拉动市场对植物油的消费，豆油价格持续上涨。随着国内疫情好转供应改善，猪肉价格开始从高位回落，重心有所下移，但临近年末受海外疫情及需求影响，价格再度连续上涨。受此影响，2020年天津市农副产品加工业价格同比上涨12.3%。食品制造业价格同比上涨3.3%，主要是受原材料和劳动力成本上涨影响。这两大行业拉动工业生产者出厂价格同比上涨0.6个百分点。

四、近期工业生产者价格走势预测

2020年钢材价格呈现前低后高的走势，年末价格震荡上扬，综合预计近期天津市黑色金属价格仍有一定上涨空间。疫情再度蔓延可能给原油市场带来负面影响，但受疫苗广泛接种等因素推动，全球石油需求或将逐渐恢复增长，结合近期国际原油价格反弹，豆油和棕榈油价格上涨等因素，初步预计近期天津市工业生产者价格将稳中有升。

2020年天津市住宅市场总体运行健康平稳

今年以来，市委市政府坚持“房子是用来住的，不是用来炒的”定位，稳定当前调控政策不动摇，天津市商品住宅市场价格总体保持平稳运行。受疫情影响，住宅市场交易量受到重创，随着疫情防控工作的有效开展，市场逐渐复苏，疫情期间积攒的购房需求逐步释放，下半年保持活跃状态。总体来看，天津市房地产市场运行符合调控预期，呈现出稳定活跃的多元化特点。

一、住宅市场价格运行保持平稳

（一）新建商品住宅价格稳中有涨

从各月环比价格指数看，新建商品住宅环比价格指数在100.0左右保持平稳运行，全年各月平均涨幅为0.1%。受春节、国庆及疫情影响，1月、2月、3月及10月环比价格出现小幅下降，降幅最大为0.4%，除12月环比价格持平外，其余7个月天津市新建商品住宅价格环比均保持小幅上涨，其中最大涨幅出现在6月份，上涨0.6%。总体来看，天津市新建商品住宅价格未受到疫情明显影响，保持稳中略涨的走势，符合调控预期。

从各月同比价格指数看，新建商品住宅同比价格总体保持上涨态势，全年累计上涨0.6%。其中4月份同比下降0.4%，为2018年2月以来首次出现同比价格下降，5月份同比下降0.3%，至6月份转平，此后均保持一定幅度的上涨，全年最高涨幅出现在1月份，同比上涨1.3%。新建商品住宅同比价格总体呈现“水勺型”走势。

（二）二手住宅价格持续下降

从各月环比价格指数看，与新建商品住宅价格稳中略涨的走势不同，天津市二手住宅保持稳中有降的走势，环比价格持续小幅下降，仍在延续2019年7月份以来的下降趋势，至本年度12月份已经连续18个月保持环比价格下降。2020年全年二手住宅环比价格月度平均下降0.3%，其中最大降幅出现8月份，环比下降0.8%，为2017年9月以来的最大降幅。

从各月同比价格指数看，二手住宅同比价格在1月份出现下降，为2018年5月份以来首次出现同比价格下降，此后全年12个月均保持一定幅度的下降，降幅在1-6月逐月扩大，7-12月价格呈现出震荡式下降。2020年全年二手住宅同比价格最大降幅为4.6%，出现在6月及9月。全年累计降幅为3.6%。

（三）住宅成交价格区域分层显著

以成交金额除以面积简单计算成交均价，2020年天津市新建商品住宅各月均价在1.50-1.76万元/平方米之间，全年均价为1.65万元/平方米，比2019年上涨4.6%。

各区成交均价简单计算显示，行政区域之间新建商品住宅价格分层显著。市内六区成交均价为3.57万元/平方米，环城四区成交均价为1.78万元/平方米，远郊五区成交均价为1.19万元/平方米，滨海新区成交均价为1.49万元/平方米。从各个行政区看，和平区成交均价最高，为5.01万元/平方米；宁河区成交均价最低，为0.98万元/平方米。

（四）住宅价格涨幅全国排名处于中下游位置

从各月住宅环比价格指数排位看，在全国70个大中城市排位中，天津市新建商品住宅环比价格指数多数月份居于中下游位置，其中排位最靠前的是11月份，列于全国第20位；排位最靠后的是2月份，列于全国第64位。二手住宅环比价格指数各月排位基本处于70个大中城市下游位置，其中排位最靠前的是12

月份，列于全国第 40 位，排位最靠后的是 1 月份，列于全国第 70 位。

全国 70 个大中城市排位充分表明天津市住宅市场价格运行平稳，调控政策仍在持续发力，“房住不炒”基本目标有效显现。

二、全年住宅市场成交出现一定程度回落

（一）疫情期间成交量跌入历史冰点

受新冠肺炎疫情影响，天津市住宅市场一季度成交表现清淡，成交量同比大幅下降。新建商品住宅成交量为 13402 套，同比下降 41.9%；二手住宅成交量为 14131 套，同比下降 52.5%。其中 2 月份因新冠疫情影响，市场受到重创，成交量出现锐减，新建商品住宅成交不足 600 套，二手住宅成交仅 40 套，均跌入历史冰点。3 月份市场成交略有起色，但与 1 月份相比仍分别下降 46.0%和 55.5%。

（二）疫情防控常态化后住宅市场逐步恢复

4 月份以来，随着天津市新冠肺炎疫情得到有效防控，住宅市场开始恢复起色，成交活跃度稳步提升。二季度新建商品住宅成交 33262 套，同比增长 4.2%，各月成交均在万套以上，且成交量逐月增加；二手住宅成交 33916 套，同比下降 14.6%，但 6 月份成交 13450 套，同比增长 13.2%，创 2019 年 5 月以来的成交量新高，同时为 2020 年全年最高。

下半年以来，住宅市场稳定活跃，保持强劲的成交势头。新建商品住宅累计成交 6.56 万套，二手住宅累计成交 7.09 万套，月均成交均在万套以上，其中新建商品住宅在 12 月份成交 1.26 万套，创全年新高。

从全年整体成交来看，新建商品住宅全年累计成交 11.23 万套，同比下降 7.5%，但与 2018 年相比则上涨 11.6%；二手住宅全年累计成交 11.90 万套，同比下降 10.2%，与 2018 年相比上涨 3.8%。市场成交相对充足表明天津市住宅市场已摆脱年初疫情的影响，恢复至常规状态，特别是四季度成交比较活跃主要基于以下三点原因：一是部分开发商年终打折促销，特别是对于即将清盘的项目增加一定优惠幅度；二是近期疫情不稳定因素增加，客户更倾向于年前购房，以避免受疫情影响；三是当前二手住宅价格持续下降，价格相对合适，春节后的住宅市场难以预期，客户及时出手购房以规避明年年初价格触底反弹。

（三）住宅区域成交量存在差异

从 2020 年新建商品住宅区域成交表现看，环城四区与远郊五区是成交的热门区域。环城四区累计成交 4.04 万套，占全市成交总量的 36.0%；远郊五区累计成交 4.01 万套，占全市成交总量的 35.7%；市内六区因新盘项目较少且单价较高，累计成交 0.88 万套，占全市成交总量的 7.8%。就单个行政区而言，滨海新区全年累计成交 2.30 万套，占全市成交总量的 20.5%，在天津市 16 个行政区中成交量最高；距离北京较近的武清区区位优势明显，全年累计成交 1.36 万套，占全市成交总量的 12.1%，为 16 个行政区成交次高。

从二手住宅成交表现看，市内六区因发展程度较高，教育、医疗、交通等资源相对丰厚，一直是天津市二手住宅成交的主力区域，全年累计成交 4.27 万套，占全市成交总量的 35.9%；环城四区累计成交 3.17 万套，占全市成交总量的 26.6%；远郊五区累计成交 1.94 万套，占全市成交总量的 16.3%。就单个行政区域而言，滨海新区全年累计成交 2.52 万套，占全市成交总量的 21.2%，为天津市 16 个行政区中成交量最高，南开区全年累计成交 1.00 万套，为 16 个行政区成交量次高。

（四）中等面积的新建商品住宅更受置业者青睐

在新建商品住宅成交面积的三个基本分类中，90 平方米及以下住宅全年累计成交 3.27 万套，占成交总量的 29.1%；90-144 平方米住宅全年累计成交 6.99 万套，占成交总量的 62.2%；144 平方米以上的住宅全年累计成交 0.97 万套，占成交总量的 8.7%。中等面积基本分类住宅成交比例最高。

从住宅户型来看，80 平方米以上的两居室及中等面积的三居室更受置业者青睐，其中 80-130 平方米新建商品住宅全年累计成交 8.63 万套，占全部成交总量的 76.8%。

此外，新建商品住宅平均每套住宅成交面积为 109.4 平方米；二手住宅平均每套住宅成交面积为 85.3 平方米。可见当前消费者购房更注重于居住品质的提升，对中等面积户型的住宅需求相对旺盛。

三、对 2021 年一季度商品住宅市场初步预判

2021 年，天津市仍然以促进住房消费健康发展作为主基调，坚持“房住不炒”，在当前调控政策及疫情防控措施下，保持住宅市场价格平稳运行，进一步促进市场维持稳定活跃状态。

通过市场走访调研显示，受季节性及疫情多发因素的影响，天津市住宅市场在 2021 年年初仍将延续当前的走势，春节前后市场活跃度略有冷却，预测新建商品住宅价格保持稳定，二手住宅价格仍将延续稳中略降的走势。

2020年天津畜牧业生产形势向好 生猪恢复取得阶段性成果

国家统计局天津调查总队调查资料显示，2020 年天津市生猪存栏、能繁母猪存栏和生猪出栏已分别恢复到 2017 年的 90.2%、89.4%和 65.3%，生猪生产恢复取得阶段性成果，牛羊存栏持续增加，家禽生产总体平稳，畜牧业生产形势总体向好。

2020 年，天津坚决贯彻落实党中央、国务院促进畜牧业高质量发展的决策部署，在抓好疫情防控的同时，采取有效政策措施，着力促进生猪生产恢复，全力保障畜禽产品有效供给。

一、生猪生产实现加速恢复

（一）生猪存栏加速增长

2020 年，天津市生猪存栏在一季度受新冠肺炎疫情短期影响后呈现加速增长趋势，二至四季度全市生猪存栏环比增幅分别达到 3.3%、13.5%和 16.1%。最终实现年末生猪存栏 162.3 万头，同比增长了 30.6%，恢复到 2017 年末存栏量的 90.2%。其中，作为生猪产能恢复基础的能繁母猪年末存栏达 19.2 万头，同比增长 32.0%，恢复到了 2017 年末的 89.4%。

除能繁母猪存栏恢复外，养猪户购进生猪也是拉动存栏增长的重要因素。2020 年，在种猪、仔猪价格均大幅上涨的情况下，养猪户购进仔猪、种猪积极性仍然高涨。调查结果显示，2020 年生猪调出大县[①] 共计购进种猪、仔猪等 9.6 万头，同比增长了 13.0%。

（二）生猪出栏快速恢复

受生猪生长周期限制，生猪出栏量的增长总体晚于存栏增长，前期增加的存栏生猪在 2020 年下半年才开始进入集中出栏期，下半年生猪出栏达到 125.9 万头，比上半年增长了 84.7%。全年累计出栏生猪 194.0 万头，同比减幅仅为 1.9%，已恢复到 2017 年的 65.3%。

（三）新增、复产养猪户大量增加

生猪生产的恢复表现为新增、复产的养猪户数量明显增加，生猪调出大县监测结果显示，被调查的 75 个样本村中，饲养量[②]在 100 头至 5000 头范围内的中型生猪养殖户数已经由 2019 年末的 201 户增加到 2020 年末的 342 户，增幅超过七成。

二、牛羊禽生产形势较好

（一）肉牛养殖比较优势凸显

由于肉牛疫病较少，在生猪供应不足情况下养殖优势更加凸显，2019 年一季度以来，天津市肉牛存栏量连续 7 个季度稳定增加。2020 年末肉牛存栏达 17.4 万头，同比增长了 18.9%。

出栏方面，虽然上半年受疫情影响肉牛出栏出现小幅减少，但随着疫情影响的减弱，肉牛出栏快速恢复，全年出栏达到 14.4 万头，同比增长了 2.0%。

---

① 本文所指生猪调出大县包括宝坻区、宁河区、蓟州区。

② 本文所指饲养量为年末存栏与全年出栏之和。

（二）奶牛养殖实现提质增效

截至 2020 年末，天津市奶牛存栏 10.7 万头，同比减少了 2.6%。在肉牛价格上涨和奶企收奶标准高、价格低的共同作用下，中小奶牛场转养肉牛情况增加，导致奶牛存栏的小幅减少。

产量方面，2020 年天津市牛奶产量达到 50.1 万吨，同比增长了 5.7%。牛奶产量在奶牛存栏减少的情况下实现增长，主要是由于生产水平的提升，同时生产能力较低的中小奶牛场逐步退出也对奶业水平的提升起到了一定作用。2020 年天津市奶牛头均产奶量达 4.7 吨，同比增长了 8.5%。

（三）羊存栏、出栏均有所增加

2020 年末羊存栏 45.2 万只，同比增加 15.3%。羊存栏的增加主要是由于羊养殖效益持续向好，养殖户增加存栏意愿较强。出栏方面，羊出栏量在四季度实现同比由负转正，2020 年全市共出栏羊 36.1 万只，同比增长了 5.4%。

（四）肉鸡养殖量有所减少

由于 2020 年以来肉鸡价格出现了较大波动，价格总体低于上年水平，养殖户有意控制生产，全市全年出栏活鸡 6275.7 万只，同比减少 1.3%。2020 年末，由于饲料价格明显上涨，加之天气转冷，养殖户观望情绪明显，肉鸡存栏 743.5 万只，同比减少了 19.2%。

（五）蛋鸡存栏先增后减

自 2019 年 4 季度起，鸡蛋价格在生猪供应紧张影响下大幅上涨，蛋鸡存栏持续增加，2020 年二季度末全市蛋鸡存栏达到最高点 1462.4 万只，随着生猪生产逐步恢复，三季度起蛋鸡存栏开始逐步减少，截至 2020 年末全市蛋鸡存栏为 1428.2 万只，同比增长了 1.1%。全年鸡蛋产量 20.5 万吨，同比增长了 7.6%。

三、制约畜牧业生产发展的主要因素

虽然畜牧业生产形势总体向好，但仍存在一些制约畜牧业生产健康发展的不利因素。

（一）饲料成本高企限制生产发展

2020 年末，作为畜牧业主要饲料来源的玉米和大豆价格分别达到了每公斤 2.6 元和 8.0 元，同比分别上涨 50.6%和 17.6%。饲料成本的上涨，给养殖户带来了巨大的资金压力，压缩了盈利空间，推高了畜产品价格，不利于畜牧业生产的发展和畜产品价格的回调。

（二）一些养殖户对生猪疫情仍存顾虑

利润增长为生猪生产恢复提供了强劲动力，然而非洲猪瘟等生猪疫情仍然给生猪产业稳产保供带来了较大不确定性。非洲猪瘟、蓝耳病等会导致生猪死亡率升高，特别是非洲猪瘟目前仍旧缺乏有效的治疗手段，疫苗、兽药尚未投入市场，养殖户生产过程中需要处处精心、丝毫不敢放松警惕，“宁可少养猪、不能毁了猪”的养殖心态，一定程度上减慢了生猪生产的恢复进度。

四、促进畜牧业发展的建议

（一）细化扶持措施，提升畜牧业发展质量

调研了解到，一些有多年养殖经验的中小型养殖户有扩大生产的意愿，但在资金、用地、技术、配套设施等方面受到一定制约，相关部门可因地制宜给予个性化支持，加强对中小型养殖户的指导帮扶，使有意向扩大生产的养殖户做大做强，促进中小型养殖户与新型农业经营主体建立利益联结机制，带动中小养殖户改良养殖品种、改进养殖方式，不断提升畜牧业生产现代化水平。

（二）严格疫情防控，降低畜禽养殖风险

当前，非洲猪瘟、禽流感等疫情在国内外还偶有发生，疫情防控工作仍然不能松懈。养殖户仍要通过勤消杀、卡住车、守住人、封闭式管理等方法来控制传染源。相关部门在做好各生产环节的检疫工作、严防疫情输入的同时，仍需科学合理细化防疫制度，在确保疫情防控工作不留死角的同时科学控制防疫成本。

（三）优化发展环境，吸引养殖企业落户

目前，天津多个生猪大项目已在建设中，为使大项目尽快投产形成产能，助力天津市生猪生产达到更高水平，建议进一步发挥政府服务作用，各部门加强联合，在用地、环评、设施等方面给予充分支持，积极促进大项目落地投产。

2020年天津市种植业稳步向好
生产结构不断优化

2020年是“十三五”收官之年，天津市委市政府统筹做好新冠肺炎疫情防控和经济社会发展，深入推进农业供给侧结构性改革，盯紧“米袋子”“菜篮子”稳产保供，毫不放松抓粮食与经济作物生产，农业综合生产能力不断迈上新台阶，为全市经济发展和社会稳定发挥了重要“压舱石”作用。

一、粮食基本盘更加稳固，粮食生产能力不断提升

（一）“小站稻”振兴计划有效拉动全市粮食作物播种面积增加

调查结果显示，2020年全市粮食作物播种面积达525.3万亩，比上年增加16.4万亩，同比增长3.2%。其中水稻播种面积增加11.9万亩，拉动全市粮食作物播种面积增长2.3个百分点，有效扭转2019年全市粮食作物播种面积减少趋势。

1.“小站稻”振兴计划持续激发水稻种植积极性。为积极促进稳粮增收、绿色发展，天津市持续推进百万亩“小站稻”产业振兴计划，同时大力发展稻蟹、稻虾、稻鱼等立体综合种养混养，提升生产效益。在扶持政策的激励下，全市10个涉农区水稻播种面积均有不同程度增加。全市水稻播种面积扩大到80.2万亩，比上年增加11.9万亩，同比增长17.4%。

2.小麦播种面积恢复性增长，玉米播种面积继续调减。2019年秋冬播期间土壤墒情良好，冬小麦种植呈恢复性增长，并带动天津市小麦播种面积达到155.9万亩，比上年增加4.3万亩，增长2.8%。受部分旱田改为水田和农户种植意向影响，玉米播种面积连续四年调减至268.3万亩，比上年减少2.9万亩，同比下降1.1%。

（二）全年粮食总产量继续增加，综合亩产略降

调查结果显示，2020年天津市粮食总产量达到228.2万吨，比上年增长2.2%，粮食平均亩产达到434.4公斤，同比减少1.0%。

1. 小麦亩产、总产实现双增。2020年入春以来天津市气温、光热条件适宜，农田墒情良好，加之农业生产部门积极应对新冠肺炎疫情影响，做好春耕备耕和田间管理，为小麦增产提供了保障。全市小麦平均亩产为403.1公斤，同比增长1.1%；产量为62.9万吨，同比增长4.0%。

2. 水稻产量大幅增长。今年总体光热条件良好，水稻整体长势较好，高产水稻播种面积增加，为水稻增产奠定了基础。由于稻蟹立体种养需严格控制用药和施肥，其面积约占全市水稻播种面积的三成以上，水稻平均亩产受到一定影响。调查结果显示，水稻平均亩产为626.7公斤，同比持平略减；水稻播种面积大幅增加抵消了单产略降的不利影响，产量为50.2万吨，同比增长17.1%。

3. 玉米亩产、总产双降。今年天津市滨海新区、静海区受干旱影响，玉米无法顺利出苗或长势不佳。西青区、蓟州区部分区域受短时强降水、风雹灾害影响，导致玉米有一定程度减产。综合来看，受干旱与暴雨冰雹影响的玉米面积占全市玉米播种面积的三成以上，造成天津市玉米平均亩产同比下降3.7%，为408.9公斤；产量为109.7万吨，同比下降4.8%。

二、经济作物结构优化调整，蔬菜保障能力进一步增强

（一）蔬菜生产持续发力，保供给能力进一步增强

为保障“菜篮子”产品市场供给，天津市先后出台多项惠农政策，充分挖掘利用天津市现有菜田和农业设施用地生产潜力，有效带动天津市蔬菜播种面积增长。调查数据显示，2020 年天津市蔬菜及食用菌播种面积为 79.4 万亩，同比增加 9.5%；总产量为 266.5 万吨，同比上升 9.8%，亩产保持稳定。

（二）棉花、油料等播种面积大幅缩减，亩产水平保持稳定

1. 由于棉花种植管理复杂，人工和土地承包费成本较高，部分农户倾向于改种有种植补贴的其他作物以获取更大收益。调查数据显示，棉花播种面积 11.7 万亩，同比下降 44.7%，产量 1.0 万吨，同比下降 43.5%，亩产与上年基本持平

2. 花生占天津市油料播种面积和产量比重分别为 83.4%和 91.5%，受 2019 年花生收购价格影响，农户为获取更高效益改种其他作物，花生播种面积和产量较上年分别下降 22.8%和 22.6%，成为天津市油料播种面积与产量下降的主要影响因素。调查数据显示，油料作物播种面积和产量与上年同期分别下降 24.1%和 24.5%，亩产保持稳定水平。

三、几点建议

2021 年是“十四五”开局、全面建设社会主义现代化国家新征程的开启之年，持续强化农业基础地位，深化农业供给侧结构性改革，不断夯实粮食生产能力，保障蔬菜、棉、油、糖等重要农产品供给安全，增强农业综合生产能力至关重要。

（一）统筹粮、经作物协同发展，推进农业提质增效转型升级

加快构建粮食、经济作物协同发展模式，合理安排粮食和经济作物种植结构与布局，推动种植业向专业化、区域化、优质化发展。深入实施重要农产品保障战略，完善粮食安全责任制和“菜篮子”负责制，按照稳粮、优经的要求，进一步稳定谷物生产，确保口粮绝对安全，优化经济作物品种品质和区域布局，实现蔬菜生产与需求协调发展，促进种植业发展量效齐增、蜕变升级。

（二）保护农民种粮收益，提高粮食生产积极性

加大惠农政策扶持力度，提高粮食种植补贴，充分发挥粮食补贴政策的引导作用，建立对种粮大户的补贴和奖励制度，提升农民的种粮信心。强化市场引导，稳步提高粮食最低收购价，稳定粮食市场价格预期，提升种粮比较效益，让农民切实感受到粮食种植带来的收益，不断增加种粮农民的收入。

（三）积极培育新型农业经营主体，发挥适度规模经营在稳定生产中的作用

加快培育种植大户、家庭农场、合作社、龙头企业等新型经营主体，积极探索土地流转新模式，鼓励新型经营主体通过土地流转、土地入股等形式，推进规模化种植、标准化生产、产业化经营。加快转变传统农业发展模式，发展多种形式适度规模经营，充分发挥适度规模经营在现代农业发展中的引领作用，稳定农业生产，推进农业现代化发展。

1-1 "十三五"期间全市居民人均可支配收入和增速
Per Capita Disposable Income and Growth of Citywide Households during the 13th Five-Year Plan period

项　　目	Item	2015	2020	年均增量	年均增速
人均可支配收入(元)	**Per Capita Disposable Income (yuan)**	**31291**	**43854**	**2513**	**7.0%**
工资性收入	Income of Wages and Salaries	19256	27339	1617	7.3%
经营净收入	Net Business Income	2906	2797	-22	-0.8%
财产净收入	Net Income from Property	2928	4240	262	7.7%
转移净收入	Net Income from Transfer	6201	9478	655	8.9%

1-2 "十三五"期间全市居民人均消费支出和增速
Per Capita Consumption Expenditure and Growth of Citywide Households during the 13th Five-Year Plan period

单位：元

项　　目	Item	2015	2020	年均增量	年均增速
人均消费支出	**Per Capita Consumption Expenditure**	**24162**	**28461**	**860**	**3.3%**
食品烟酒	Food, Tobacco and Liquor	7900	8516	123	1.5%
衣着	Clothing	1949	1712	-47	-2.6%
居住	Residence	5138	7035	379	6.5%
生活用品及服务	Household Facilities, Articles and Services	1514	1669	31	2.0%
交通通信	Transportations and Communications	3186	3779	119	3.5%
教育文化娱乐	Education, Cultural and Recreation	2005	2254	50	2.4%
医疗保健	Health Care and Medical Services	1757	2646	178	8.5%
其他用品及服务	Miscellaneous Goods and Services	713	850	27	3.6%

1-3 "十三五"期间城镇居民人均可支配收入和增速
Per Capita Disposable Income and Growth of Urban Households during the 13th Five-Year Plan period

项 目	Item	2015	2020	年均增量	年均增速
人均可支配收入(元)	**Per Capita Disposable Income (yuan)**	**34101**	**47659**	**2712**	**6.9%**
工资性收入	Income of Wages and Salaries	21060	30053	1799	7.4%
经营净收入	Net Business Income	2458	2216	-48	-2.1%
财产净收入	Net Income from Property	3400	4824	285	7.2%
转移净收入	Net Income from Transfer	7183	10565	676	8.0%

1-4 "十三五"期间城镇居民人均消费支出和增速
Per Capita Consumption Expenditure and Growth of Urban Households during the 13th Five-Year Plan period

项 目	Item	2015	2020	年均增量	年均增速
人均消费支出(元)	**Per Capita Consumption Expenditure (yuan)**	**26230**	**30895**	**933**	**3.3%**
食品烟酒	Food, Tobacco and Liquor	8448	9122	135	1.5%
衣 着	Clothing	2144	1860	-57	-2.8%
居 住	Residence	5667	7770	421	6.5%
生活用品及服务	Household Facilities, Articles and Services	1594	1804	42	2.5%
交通通信	Transportations and Communications	3403	4046	129	3.5%
教育文化娱乐	Education, Cultural and Recreation	2283	2531	50	2.1%
医疗保健	Health Care and Medical Services	1888	2811	185	8.3%
其他用品及服务	Miscellaneous Goods and Services	803	951	30	3.4%

1-5 “十三五”期间农村居民人均可支配收入及构成
Per Capita Disposable Income and Growth of Rural Households during the 13th Five-Year Plan period

项　目	Item	2015	2020	年均增量	年均增速
人均可支配收入(元)	**Per Capita Disposable Income (yuan)**	**18482**	**25691**	**1442**	**6.8%**
工资性收入	Income of Wages and Salaries	11032	14385	671	5.5%
经营净收入	Net Business Income	4949	5568	124	2.4%
财产净收入	Net Income from Property	775	1451	135	13.4%
转移净收入	Net Income from Transfer	1726	4287	512	20.0%

1-6 “十三五”期间农村居民人均消费支出和增速
Per Capita Consumption Expenditure and Growth of Rural Households during the 13th Five-Year Plan period

项　目	Item	2015	2020	年均增量	年均增速
人均消费支出(元)	**Per Capita Consumption Expenditure (yuan)**	**14739**	**16844**	**421**	**2.7%**
食品烟酒	Food, Tobacco and Liquor	4878	5622	149	2.9%
衣　着	Clothing	1060	1002	-12	-1.1%
居　住	Residence	3247	3528	56	1.7%
生活用品及服务	Household Facilities, Articles and Services	954	1026	14	1.5%
交通通信	Transportations and Communications	2096	2504	82	3.6%
教育文化娱乐	Education, Cultural and Recreation	1145	932	-43	-4.0%
医疗保健	Health Care and Medical Services	1060	1858	160	11.9%
其他用品及服务	Miscellaneous Goods and Services	299	372	15	4.5%

1-7 “十三五”期间农作物总产量及增速
Yield and Growth of Farm Crops during the 13th Five-Year Plan period

单位：万吨 (10000 tons)

项　目	Item	2015	2020	年均增量	年均增速
一、粮食作物	**Grain Crops**	**184.48**	**228.18**	**8.74**	**4.3%**
#夏收粮食	Grain Harvested in Summer	58.06	62.86	0.96	1.6%
二.油料作物	**Oil-bearing Crops**	**0.36**	**0.31**	**-0.01**	**-2.9%**
三、棉　花	**Cotton**	**2.35**	**1.02**	**-0.27**	**-15.3%**
四、蔬　菜(含菜用瓜)	**Vegetables (including melon-vegetable)**	**282.72**	**258.06**	**-4.93**	**-1.8%**
五、瓜　类	**Melon**	**23.07**	**24.67**	**0.32**	**1.3%**

1-8 “十三五”期间畜牧业产品产量和增速
Output and Growth of Livestock and Poultry Products during the 13th Five-Year Plan period

项　目	Item	单位	Unit	2015	2020	年均增量	年均增速
畜禽产品产量	**Output of Livestock and Poultry Products**						
猪肉	Pork	万吨	10000 tons	27.85	15.35	-2.50	-11.2%
牛肉	Beef	万吨	10000 tons	3.39	2.67	-0.14	-4.6%
羊肉	Mutton	万吨	10000 tons	1.49	0.87	-0.12	-10.1%
禽肉	Poultry	万吨	10000 tons	10.73	10.56	-0.03	-0.3%
禽蛋	Poultry Eggs	万吨	10000 tons	18.87	20.83	0.39	2.0%
其中：鸡蛋	Hen's Eggs	万吨	10000 tons	16.26	20.47	0.84	4.7%
牛奶	Cow Milk	万吨	10000 tons	50.03	50.07	0.01	0.0%

二、人民生活

Chapter 2
PEOPLE'S LIVING CONDITIONS

2-1 全市居民家庭基本情况
Basic Conditions of Citywide Households (2016-2020)

项 目	Item	单位	Unit	2016	2017	2018	2019	2020
一、调查样本户数	**Number of Households Surveyed**	户	**household**	**3958**	**3970**	**4000**	**4000**	**4000**
1.城镇住户	Urban	户	household	3014	3018	3200	3200	3200
2.农村住户	Rural	户	household	944	952	800	800	800
二、调查样本户结构	**Structure of Household**							
1.城镇住户	Urban	%		76.1	76.0	80.0	80.0	80.0
2.农村住户	Rural	%		23.9	24.0	20.0	20.0	20.0
三、住户基本情况	**Basic Conditions of Households**							
户均常住成员	Average Number of Permanent Residents Per Household	人/户	person/household	2.88	2.87	2.86	2.85	2.84
户均就业成员	Average Number of Employees Per Household	人/户	person/household	1.54	1.48	1.43	1.39	1.31
平均每户就业人口比重	Average Employment Proportion Per Household	%		53.5	51.6	50.1	48.6	46.0
平均每一就业者负担人口	Average Number of Dependents Per Employee	人	person	1.87	1.94	1.99	2.06	2.18
四、住户常住成员户口登记地	**Registered Location of Permanent Residents**							
1.本村(居委会)	Home Village or Residents' Committee	%		79.8	80.7	73.5	74.6	74.4
2.村外乡(镇、街道)内	Outside Home Village	%		4.8	4.8	7.8	6.9	7.1
3.乡外县(区)内	Outside Home Township Residential District	%		4.8	3.4	5.7	5.7	5.8
4.县外市内	Outside Home County (District)	%		6.2	6.2	7.3	7.0	6.9
5.市外省内	Outside Home Municipality	%						
6.省外	Outside Home Province	%		5.6	4.9	5.7	5.7	5.8
7.其他(如户口待定)	Others	%						
五、住户6周岁及以上成员受教育程度	**Education Level of Residents Above 6-Year-Old**							
1.未上过学	Non-Educated	%		1.5	1.4	1.8	1.4	1.5
2.小学	Primary School	%		15.5	15.5	15.5	15.3	15.7
3.初中	Junior Middle School	%		36.6	36.7	31.3	31.5	31.4
4.高中	Senior Middle School	%		22.9	22.9	20.8	21.4	21.5
5.大学专科	Junior College	%		11.8	11.8	14.0	14.2	14.1
6.大学本科	Undergraduate College	%		10.6	10.6	15.0	14.5	14.2
7.研究生	Graduate	%		1.1	1.1	1.6	1.6	1.6
六、住户从业人员参加养老保险情况	**Pension Insurance**							
其中：1.新型农村社会养老保险	The New Rural Community Pension Insurance	%		1.0	0.8	0.9		
2.城镇职工基本养老保险	Urban Employee Pension Insurance	%		55.7	55.4	62.2	61.7	62.6
3.城乡居民基本养老保险	Urban-Rural Residents Basic Pension Insurance	%		24.4	25.2	22.0	23.0	23.1
4.商业养老保险	Business Pension Insurance	%		0.9	0.9	1.3	1.6	1.3
5.其他养老保险	Others	%						
6.没有参加任何养老保险	No Pension Insurance	%		18.0	17.7	13.6	14.5	13.6
七、住户从业人员参加医疗保险情况	**Medical Care Insurance**							
1.新型农村合作医疗	The New Rural Cooperative Medical Care Insurance	%		1.3	0.8	1.0	1.1	1.1
2.城镇职工基本医疗保险	Urban Employee Basic Medical Care Insurance	%		53.3	52.7	59.2	60.8	60.8
3.城乡居民基本医疗保险	Urban-Rural Residents Basic Medical Care Insurance	%		43.1	44.0	37.0	35.5	36.1
4.公费医疗	Socialized Medical Care	%						
5.商业医疗保险	Business Medical Care Insurance	%		0.7	0.9	1.4	2.5	2.4
6.其他医疗保险	Others	%						
7.没有参加任何医疗保险	No Medical Care Insurance	%		1.6	1.6	1.4	1.8	1.2

注：因调整指标口径，为保证数据口径一致，现将2020年以前年份的“住户基本情况”相关指标数据统一调整为可比数据。表2-10和2-16同。

Note: For the adjustment of index scope, to make sure that the data scope is consistent, we now give unified adjustment of relevant indexes of basic household information befort the year 2020 to sure comparable data same as table 2-10 and 2-16.

2-1 续表 1 continued

项目	Item	单位 Unit	2016	2017	2018	2019	2020
八、住户从业人员行业分布	**Industry Distribution**						
1.第一产业	Primary Industry	%	5.5	4.9	4.9	4.2	4.0
2.第二产业	Secondary Industry	%	34.6	34.8	29.8	29.1	29.8
3.第三产业	Tertiary Industry	%	59.9	60.3	65.3	66.7	66.2
九、住户从业人员职业分布	**Profession Distribution**						
1.国家机关、党群组织、企业、事业单位负责人	Directors of Government Agency, CPC or Mass Organizations, Enterprises and Institutions	%	1.4	1.3	1.0	1.2	1.0
2.专业技术人员	Professional Staff	%	19.0	18.9	19.3	17.9	17.5
3.办事人员和有关人员	Clerks	%	22.1	22.9	27.6	28.8	29.3
4.商业、服务业人员	Commercial and Service Personnel	%	24.8	24.5	25.7	27.4	28.3
5.农、林、牧、渔、水利业生产人员	Primary Industry and Irrigation Workers	%	5.6	5.1	5.1	4.3	4.1
6.生产、运输设备操作人员及有关人员	Equipment Operators	%	26.9	27.2	21.2	20.3	19.8
7.军人	Soldiers	%	0.2	0.1	0.1	0.1	0.1
8.不便分类的其他从业人员	Others	%					
十、住户从业人员就业分布	**Employment Distribution**						
1.雇主	Employers	%	0.4	0.3	0.3	0.3	0.1
2.公职人员	Public Servants	%	1.9	1.9	2.0	1.6	1.3
3.事业单位人员	Institutions Staff	%	5.4	5.0	7.9	7.3	7.0
4.国有企业雇员	State-Owned Enterprise Employees	%	13.0	12.3	11.5	10.7	9.9
5.其他雇员	Other Employees	%	64.5	66.7	66.0	68.3	70.3
6.农业自营	Agricultural Managers	%	4.9	4.3	4.1	3.3	3.2
7.非农自营	Secondary and Tertiary Industry Managers	%	9.9	9.5	8.2	8.4	8.2
十一、住户成员健康状况	**Health Condition**						
1.健康	Healthy	%	89.9	89.6	89.9	89.8	89.8
2.基本健康	General Healthy	%	8.0	8.4	7.7	7.5	7.6
3.不健康，但生活能自理	Unhealthy but Independent	%	1.8	1.8	2.0	2.1	2.1
4.生活不能自理	Dependent	%	0.3	0.2	0.4	0.6	0.5
十二、常住居民收入与支出	**Income and Expenditure**						
全体居民人均可支配收入	Per-Capita Disposable Income	元/人	34074	37022	39506	42404	43854
全体居民人均消费支出	Per-Capita Consumption Expenditure	元/人	26129	27841	29903	31854	28461
平均消费倾向	Average Propensity to Consume	%	76.7	75.2	75.7	75.1	64.9
十三、住户现住房居住空间样式	**Housing Style**						
1.单栋楼房	Single Building	%	0.7	0.5	0.9	0.8	0.8
2.单栋平房	Single Bungalow	%	23.9	24.3	22.7	21.5	21.8
3.四居室及以上单元房	Apartment with 4 Bedrooms or More	%	0.2	0.3	0.5	0.3	0.3
4.三居室单元房	Apartment with 3 Bedrooms	%	9.0	9.1	12.7	12.3	12.0
5.二居室单元房	Apartment with 2 Bedrooms	%	45.9	46.3	48.2	50.4	50.5
6.一居室单元房	Apartment with 1 Bedroom	%	14.2	13.5	12.9	12.6	12.5
7.筒子楼或连片平房	Tube-Shaped Apartment or Cottage	%	5.5	5.4	2.1	2.1	2.1
8.其他	Others	%	0.6	0.6			
十四、住户现住房房屋来源	**Source of House**						
1.租赁公房	Rent Public House	%	10.6	10.4	8.2	7.3	7.0
2.租赁私房	Rent Private House	%	2.9	2.3	4.4	4.4	4.3
3.自建住房	Self-Help House	%	25.7	25.6	23.2	22.6	22.7
4.购买商品房	Purchased Commercial House	%	30.2	31.0	41.5	43.1	42.9
5.购买房改住房	Purchased Public House	%	14.2	14.5	10.9	10.1	10.5
6.购买保障性住房	Purchased Social House	%	2.4	2.5	1.9	1.9	1.7
7.拆迁安置房	Resettlement House	%	10.0	10.1	8.2	8.6	9.0
8.其他	Others	%	4.0	3.6	1.7	2.1	1.8

2-1 续表 2 continued

项 目	Item	单位 Unit	2016	2017	2018	2019	2020
十五、住户主要饮用水来源情况	**Source of Drinking Water**						
1.经过净化处理的自来水	Tap Water	%	96.6	96.5	95.6	95.6	96.0
2.受保护的井水和泉水	Protected Wells and Springs	%	2.4	2.3	2.4	3.2	2.7
3.不受保护的井水和泉水	Unprotected Wells and Springs	%					
4.江河湖泊水	River and Lake Water	%					
5.收集雨水	Collected Rain Water	%					
6.桶装水	Bottled Water	%	1.0	1.2	2.0	1.3	1.3
7.其他水源	Others	%					
十六、住户主要取暖用能源状况	**Fuel for Heating**						
1.柴草	Firewood	%					
2.煤炭	Coal	%	26.2	20.8	13.5	5.5	4.4
3.罐装液化石油气	Canned Liquefied Petroleum Gas	%					
4.管道液化石油气	Pipeline Liquefied Petroleum Gas	%					
5.管道煤气	Pipeline Coal Gas	%					
6.管道天然气	Pipeline Natural Gas	%		2.9	11.0	7.3	9.2
7.电	Electricity	%	1.3	3.7	3.5	4.4	5.1
8.燃料用油	Fuel Oil	%					
9.沼气	Methane	%					
10.其他	Others	%					
11.集中供暖	Central Heating	%	72.5	72.6	72.0	82.8	81.3
十七、住户主要炊用能源状况	**Fuel for Cooking**						
1.柴草	Firewood	%	0.2	0.2	0.2	0.3	0.1
2.煤炭	Coal	%	2.1	1.7	1.0	0.1	0.1
3.罐装液化石油气	Canned Liquefied Petroleum Gas	%	24.8	23.2	20.8	17.5	16.8
4.管道液化石油气	Pipeline Liquefied Petroleum Gas	%					
5.管道煤气	Pipeline Coal Gas	%					
6.管道天然气	Pipeline Natural Gas	%	67.3	69.7	74.8	78.8	79.7
7.电	Electricity	%	2.3	2.2	2.2	2.5	2.4
8.燃料用油	Fuel Oil	%					
9.沼气	Methane	%					
10.其他	Others	%					
11.无炊用行为	No Cooking Behavior	%	3.3	3.0	1.0	0.8	0.9
十八、住户厕所类型	**Toilet Type**						
1.水冲式卫生厕所	Sanitary Water Flush Toilet	%	83.4	85.3	87.9	94.0	96.6
2.水冲式非卫生厕所	Non-Sanitary Water Flush Toilet	%					
3.卫生旱厕	Sanitary Dry Toilet	%	5.2	4.4	2.1	2.9	2.3
4.普通旱厕	Common Dry Toilet	%	7.1	6.1	4.9	2.8	0.8
5.无厕所	No Toilet	%	4.3	4.2	5.1	0.3	0.3
十九、住户洗澡设施情况	**Bath Facilities**						
1.统一供热水	Unified Supply of Hot Water	%	6.4	5.7	4.8	4.1	4.0
2.家庭自装热水器	Water Heater Installed by Household	%	88.2	88.4	91.6	92.4	93.3
3.其他	Others	%	0.6	1.4	0.5	1.0	1.1
4.无洗澡设施	No Bath Facilities	%	4.8	4.5	3.1	2.4	1.7

2-2 全市居民人均食品消费量
Per Capita Consumption of Foods of Citywide Households (2016-2020)

单位：公斤 (kg)

项 目	Item	2016	2017	2018	2019	2020
粮食	Grain	119.9	120.1	118.3	115.2	111.1
#谷物	Cereals	110.7	109.7	107.9	104.6	100.2
薯类	Tuber	2.8	3.1	3.2	3.2	3.5
豆类	Beans and Products	6.4	7.3	7.2	7.3	7.5
食用油	Edible Oil and Fats	12.0	11.9	9.9	8.7	9.6
蔬菜及食用菌	Vegetables and Edible Fungi	117.5	118.3	116.8	114.1	117.2
#鲜菜	Fresh Vegetables	113.9	114.8	113.2	110.6	113.5
肉及制品	Meat and Meat Products	26.3	26.5	26.9	24.7	23.8
#猪肉	Pork	16.1	15.8	16.8	15.0	14.1
牛羊肉	Beef and Mutton	6.1	6.2	5.6	5.4	5.6
家禽及制品	Poultry and Poultry Products	5.6	5.6	5.7	6.1	7.0
水产及制品	Aquatic Products	16.9	16.9	16.7	17.4	16.8
蛋类及蛋制品	Eggs and Related Products	17.8	18.3	17.7	18.5	21.5
#鲜蛋	Eggs	17.0	17.5	17.0	17.7	20.7
奶和奶制品	Milk and Dairy Products	18.3	18.4	18.6	17.0	16.8
干鲜瓜果类	Dried and Fresh Melons and Fruits	73.8	75.3	86.2	90.1	85.8
#鲜瓜果	Fresh Melons and Fruits	67.5	68.8	78.8	82.6	78.7
糖果糕点类	Confectionery	8.2	8.4	9.6	8.9	8.0
白酒	Wine	3.6	3.8	3.4	3.3	2.8

2-3 全市居民家庭年末每百户主要耐用消费品拥有量
Main Durable Goods Owned Per 100 Households Citywide (2016-2020)

项 目	Item	单位	unit	2016	2017	2018	2019	2020
摩托车	Motorcycle	辆	unit	10.1	6.4	4.4	4.0	3.9
助力车	Electric Bicycle	辆	unit	45.4	47.9	45.8	50.3	51.6
家用汽车	Automobile	辆	unit	39.7	41.2	44.8	47.8	52.7
洗衣机	Washing Machine	台	set	99.7	99.9	101.1	102.0	100.1
电冰箱(柜)	Refrigerator	台	set	101.5	101.0	103.3	104.4	104.1
彩色电视机	Color Television Set	台	set	118.1	118.8	111.5	112.0	111.4
家用电脑	Micro-Computer	台	set	69.3	70.2	70.6	68.6	66.9
照相机	Camera	架	set	28.5	29.6	20.7	19.3	18.5
微波炉	Microwave Oven	台	set	70.9	71.5	71.9	71.6	69.5
空调器	Air Conditioner	台	set	126.4	129.8	140.9	150.5	160.3
热水器	Water Heater	台	set	92.3	93.7	96.4	96.1	98.3
固定电话	Telephone	部	set	54.2	38.9	35.4	28.8	27.3
移动电话	Mobile Telephone	部	set	219.3	222.8	233.1	235.7	235.8

2-4 城乡居民家庭人均可支配收入和消费支出
Per Capita Disposable Income and Consumption Expenditure of Urban and Rural Households (1978-2020)

单位：元 (yuan)

年 度 Year	人均可支配收入 Per Capita Disposable Income			人均消费支出 Per Capita Consumption Expenditure		
	城镇居民 Urban Households	农村居民 Rural Households	城乡居民收入比 (农村居民收入=100) Ratio of Urban-Rural Households' Income (Rural Households' Disposable Income=100)	城镇居民 Urban Households	农村居民 Rural Households	城乡居民消费支出比 (农村居民消费=100) Ratio of Urban-Rural Households' Consumption Expenditure (Rural Households' Consumption Expenditure=100)
1978	388	153	253.6	345	132	261.4
1979	425	179	237.4	385	135	285.2
1980	527	278	189.6	475	208	228.0
1981	540	298	181.3	486	249	195.0
1982	577	326	176.9	497	267	186.4
1983	604	412	146.7	521	336	154.8
1984	728	505	144.3	600	371	161.7
1985	876	565	155.2	771	426	180.9
1986	1070	635	168.5	949	480	197.6
1987	1187	749	158.4	1071	539	198.8
1988	1330	891	149.2	1279	714	179.1
1989	1478	1020	144.9	1291	781	165.2
1990	1639	1069	153.3	1440	733	196.6
1991	1845	1169	157.9	1586	796	199.3
1992	2238	1309	171.0	1907	847	225.3
1993	2769	1473	188.0	2322	938	247.6
1994	3982	1836	216.9	3301	1161	284.4
1995	4930	2406	204.9	4064	1548	262.5
1996	5967	3000	198.9	4680	1957	239.1
1997	6609	3244	203.8	5204	1882	276.5
1998	7053	3388	208.2	5482	2008	273.1
1999	7527	3396	221.7	5875	1963	299.3
2000	7946	3598	220.9	6158	2088	294.9
2001	8672	3911	221.7	7045	2179	323.4
2002	8968	4229	212.1	7265	2334	311.2
2003	9823	4502	218.2	7964	2543	313.2
2004	10831	4938	219.4	8930	2945	303.2
2005	11839	5475	216.2	9813	3442	285.1
2006	13266	6096	217.6	10745	3850	279.1
2007	15062	6845	220.1	12280	4142	296.5
2008	17726	7705	230.0	13732	4550	301.8
2009	19371	8441	229.5	15174	5167	293.7
2010	21800	9764	223.3	17015	6072	280.2
2011	24158	11941	202.3	18928	8273	228.8
2012	26586	13593	195.6	20572	10254	200.6
2013	28980	15353	188.8	22306	12491	178.6
2014	31506	17014	185.2	24290	13739	176.8
2015	34101	18482	184.5	26230	14739	178.0
2016	37110	20076	184.8	28345	15912	178.1
2017	40278	21754	185.2	30284	16386	184.8
2018	42976	23065	186.3	32655	16863	193.6
2019	46119	24804	185.9	34811	17843	195.1
2020	47659	25691	185.5	30895	16844	183.4

注：本表2013年及以后为一体化住户调查新口径数据，2012年及以前数据为按可比口径回溯获得。表2-5至2-6同。

Note: The data of the year 2013 and later in the table are integrated household survey data in new scope, the year 2012 and before are reckoned at comparable coverage. Same as table 2-5 to 2-6.

2-5 城乡居民人均可支配收入和消费支出实际指数

Real Indices of Per Capita Disposable Income and Consumption Expenditure of Urban and Rural Households (1978-2020)

年 度 Year	人均可支配收入指数 Real Index of Per Capita Disposable Income (1978=100)		人均消费支出指数 Real Index of Per Capita Consumption Expenditures(1978=100)	
	城镇居民 Urban Households	农村居民 Rural Households	城镇居民 Urban Households	农村居民 Rural Households
1978	100.0	100.0	100.0	100.0
1979	108.4	115.8	110.6	101.3
1980	127.8	171.2	129.6	148.7
1981	129.2	180.9	131.0	175.6
1982	137.5	197.2	133.3	187.0
1983	143.4	247.7	139.1	234.9
1984	169.8	298.2	157.4	254.4
1985	180.5	294.9	178.8	258.2
1986	206.5	310.8	206.3	272.4
1987	214.5	343.5	218.1	286.3
1988	205.5	349.7	222.6	324.4
1989	199.1	349.0	196.1	309.8
1990	214.5	354.9	212.4	282.2
1991	219.2	352.4	212.2	278.0
1992	238.7	354.2	229.2	265.5
1993	251.1	338.9	237.4	250.1
1994	291.3	340.6	272.3	249.6
1995	312.8	387.3	290.9	288.8
1996	347.6	443.1	307.2	335.0
1997	373.3	464.3	331.4	312.6
1998	400.1	487.1	350.6	335.1
1999	431.8	493.4	380.1	331.4
2000	457.7	524.5	399.9	353.9
2001	493.4	563.3	451.8	364.9
2002	512.1	611.2	467.7	392.6
2003	555.1	644.2	507.4	423.2
2004	598.4	690.6	556.1	479.1
2005	644.5	754.8	602.3	551.9
2006	711.5	828.0	649.9	608.2
2007	774.9	892.6	712.9	628.3
2008	865.5	953.3	756.4	655.3
2009	955.5	1055.3	844.1	751.6
2010	1038.7	1179.9	914.2	853.1
2011	1096.8	1375.7	969.0	1107.3
2012	1175.8	1524.3	1025.2	1336.5
2013	1242.8	1669.1	1077.5	1578.4
2014	1326.1	1814.3	1151.9	1703.1
2015	1411.0	1937.7	1223.3	1796.8
2016	1504.1	2061.7	1295.5	1901.0
2017	1598.9	2189.5	1355.0	1918.1
2018	1672.4	2274.9	1432.3	1935.4
2019	1747.5	2382.1	1486.7	1994.0
2020	1770.2	2417.9	1293.4	1844.5

2-6 城乡居民平均消费率和恩格尔系数
The Average Consumption Rate & Engel's Coefficient of Urban and Rural Households (1978-2020)

单位：% (%)

年 度 Year	城镇居民 Urban Households		农村居民 Rural Households	
	平均消费率 Average Consumption Rate	恩格尔系数 Engel's Coefficient	平均消费率 Average Consumption Rate	恩格尔系数 Engel's Coefficient
1978	88.9	58.1	86.3	59.8
1979	90.6	57.0	75.4	64.4
1980	90.1	54.9	74.8	56.7
1981	90.0	55.8	83.8	50.6
1982	86.1	58.5	81.9	50.6
1983	86.2	61.2	81.7	48.7
1984	82.4	60.9	73.8	49.2
1985	88.0	54.4	75.5	47.4
1986	88.7	54.5	75.6	49.0
1987	90.2	54.0	72.0	49.9
1988	96.2	52.1	80.1	46.1
1989	87.4	58.6	76.6	47.8
1990	87.9	57.9	68.6	54.0
1991	85.9	58.6	68.1	52.4
1992	85.2	57.6	64.7	51.0
1993	83.9	54.6	63.7	50.6
1994	82.9	52.1	63.2	56.3
1995	82.4	52.1	64.3	57.0
1996	78.4	51.3	65.3	52.3
1997	78.7	46.7	58.0	51.1
1998	77.7	43.6	59.3	46.1
1999	78.1	41.8	57.8	47.6
2000	77.5	39.8	58.0	39.5
2001	81.2	36.3	55.7	42.0
2002	81.0	35.2	55.2	36.8
2003	81.1	36.0	56.5	36.8
2004	82.4	35.3	59.7	36.4
2005	82.9	34.5	62.9	36.0
2006	81.0	32.6	63.2	33.5
2007	81.5	32.9	60.5	35.4
2008	77.5	34.4	59.1	37.4
2009	78.3	33.7	61.2	39.5
2010	78.1	32.9	62.2	37.3
2011	78.4	32.9	69.3	30.6
2012	77.4	33.2	75.4	32.0
2013	77.0	32.6	81.4	30.9
2014	77.1	33.2	80.8	31.4
2015	76.9	32.2	79.8	29.5
2016	76.4	30.6	79.3	31.3
2017	75.2	31.2	75.3	29.6
2018	76.0	28.8	73.1	29.6
2019	75.5	27.9	71.9	30.8
2020	64.8	29.5	65.6	33.4

2-7 全市居民人均可支配收入及构成
Per Capita Disposable Income and Component of Citywide Households (2016-2020)

项目	Item	2016	2017	2018	2019	2020
人均可支配收入(元)	**Per Capita Disposable Income (yuan)**	**34074**	**37022**	**39506**	**42404**	**43854**
工资性收入	Income of Wages and Salaries	21218	23165	25119	27002	27339
经营净收入	Net Business Income	3137	3262	3344	3095	2797
财产净收入	Net Income from Property	3217	3505	3587	3908	4240
转移净收入	Net Income from Transfer	6502	7090	7456	8398	9478
#养老金或离退休金	Pensions and Retirement Pay	7562	8349	8601	9675	10579
人均可支配收入构成(%)	**Component of Per Capita Disposable Income (%)**	**100.0**	**100.0**	**100.0**	**100.0**	**100.0**
工资性收入	Income of Wages and Salaries	62.3	62.6	63.6	63.7	62.3
经营净收入	Net Business Income	9.2	8.8	8.4	7.3	6.4
财产净收入	Net Income from Property	9.4	9.5	9.1	9.2	9.7
转移净收入	Net Income from Transfer	19.1	19.1	18.9	19.8	21.6
#养老金或离退休金	Pensions and Retirement Pay	22.2	22.6	21.8	22.8	24.1

2-8 全市居民人均消费支出及构成
Per Capita Consumption Expenditure and Component of Citywide Households (2016-2020)

项目	Item	2016	2017	2018	2019	2020
人均消费支出(元)	**Per Capita Consumption Expenditure (yuan)**	**26129**	**27841**	**29903**	**31854**	**28461**
食品烟酒	Food, Tobacco and Liquor	8020	8647	8648	8984	8516
衣着	Clothing and Footwear	1931	1945	1990	2000	1712
居住	Housing	5655	5922	6406	6946	7035
生活用品及服务	Household Equipments, Furnishings and Services	1562	1655	1818	1957	1669
交通通信	Transport and Communications	3752	3745	4281	4236	3779
教育文化娱乐	Education, Culture and Recreation	2404	2691	3187	3584	2254
医疗保健	Health Care and Medical Services	2023	2390	2677	2992	2646
其他用品及服务	Miscellaneous Goods and Services	782	846	896	1155	850
人均消费支出构成(%)	**Component of Per Capita Consumption Expenditure (%)**	**100.0**	**100.0**	**100.0**	**100.0**	**100.0**
食品烟酒	Food, Tobacco and Liquor	30.7	31.1	28.9	28.2	29.9
衣着	Clothing and Footwear	7.4	7.0	6.7	6.3	6.0
居住	Housing	21.6	21.3	21.4	21.8	24.7
生活用品及服务	Household Equipments, Furnishings and Services	6.0	5.9	6.1	6.1	5.9
交通通信	Transport and Communications	14.4	13.4	14.3	13.3	13.3
教育文化娱乐	Education, Culture and Recreation	9.2	9.7	10.7	11.3	7.9
医疗保健	Health Care and Medical Services	7.7	8.6	8.9	9.4	9.3
其他用品及服务	Miscellaneous Goods and Services	3.0	3.0	3.0	3.6	3.0

2-9 全市居民人均消费支出
Per Capita Consumption Expenditure of Citywide Households (2016-2020)

单位：元 (yuan)

项　目	Item	2016	2017	2018	2019	2020
人均消费支出	**Per Capita Consumption Expenditure**	**26129**	**27841**	**29903**	**31854**	**28461**
(一)食品烟酒	Food, Tobacco and Liquor	8020	8647	8648	8984	8516
1.食品	Food	5230	5453	5338	5270	5652
2.烟酒	Tobacco and Liquor	762	816	727	749	701
3.饮料	Drink	193	209	231	247	232
4.饮食服务	Catering Services	1835	2169	2352	2717	1931
(二)衣着	Clothing and Footwear	1931	1945	1990	2000	1712
1.衣类	Clothes	1450	1468	1546	1557	1318
2.鞋类	Shoes	481	477	444	442	394
(三)居住	Housing	5655	5922	6406	6946	7035
1.租赁房房租	Rent of Rental Housing	195	220	330	323	304
2.住房维修及管理	Housing Maintenance and Management	593	639	700	750	752
3.水电燃料及其他	Water, Electricity, Fuel and Others	1293	1223	1321	1430	1408
4.自有住房折算租金	Imputed Rents of Owner-occupied Dwelling	3574	3840	4055	4444	4572
(四)生活用品及服务	Household Equipments, Furnishings and Services	1562	1655	1818	1957	1669
1.家具及室内装饰品	Furniture and Interior Decoration	221	244	275	332	241
2.家用器具	Household Appliances	435	439	417	411	363
3.家用纺织品	Home Textiles	121	116	107	117	108
4.家庭日用杂品	Family Daily Groceries	420	447	476	490	384
5.个人用品	Personal Products	317	363	414	486	465
6.家庭服务	Family Services	48	46	129	120	109
(五)交通通信	Transport and Communications	3752	3745	4281	4236	3779
1.交通	Transportations	2563	2525	3173	3250	2823
2.通信	Communications	1189	1220	1108	986	955
(六)教育文化娱乐	Education, Culture and Recreation	2404	2691	3187	3584	2254
1.教育	Education	1231	1354	1665	2005	1420
2.文化娱乐	Culture and Recreation	1173	1337	1522	1579	833
(七)医疗保健	Health Care and Medical Services	2023	2390	2677	2992	2646
1.医疗器具及药品	Medical Equipment and Medicine	677	723	753	672	706
2.医疗服务	Medical Services	1346	1667	1924	2319	1940
(八)其他用品及服务	Miscellaneous Goods and Services	782	846	896	1155	850
1.其他用品	Other Goods	414	448	427	538	337
2.其他服务	Other Services	368	398	469	617	514

2-10 城镇居民家庭基本情况
Basic Conditions of Urban Households (2016-2020)

项 目	Item	单 位 Unit	2016	2017	2018	2019	2020
一、住户基本情况	**Basic Conditions of Households**						
户均常住成员	Average Number of Permanent Residents Per Household	人/户	2.79	2.79	2.82	2.82	2.82
户均就业成员	Average Number of Employees Per Household	人/户	1.47	1.42	1.39	1.34	1.28
平均每户就业人口比重	Average Employment Proportion Per Household	%	52.7	50.7	49.2	47.7	45.3
平均每一就业者负担人口	Average Number of Dependents Per Employee	人	1.90	1.97	2.03	2.10	2.21
二、住户常住成员户口登记地	**Registered Location of Permanent Residents**						
1.本村(居委会)	Home Village or Residents' Committee	%	76.3	77.4	68.3	69.8	69.9
2.村外乡(镇、街道)内	Outside Home Village	%	5.4	5.4	9.1	8.1	8.3
3.乡外县(区)内	Outside Home Township Residential District	%	4.2	4.0	6.8	6.8	6.8
4.县外市内	Outside Home County (District)	%	7.4	7.5	8.9	8.5	8.2
5.市外省内	Outside Home Municipality	%					
6.省外	Outside Home Province	%	6.7	5.7	6.9	6.8	6.8
7.其他(如户口待定)	Others	%					
三、住户6周岁及以上成员受教育程度	**Education Level of Residents Above 6-Year-Old**						
1.未上过学	Non-Educated	%	1.4	1.3	1.6	1.1	1.3
2.小学	Primary School	%	13.6	13.6	13.0	13.2	13.6
3.初中	Junior Middle School	%	32.8	33.0	26.8	26.9	26.9
4.高中	Senior Middle School	%	25.3	25.3	22.9	23.4	23.4
5.大学专科	Junior College	%	13.5	13.4	16.2	16.3	16.2
6.大学本科	Undergraduate College	%	12.1	12.1	17.6	17.1	16.7
7.研究生	Graduate	%	1.3	1.3	1.9	2.0	1.9
四、住户从业人员参加养老保险情况	**Pension Insurance**						
其中: 1.新型农村社会养老保险	The New Rural Community Pension Insurance	%	1.2	1.0	1.0		
2.城镇职工基本养老保险	Urban Employee Basic Pension Insurance	%	64.7	64.3	72.6	73.1	72.8
3.城乡居民基本养老保险	Urban-Rural Residents Basic Pension Insurance	%	20.6	21.2	16.1	16.4	16.6
4.商业养老保险	Business Pension Insurance	%	0.8	0.8	1.1	1.6	1.3
5.其他养老保险	Others	%					
6.没有参加任何养老保险	No Pension Insurance	%	12.7	12.7	9.2	9.7	9.9
五、住户从业人员参加医疗保险情况	**Medical Care Insurance**						
1.新型农村合作医疗	The New Rural Cooperative Medical Care Insurance	%	1.5	1.1	1.2	1.4	1.4
2.城镇职工基本医疗保险	Urban Employee Basic Medical Care Insurance	%	62.4	61.5	69.7	72.4	71.2
3.城乡居民基本医疗保险	Urban-Rural Residents Basic Medical Care Insurance	%	33.2	34.5	26.1	23.4	25.2
4.公费医疗	Socialized Medical Care	%					
5.商业医疗保险	Business Medical Care Insurance	%	0.8	1.0	1.5	2.5	2.5
6.其他医疗保险	Others	%					
7.没有参加任何医疗保险	No Medical Care Insurance	%	2.1	1.9	1.5	1.9	1.4
六、住户从业人员行业分布	**Industry Distribution**						
1.第一产业	Primary Industry	%	1.6	1.3	1.3	1.1	1.1
2.第二产业	Secondary Industry	%	32.0	32.1	27.7	26.8	27.7
3.第三产业	Tertiary Industry	%	66.4	66.6	71.0	72.1	71.2
七、住户从业人员职业分布	**Profession Distribution**						
1.国家机关、党群组织、企业、事业单位负责人	Directors of Government Agency, CPC or Mass Organizations, Enterprises and Institutions	%	1.4	1.4	1.1	1.5	1.1

2-10 续表 1 continued

项　目	Item	单位 Unit	2016	2017	2018	2019	2020
2.专业技术人员	Professional Staff	%	19.7	19.4	21.1	19.4	19.2
3.办事人员和有关人员	Clerks	%	24.7	25.4	32.2	33.4	33.5
4.商业、服务业人员	Commercial and Service Personnel	%	27.3	26.9	27.0	28.0	28.7
5.农、林、牧、渔、水利业生产人员	Primary Industry and Irrigation Workers	%	1.7	1.5	1.3	1.1	1.1
6.生产、运输设备操作人员及有关人员	Equipment Operators	%	25.0	25.3	17.2	16.4	16.3
7.军人	Soldiers	%	0.2	0.1	0.1	0.1	0.1
8.不便分类的其他从业人员	Others	%					
八、住户从业人员就业分布	**Employment Distribution**						
1.雇主	Employers	%	0.4	0.3	0.3	0.3	0.1
2.公职人员	Public Servants	%	2.3	2.3	2.5	1.9	1.6
3.事业单位人员	Institutions Staff	%	6.4	6.0	9.5	8.9	8.5
4.国有企业雇员	State-owned Enterprise Employees	%	16.0	15.1	14.0	13.2	12.1
5.其他雇员	Other Employees	%	64.2	66.1	65.1	67.0	69.1
6.农业自营	Agricultural Managers	%	1.3	1.0	1.0	0.8	0.8
7.非农自营	Secondary and Tertiary Industry Managers	%	9.4	9.2	7.6	7.9	7.8
九、住户成员健康状况	**Health Condition**						
1.健康	Healthy	%	89.2	88.9	90.2	89.9	89.9
2.基本健康	General Healthy	%	8.8	9.1	7.8	7.7	7.8
3.不健康，但生活能自理	Unhealthy but Independent	%	1.7	1.8	1.7	1.8	1.8
4.生活不能自理	Dependent	%	0.3	0.2	0.3	0.6	0.5
十、常住居民收入与支出	**Income and Expenditure of Urban Households**						
城镇居民人均可支配收入	Per-Capita Disposable Income of Urban Households	元/人	37110	40278	42976	46119	47659
城镇居民人均消费支出	Per-Capita Consumption Expenditure of Urban Households	元/人	28345	30284	32655	34811	30895
平均消费倾向	Average Propensity to Consume of Urban Households	%	76.4	75.2	76.0	75.5	64.8
十一、住户现住房居住空间样式	**Housing Style**						
1.单栋楼房	Single Building	%	0.6	0.5	0.9	0.9	0.8
2.单栋平房	Single Bungalow	%	13.8	14.0	8.5	7.5	7.6
3.四居室及以上单元房	Apartment with 4 Bedrooms or More	%	0.2	0.3	0.6	0.4	0.4
4.三居室单元房	Apartment with 3 Bedrooms	%	10.1	10.3	15.0	14.4	14.1
5.二居室单元房	Apartment with 2 Bedrooms	%	53.3	53.7	57.4	59.9	60.1
6.一居室单元房	Apartment with 1 Bedroom	%	16.7	15.8	15.4	14.9	14.9
7.筒子楼或连片平房	Tube-Shaped Apartment or Cottage	%	4.6	4.7	2.2	2.1	2.1
8.其他	Others	%	0.7	0.7	…	…	…
十二、住户现住房房屋来源	**Source of House**						
1.租赁公房	Rent Public House	%	12.5	12.3	9.8	8.8	8.4
2.租赁私房	Rent Private House	%	3.4	2.7	5.1	4.8	4.7
3.自建住房	Self-Help House	%	13.8	13.9	8.8	8.3	8.4
4.购买商品房	Purchased Commercial House	%	35.3	35.7	49.5	51.6	51.4
5.购买房改住房	Purchased Public House	%	16.6	17.1	13.1	12.1	12.6
6.购买保障性住房	Purchased Social House	%	2.8	2.9	1.9	1.9	1.7
7.拆迁安置房	Resettlement House	%	10.9	11.2	9.8	10.2	10.7
8.其他	Others	%	4.7	4.2	2.0	2.4	2.1

2-10 续表 2 continued

项 目	Item	单位 Unit	2016	2017	2018	2019	2020
十三、住户主要饮用水来源情况	**Source of Drinking Water**						
1.经过净化处理的自来水	Tap Water	%	97.1	96.8	95.7	96.3	96.7
2.受保护的井水和泉水	Protected Wells And Springs	%	1.8	1.8	2.3	2.3	1.9
3.不受保护的井水和泉水	Unprotected Wells And Springs	%					
4.江河湖泊水	River And Lake Water	%					
5.收集雨水	Collected Rain Water	%					
6.桶装水	Bottled Water	%	1.1	1.4	2.0	1.4	1.4
7.其他水源	Others	%					
十四、住户主要取暖用能源状况	**Fuel for Heating**						
1.柴草	Firewood	%					
2.煤炭	Coal	%	14.5	11.8	5.6	2.2	2.0
3.罐装液化石油气	Canned Liquefied Petroleum Gas	%					
4.管道液化石油气	Pipeline Liquefied Petroleum Gas	%					
5.管道煤气	Pipeline Coal Gas	%					
6.管道天然气	Pipeline Natural Gas	%		1.5	7.2	3.8	4.3
7.电	Electricity	%	1.2	2.7	1.6	1.7	1.9
8.燃料用油	Fuel Oil	%					
9.沼气	Methane	%					
10.其他	Others	%					
11.集中供暖	Central Heating	%	84.3	84.0	85.6	92.3	91.7
十五、住户主要炊用能源状况	**Fuel for Cooking**						
1.柴草	Firewood	%				0.3	
2.煤炭	Coal	%	1.5	1.3	0.7	0.1	0.1
3.罐装液化石油气	Canned Liquefied Petroleum Gas	%	14.5	13.7	10.0	8.3	8.0
4.管道液化石油气	Pipeline Liquefied Petroleum Gas	%					
5.管道煤气	Pipeline Coal Gas	%					
6.管道天然气	Pipeline Natural Gas	%	78.4	80.0	87.5	89.4	90.0
7.电	Electricity	%	1.7	1.5	0.6	1.0	0.9
8.燃料用油	Fuel Oil	%					
9.沼气	Methane	%					
10.其他	Others	%					
11.无炊用行为	No Cooking Behavior	%	3.9	3.5	1.2	1.0	1.0
十六、住户厕所类型	**Toilet Type**						
1.水冲式卫生厕所	Sanitary Water Flush Toilet	%	89.7	90.2	94.5	97.8	99.1
2.水冲式非卫生厕所	Non-Sanitary Water Flush Toilet	%					
3.卫生旱厕	Sanitary Dry Toilet	%	3.4	3.2	1.1	0.8	0.3
4.普通旱厕	Common Dry Toilet	%	4.3	4.1	1.6	1.1	0.5
5.无厕所	No Toilet	%	2.6	2.5	2.8	0.3	0.1
十七、住户洗澡设施情况	**Bath Facilities**						
1.统一供热水	Unified Supply of Hot Water	%	7.4	6.5	5.1	4.4	4.3
2.家庭自装热水器	Water Heater Installed by Household	%	87.5	88.4	91.9	93.3	94.1
3.其他	Others	%	0.5	0.7	0.4	0.4	0.3
4.无洗澡设施	No Bath Facilities	%	4.6	4.4	2.6	1.9	1.3

2-11 城镇居民人均食品消费量
Per Capita Consumption of Foods of Urban Households (2016-2020)

单位：公斤 (kg)

项 目	Item	2016	2017	2018	2019	2020
粮食	Grain	116.5	115.9	109.5	106.1	101.9
#谷物	Cereals	107.1	105.6	99.4	96.1	91.4
薯类	Tuber	2.8	3.1	3.1	3.1	3.4
豆类	Beans and Products	6.6	7.2	7.0	6.9	7.1
食用油	Edible Oil and Fats	12.4	12.1	9.4	8.1	9.0
蔬菜及食用菌	Vegetables and Edible Fungi	118.0	120.0	118.5	116.4	119.6
#鲜菜	Fresh Vegetables	114.5	116.3	114.8	112.7	115.8
肉及制品	Meat and Meat Products	27.4	27.5	27.1	25.0	24.5
#猪肉	Pork	16.5	16.2	16.5	14.8	14.2
牛羊肉	Beef and Mutton	6.7	6.8	6.1	5.9	6.2
家禽及制品	Poultry and Poultry Products	5.9	6.0	6.0	6.4	7.2
水产品及制品	Aquatic Products	17.9	17.8	17.3	18.0	17.3
蛋类及蛋制品	Eggs and Related Products	18.3	18.6	18.2	18.8	21.6
#鲜蛋	Eggs	17.4	17.7	17.5	18.0	20.8
奶和奶制品	Milk and Dairy Products	20.3	20.4	20.2	18.4	18.2
干鲜瓜果类	Dried and Fresh Melons and Fruits	76.5	78.1	88.1	90.8	86.4
#鲜瓜果	Fresh Melons and Fruits	69.2	71.6	80.8	83.5	79.5
糖果糕点类	Confectionery	9.0	9.1	9.9	9.0	8.1
白酒	Wine	3.5	3.6	3.1	3.1	2.7

2-12 城镇居民家庭年末每百户主要耐用消费品拥有量
Main Durable Goods Owned Per 100 Urban Households (2016-2020)

项 目	Item	单 位	Unit	2016	2017	2018	2019	2020
摩托车	Motorcycle	辆	unit	3.4	2.6	1.9	1.7	1.7
助力车	Electric Bicycle	辆	unit	36.5	38.3	32.7	36.2	37.4
家用汽车	Automobile	辆	unit	40.5	41.7	46.0	48.5	54.0
洗衣机	Washing Machine	台	unit	101.6	101.7	101.4	101.9	99.7
电冰箱(柜)	Refrigerator	台	unit	102.5	102.5	103.2	104.0	103.7
彩色电视机	Color Television Set	台	unit	116.9	116.1	109.6	110.4	109.7
家用电脑	Micro-Computer	台	unit	79.2	79.2	77.4	75.2	73.1
照相机	Camera	架	unit	32.7	33.8	24.0	22.6	21.8
微波炉	Microwave Oven	台	unit	79.3	79.4	80.1	79.1	76.8
空调器	Air Conditioner	台	unit	133.6	135.3	146.6	156.9	165.7
热水器	Water Heater	台	unit	92.3	93.9	97.2	97.1	98.9
固定电话	Telephone	部	unit	51.9	35.6	33.6	27.3	25.9
移动电话	Mobile Telephone	部	unit	220.3	221.2	233.0	236.4	236.4

2-13 城镇居民人均可支配收入及构成
Per Capita Disposable Income and Component of Urban Households (2016-2020)

项　目	Item	2016	2017	2018	2019	2020
人均可支配收入(元)	**Per Capita Disposable Income (yuan)**	**37110**	**40278**	**42976**	**46119**	**47659**
工资性收入	Income of Wages and Salaries	23207	25303	27557	29588	30053
经营净收入	Net Business Income	2666	2772	2924	2697	2216
财产净收入	Net Income from Property	3721	4037	4150	4515	4824
转移净收入	Net Income from Transfer	7516	8166	8345	9319	10565
#养老金或离退休金	Pensions and Retirement Pay	8864	9742	9974	11218	12234
人均可支配收入构成(%)	**Component of Per Capita Disposable Income (%)**	**100.0**	**100.0**	**100.0**	**100.0**	**100.0**
工资性收入	Income of Wages and Salaries	62.5	62.8	64.1	64.2	63.1
经营净收入	Net Business Income	7.2	6.9	6.8	5.8	4.7
财产净收入	Net Income from Property	10.0	10.0	9.7	9.8	10.1
转移净收入	Net Income from Transfer	20.3	20.3	19.4	20.2	22.2
#养老金或离退休金	Pensions and Retirement Pay	23.9	24.2	23.2	24.3	25.7

2-14 城镇居民人均消费支出及构成
Per Capita Consumption Expenditure and Component of Urban Households (2016-2020)

项　目	Item	2016	2017	2018	2019	2020
人均消费支出(元)	**Per Capita Consumption Expenditure (yuan)**	**28345**	**30284**	**32655**	**34811**	**30895**
食品烟酒	Food, Tobacco and Liquor	8680	9456	9421	9719	9122
衣　着	Clothing and Footwear	2114	2119	2201	2195	1860
居　住	Housing	6187	6470	7037	7702	7770
生活用品及服务	Household Equipments, Furnishings and Services	1664	1774	1916	2051	1804
交通通信	Transport and Communications	3992	3924	4637	4596	4046
教育文化娱乐	Education, Culture and Recreation	2644	2979	3598	4062	2531
医疗保健	Health Care and Medical Services	2172	2600	2825	3179	2811
其他用品及服务	Miscellaneous Goods and Services	892	962	1020	1307	951
人均消费支出构成(%)	**Component of Per Capita Consumption Expenditure (%)**	**100.0**	**100.0**	**100.0**	**100.0**	**100.0**
食品烟酒	Food, Tobacco and Liquor	30.6	31.2	28.8	27.9	29.5
衣　着	Clothing and Footwear	7.5	7.0	6.7	6.3	6.0
居　住	Housing	21.8	21.4	21.6	22.1	25.1
生活用品及服务	Household Equipments, Furnishings and Services	5.9	5.8	5.9	5.9	5.8
交通通信	Transport and Communications	14.1	13.0	14.2	13.2	13.1
教育文化娱乐	Education, Culture and Recreation	9.3	9.8	11.0	11.7	8.2
医疗保健	Health Care and Medical Services	7.7	8.6	8.7	9.1	9.1
其他用品及服务	Miscellaneous Goods and Services	3.1	3.2	3.1	3.8	3.1

2-15 城镇居民人均消费支出
Per Capita Consumption Expenditure of Urban Households (2016-2020)

单位：元 (yuan)

项　目	Item	2016	2017	2018	2019	2020
人均消费支出	**Per Capita Consumption Expenditure**	**28345**	**30284**	**32655**	**34811**	**30895**
(一)食品烟酒	Food, Tobacco and Liquor	8680	9456	9421	9719	9122
1.食品	Food	5594	5892	5735	5634	6016
2.烟酒	Tobacco and Liquor	794	859	743	760	698
3.饮料	Drink	205	223	254	269	253
4.饮食服务	Catering Services	2087	2482	2689	3056	2156
(二)衣着	Clothing and Footwear	2114	2119	2201	2195	1860
1.衣类	Clothes	1595	1607	1719	1717	1439
2.鞋类	Shoes	519	512	482	477	421
(三)居住	Housing	6187	6470	7037	7702	7770
1.租赁房房租	Rent of Rental Housing	230	258	382	359	353
2.住房维修及管理	Housing Maintenance and Management	616	683	713	795	802
3.水电燃料及其他	Water, Electricity, Fuel and Others	1378	1291	1355	1482	1404
4.自有住房折算租金	Imputed Rents of Owner-occupied Dwelling	3963	4238	4587	5065	5211
(四)生活用品及服务	Household Equipments, Furnishings and Services	1664	1774	1916	2051	1804
1.家具及室内装饰品	Furniture and Interior Decoration	245	274	302	380	266
2.家用器具	Household Appliances	455	457	416	444	387
3.家用纺织品	Home Textiles	127	124	117	126	115
4.家庭日用杂品	Family Daily Groceries	437	475	468	421	396
5.个人用品	Personal Products	347	392	465	542	514
6.家庭服务	Family Services	53	52	148	139	127
(五)交通通信	Transport and Communications	3992	3924	4637	4596	4046
1.交通	Transportations	2714	2626	3453	3553	3030
2.通信	Communications	1278	1298	1184	1043	1015
(六)教育文化娱乐	Education, Culture and Recreation	2644	2979	3598	4062	2531
1.教育	Education	1292	1439	1832	2228	1580
2.文化娱乐	Culture and Recreation	1352	1540	1766	1834	951
(七)医疗保健	Health Care and Medical Services	2172	2600	2825	3179	2811
1.医疗器具及药品	Medical Equipment and Medicine	716	762	766	694	736
2.医疗服务	Medical Services	1456	1838	2059	2485	2075
(八)其他用品及服务	Miscellaneous Goods and Services	892	962	1020	1307	951
1.其他用品	Other Goods	468	506	482	605	377
2.其他服务	Other Services	424	456	538	702	574

2-16 农村居民家庭基本情况
Basic Conditions of Rural Households (2016-2020)

项 目	Item	单位 Unit	2016	2017	2018	2019	2020
一、住户基本情况	**Basic Conditions of Households**						
户均常住成员	Average Number of Permanent Residents Per Household	人/户	3.35	3.34	3.05	3.03	2.97
户均就业成员	Average Number of Employees Per Household	人/户	1.92	1.87	1.66	1.60	1.47
平均每户就业人口比重	Average Employment Proportion Per Household	%	57.4	56.0	54.6	52.7	49.4
平均每一就业者负担人口	Average Number of Dependents Per Employee	人	1.74	1.79	1.83	1.90	2.03
二、住户常住成员户口登记地	**Registered Location Of Permanent Residents**						
1.本村(居委会)	Home Village or Residents' Committee	%	96.0	96.1	97.6	97.9	97.8
2.村外乡(镇、街道)内	Outside Home Village	%	2.1	2.2	1.5	1.2	1.2
3.乡外县(区)内	Outside Home Township Residential District	%	0.7	0.7	0.5	0.4	0.5
4.县外市内	Outside Home County (District)	%	0.4	0.4	0.1	0.1	0.1
5.市外省内	Outside Home Municipality	%					
6.省外	Outside Home Province	%	0.8	0.6	0.3	0.3	0.4
7.其他(如户口待定)	Others	%					
三、住户6周岁及以上成员受教育程度	**Education Level of Residents Above 6-Year-Old**						
1.未上过学	Non-Educated	%	2.0	2.0	2.6	2.8	2.8
2.小学	Primary School	%	24.6	24.6	26.9	25.4	25.6
3.初中	Junior Middle School	%	54.4	54.4	52.4	53.2	52.8
4.高中	Senior Middle School	%	11.8	11.6	11.1	11.8	12.1
5.大学专科	Junior College	%	3.8	4.0	4.1	4.2	4.2
6.大学本科	Undergraduate College	%	3.3	3.3	2.8	2.6	2.5
7.研究生	Graduate	%	0.1	0.1	0.1	0.1	0.0
四、住户从业人员参加养老保险情况	**Pension Insurance**						
其中: 1.新型农村社会养老保险	The New Rural Community Pension Insurance	%					
2.城镇职工基本养老保险	Urban Employee Basic Pension Insurance	%	10.2	10.2	11.2	12.7	12.8
3.城乡居民基本养老保险	Urban-Rural Residents Basic Pension Insurance	%	43.5	46.3	51.7	51.5	52.1
4.商业养老保险	Business Pension Insurance	%	1.4	1.5	2.0	1.5	1.6
5.其他养老保险	Others	%					
6.没有参加任何养老保险	No Pension Insurance	%	44.9	42.0	35.1	34.9	34.0
五、住户从业人员参加医疗保险情况	**Medical Care Insurance**						
1.新型农村合作医疗	The New Rural Cooperative Medical Care Insurance	%					
2.城镇职工基本医疗保险	Urban Employee Basic Medical Care Insurance	%	6.2	7.2	8.1	11.0	9.6
3.城乡居民基本医疗保险	Urban-Rural Residents Basic Medical Care Insurance	%	93.2	92.1	90.1	87.4	89.7
4.公费医疗	Socialized Medical Care	%					
5.商业医疗保险	Business Medical Care Insurance	%	0.6	0.7	1.0	2.4	2.0
6.其他医疗保险	Others	%					
7.没有参加任何医疗保险	No Medical Care Insurance	%	…	…	0.8	1.3	0.4
六、住户从业人员行业分布	**Industry Distribution**						
1.第一产业	Primary Industry	%	21.8	20.0	20.6	17.5	16.7
2.第二产业	Secondary Industry	%	45.6	46.3	39.0	39.2	38.6
3.第三产业	Tertiary Industry	%	32.6	33.7	40.4	43.3	44.7
七、住户从业人员职业分布	**Profession Distribution**						
1.国家机关、党群组织、企业、事业单位负责人	Directors of Government Agency, CPC or Mass Organizations, Enterprises And Institutions	%	1.2	0.8	0.3	0.3	0.2

2-16 续表 1 continued

项 目	Item	单 位 Unit	2016	2017	2018	2019	2020
2.专业技术人员	Professional Staff	%	16.2	16.9	11.4	11.2	9.9
3.办事人员和有关人员	Clerks	%	11.4	12.2	8.0	9.3	11.0
4.商业、服务业人员	Commercial and Service Personnel	%	13.9	14.2	20.5	24.4	26.7
5.农、林、牧、渔、水利业生产人员	Primary Industry and Irrigation Workers	%	22.3	20.5	21.4	17.9	17.3
6.生产、运输设备操作人员及有关人员	Equipment Operators	%	35.0	35.3	38.4	36.9	35.0
7.军人	Soldiers	%	…	0.1	…	…	…
8.不便分类的其他从业人员	Others	%					
八、住户从业人员就业分布	**Employment Distribution**						
1.雇主	Employers	%	0.4	0.4	0.4	0.3	
2.公职人员	Public Servants	%	0.2	0.1			0.1
3.事业单位人员	Institutions Staff	%	1.2	0.7	1.0	0.5	0.7
4.国有企业雇员	State-Owned Enterprise Employees	%	0.5	0.3	0.8	0.4	0.3
5.其他雇员	Other Employees	%	65.9	69.4	69.7	74.0	75.5
6.农业自营	Agricultural Managers	%	20.1	18.2	17.4	14.1	13.4
7.非农自营	Secondary and Tertiary Industry Managers	%	11.7	10.9	10.7	10.6	10.0
九、住户成员健康状况	**Health Condition**						
1.健康	Healthy	%	93.2	93.1	88.7	89.3	89.1
2.基本健康	General Healthy	%	4.8	4.9	7.3	6.6	6.7
3.不健康，但生活能自理	Unhealthy but Independent	%	1.9	1.8	3.6	3.6	3.7
4.生活不能自理	Dependent	%	0.1	0.2	0.4	0.4	0.5
十、常住居民收入与支出	**Income and Expenditure of Rural Households**						
农村居民人均可支配收入	Per-Capita Disposable Income of Rural Households	元/人	20076	21754	23065	24804	25691
农村居民人均消费支出	Per-Capita Consumption Expenditure of Rural Households	元/人	15912	16386	16863	17843	16844
平均消费倾向	Average Propensity to Consume of Rural Households	%	79.3	75.3	73.1	71.9	65.6
十一、住户现住房居住空间样式	**Housing Style**						
1.单栋楼房	Single Building	%	1.3	1.1	0.7	0.7	0.7
2.单栋平房	Single Bungalow	%	79.8	81.8	95.6	93.0	92.9
3.四居室及以上单元房	Apartment with 4 Bedrooms or More	%				0.1	
4.三居室单元房	Apartment with 3 Bedrooms	%	2.7	2.8	1.3	1.6	1.7
5.二居室单元房	Apartment with 2 Bedrooms	%	5.1	5.1	0.9	2.1	2.3
6.一居室单元房	Apartment with 1 Bedroom	%	0.4	0.3	0.2	0.6	0.5
7.筒子楼或连片平房	Tube-Shaped Apartment or Cottage	%	10.7	8.9	1.3	2.0	1.9
8.其他	Others	%					
十二、住户现住房房屋来源	**Source of House**						
1.租赁公房	Rent Public House	%					
2.租赁私房	Rent Private House	%	0.3	0.2	0.6	2.5	2.4
3.自建住房	Self-Help House	%	91.5	91.8	97.0	95.2	95.0
4.购买商品房	Purchased Commercial House	%	2.2	4.2	0.5	0.1	0.1
5.购买房改住房	Purchased Public House	%	0.8	…	…	…	…
6.购买保障性住房	Purchased Social House	%	…	…	1.5	1.6	1.6
7.拆迁安置房	Resettlement House	%	5.2	3.8	0.4	0.3	0.4
8.其他	Others	%	0.0	0.0	0.0	0.3	0.5

2-16 续表 2 continued

项 目	Item	单位 Unit	2016	2017	2018	2019	2020
十三、住户主要饮用水来源情况	**Source of Drinking Water**						
1.经过净化处理的自来水	Tap Water	%	94.0	94.1	93.6	92.2	92.7
2.受保护的井水和泉水	Protected Wells and Springs	%	6.0	5.8	5.3	7.2	6.8
3.不受保护的井水和泉水	Unprotected Wells and Springs	%					
4.江河湖泊水	River and Lake Water	%					
5.收集雨水	Collected Rain Water	%					
6.桶装水	Bottled Water	%	…	0.1	1.1	0.6	0.5
7.其他水源	Others	%					
十四、住户主要取暖用能源状况	**Fuel for Heating**						
1.柴草	Firewood	%					
2.煤炭	Coal	%	90.8	70.8	53.9	22.3	16.0
3.罐装液化石油气	Canned Liquefied Petroleum Gas	%					
4.管道液化石油气	Pipeline Liquefied Petroleum Gas	%					
5.管道煤气	Pipeline Coal Gas	%					
6.管道天然气	Pipeline Natural Gas	%	…	11.2	30.6	25.0	34.0
7.电	Electricity	%	1.5	9.4	13.0	18.2	21.4
8.燃料用油	Fuel Oil	%					
9.沼气	Methane	%					
10.其他	Others	%					
11.集中供暖	Central Heating	%	7.7	8.6	2.5	34.5	28.7
十五、住户主要炊用能源状况	**Fuel for Cooking**						
1.柴草	Firewood	%	0.9	0.9	0.8	0.8	0.4
2.煤炭	Coal	%	5.3	4.3	2.9	0.1	0.1
3.罐装液化石油气	Canned Liquefied Petroleum Gas	%	81.8	76.1	76.6	64.0	61.8
4.管道液化石油气	Pipeline Liquefied Petroleum Gas	%					
5.管道煤气	Pipeline Coal Gas	%					
6.管道天然气	Pipeline Natural Gas	%	6.2	12.2	9.7	25.1	28.2
7.电	Electricity	%	5.8	6.5	10.0	10.0	9.6
8.燃料用油	Fuel Oil	%					
9.沼气	Methane	%					
10.其他	Others	%					
11.无炊用行为	No Cooking Behavior	%					
十六、住户厕所类型	**Toilet Type**						
1.水冲式卫生厕所	Sanitary Water Flush Toilet	%	57.4	58.7	57.1	74.3	84.5
2.水冲式非卫生厕所	Non-Sanitary Water Flush Toilet	%					
3.卫生旱厕	Sanitary Dry Toilet	%	13.7	13.6	8.6	13.7	12.5
4.普通旱厕	Common Dry Toilet	%	21.6	20.6	17.4	12.1	2.0
5.无厕所	No Toilet	%	7.3	7.1	16.9	…	1.0
十七、住户洗澡设施情况	**Bath Facilities**						
1.统一供热水	Unified Supply of Hot Water	%	0.6	0.9	3.5	2.7	2.5
2.家庭自装热水器	Water Heater Installed by Household	%	92.1	88.3	90.2	87.9	88.9
3.其他	Others	%	1.4	5.1	1.0	4.4	4.8
4.无洗澡设施	No Bath Facilities	%	5.9	5.7	5.3	4.9	3.7

2-17 农村居民人均食品消费量
Per Capita Consumption of Foods of Rural Households (2016-2020)

单位：公斤 (kg)

项目	Item	2016	2017	2018	2019	2020
粮食	Grain	142.9	142.4	159.7	158.2	155.0
#谷物	Cereals	135.1	134.3	148.4	145.2	141.8
薯类	Tuber	2.8	2.9	3.4	3.8	4.0
豆类	Beans and Products	5.0	5.2	7.9	9.2	9.3
食用油	Edible Oil and Fats	10.1	10.1	12.2	11.6	12.8
蔬菜及食用菌	Vegetables and Edible Fungi	97.2	99.0	108.7	103.5	105.5
#鲜菜	Fresh Vegetables	94.2	96.1	105.9	100.2	102.1
肉及制品	Meat and Meat Products	21.6	22.0	25.8	23.2	20.5
#猪肉	Pork	14.0	14.4	18.2	16.1	13.7
牛羊肉	Beef and Mutton	3.3	3.2	3.2	2.9	2.7
家禽及制品	Poultry and Poultry Products	4.3	4.1	4.7	5.1	6.3
水产品及制品	Aquatic Products	12.6	12.6	13.9	15.0	14.7
蛋类及蛋制品	Eggs and Related Products	15.5	16.7	15.3	17.1	20.9
#鲜蛋	Eggs	15.0	16.2	14.9	16.5	20.3
奶和奶制品	Milk and Dairy Products	10.9	11.5	11.0	10.2	10.4
干鲜瓜果类	Dried and Fresh Melons and Fruits	68.0	71.3	77.3	86.8	83.3
#鲜瓜果	Fresh Melons and Fruits	62.1	63.8	69.2	78.1	74.9
糖果糕点类	Confectionery	6.1	6.3	8.0	8.1	7.6
白酒	Wine	4.4	4.3	4.9	4.3	3.7

2-18 农村居民家庭年末每百户主要耐用消费品拥有量
Main Durable Goods Owned Per 100 Rural Households (2016-2020)

项目	Item	单位	Unit	2016	2017	2018	2019	2020
摩托车	Motorcycle	辆	unit	36.7	29.8	17.7	16.0	14.9
助力车	Electric Bicycle	辆	unit	79.7	84.3	112.9	121.8	122.7
家用汽车	Automobile	辆	unit	36.4	38.6	42.5	44.5	46.3
洗衣机	Washing Machine	台	unit	99.3	99.5	100.8	102.3	102.0
电冰箱(柜)	Refrigerator	台	unit	100.2	100.3	104.2	106.5	106.1
彩色电视机	Color Television Set	台	unit	119.6	120.8	121.1	120.4	120.0
家用电脑	Micro-Computer	台	unit	45.3	45.3	35.9	35.2	35.9
照相机	Camera	架	unit	8.9	6.2	3.7	2.6	2.3
微波炉	Microwave Oven	台	unit	37.3	37.3	37.9	36.7	32.5
空调器	Air Conditioner	台	unit	76.9	81.9	111.6	121.2	132.9
热水器	Water Heater	台	unit	92.4	93.0	92.4	91.0	95.5
固定电话	Telephone	部	unit	63.0	57.8	44.9	36.8	34.3
移动电话	Mobile Telephone	部	unit	210.1	214.5	233.4	232.4	232.6

2-19 农村居民人均可支配收入及构成

Per Capita Disposable Income and Component of Rural Households (2016-2020)

项　目	Item	2016	2017	2018	2019	2020
人均可支配收入(元)	**Per Capita Disposable Income (yuan)**	**20076**	**21754**	**23065**	**24804**	**25691**
工资性收入	Income of Wages and Salaries	12048	13139	13568	14750	14385
经营净收入	Net Business Income	5310	5562	5335	4985	5568
财产净收入	Net Income from Property	894	1008	921	1034	1451
转移净收入	Net Income from Transfer	1824	2045	3241	4035	4287
#养老金或离退休金	Pensions and Retirement Pay	1558	1814	2094	2365	2677
人均可支配收入构成(%)	**Component of Per Capita Disposable Income (%)**	**100.0**	**100.0**	**100.0**	**100.0**	**100.0**
工资性收入	Income of Wages and Salaries	60.0	60.4	58.8	59.5	56.0
经营净收入	Net Business Income	26.4	25.6	23.1	20.1	21.7
财产净收入	Net Income from Property	4.5	4.6	4.0	4.2	5.6
转移净收入	Net Income from Transfer	9.1	9.4	14.1	16.3	16.7
#养老金或离退休金	Pensions and Retirement Pay	7.8	8.3	9.1	9.5	10.4

2-20 农村居民人均消费支出及构成

Per Capita Consumption Expenditure and Component of Rural Households (2016-2020)

项　目	Item	2016	2017	2018	2019	2020
人均消费支出(元)	**Per Capita Consumption Expenditure (yuan)**	**15912**	**16386**	**16863**	**17843**	**16844**
食品烟酒	Food, Tobacco and Liquor	4981	4852	4984	5499	5622
衣　着	Clothing and Footwear	1088	1128	992	1074	1002
居　住	Housing	3198	3354	3415	3367	3528
生活用品及服务	Household Equipments, Furnishings and Services	1091	1101	1357	1510	1026
交通通信	Transport and Communications	2647	2902	2595	2532	2504
教育文化娱乐	Education, Culture and Recreation	1299	1343	1237	1322	932
医疗保健	Health Care and Medical Services	1334	1407	1975	2104	1858
其他用品及服务	Miscellaneous Goods and Services	274	299	308	435	372
人均消费支出构成(%)	**Component of Per Capita Consumption Expenditure (%)**	**100.0**	**100.0**	**100.0**	**100.0**	**100.0**
食品烟酒	Food, Tobacco and Liquor	31.3	29.6	29.6	30.8	33.4
衣　着	Clothing and Footwear	6.8	6.9	5.9	6.0	6.0
居　住	Housing	20.1	20.5	20.3	18.9	20.9
生活用品及服务	Household Equipments, Furnishings and Services	6.9	6.7	8.0	8.5	6.1
交通通信	Transport and Communications	16.6	17.7	15.4	14.2	14.9
教育文化娱乐	Education, Culture and Recreation	8.2	8.2	7.3	7.4	5.5
医疗保健	Health Care and Medical Services	8.4	8.6	11.7	11.8	11.0
其他用品及服务	Miscellaneous Goods and Services	1.7	1.8	1.8	2.4	2.2

2-21 农村居民人均消费支出
Per Capita Consumption Expenditure of Rural Households (2016-2020)

单位：元 (yuan)

项目	Item	2016	2017	2018	2019	2020
人均消费支出	**Per Capita Consumption Expenditure**	**15912**	**16386**	**16863**	**17843**	**16844**
(一)食品烟酒	Food, Tobacco and Liquor	4981	4852	4984	5499	5622
1.食品	Food	3554	3391	3453	3547	3914
2.烟酒	Tobacco and Liquor	613	616	653	696	717
3.饮料	Drink	143	141	123	142	134
4.饮食服务	Catering Services	671	704	755	1114	856
(二)衣着	Clothing and Footwear	1088	1128	992	1074	1002
1.衣类	Clothes	784	814	725	797	740
2.鞋类	Shoes	304	314	267	277	262
(三)居住	Housing	3198	3354	3415	3367	3528
1.租赁房房租	Rent of Rental Housing	32	41	84	148	69
2.住房维修及管理	Housing Maintenance and Management	487	436	637	535	515
3.水电燃料及其他	Water, Electricity, Fuel and Others	900	906	1161	1185	1424
4.自有住房折算租金	Imputed Rents of Owner-occupied Dwelling	1779	1971	1533	1499	1521
(四)生活用品及服务	Household Equipments, Furnishings and Services	1091	1101	1357	1510	1026
1.家具及室内装饰品	Furniture and Interior Decoration	111	102	149	106	122
2.家用器具	Household Appliances	347	352	425	258	249
3.家用纺织品	Home Textiles	93	78	64	76	78
4.家庭日用杂品	Family Daily Groceries	341	319	510	818	326
5.个人用品	Personal Products	177	229	173	224	230
6.家庭服务	Family Services	22	21	36	28	22
(五)交通通信	Transport and Communications	2647	2902	2595	2532	2504
1.交通	Transportations	1869	2048	1847	1817	1836
2.通信	Communications	778	854	748	716	669
(六)教育文化娱乐	Education, Culture and Recreation	1299	1343	1237	1322	932
1.教育	Education	952	956	872	952	658
2.文化娱乐	Culture and Recreation	347	387	365	369	273
(七)医疗保健	Health Care and Medical Services	1334	1407	1975	2104	1858
1.医疗器具及药品	Medical Equipment and Medicine	499	544	689	568	563
2.医疗服务	Medical Services	835	863	1286	1536	1296
(八)其他用品及服务	Miscellaneous Goods and Services	274	299	308	435	372
1.其他用品	Other Goods	163	173	164	223	144
2.其他服务	Other Services	111	126	144	212	228

2-24 全国31省(自治区、直辖市)城乡居民人均可支配收入(分季度)
Per Capita Disposable Income of Urban and Rural Households by 31 Regions (by Quarters) (2020)

单位：元 (yuan)

地 区	Regions	一季度 The First Quarter			上半年 The First Half		
		全体居民 Urban and Rural Households	城镇居民 Urban Households	农村居民 Rural Households	全体居民 Urban and Rural Households	城镇居民 Urban Households	农村居民 Rural Households
全 国	**National Average**	**8561**	**11691**	**4641**	**15666**	**21655**	**8069**
北 京	Beijing	17874	19349	8477	34573	37560	15536
天 津	Tianjin	12081	13188	6887	22067	24140	12269
河 北	Hebei	6548	9047	4068	12857	17483	8165
山 西	Shanxi	6014	8373	3328	11321	16102	5797
内蒙古	Inner Mongolia	7844	10069	4539	14628	20148	6369
辽 宁	Liaoning	8706	10197	5795	16651	20050	9908
吉 林	Jilin	7035	8405	5329	12580	16309	7899
黑龙江	Heilongjiang	6620	7577	5292	11182	14383	6706
上 海	Shanghai	19621	20646	10726	36577	38459	19908
江 苏	Jiangsu	13588	16090	8790	22126	27078	12512
浙 江	Zhejiang	15575	18545	9860	27039	31865	17579
安 徽	Anhui	7625	10449	4856	13975	19308	8681
福 建	Fujian	10357	13777	4888	18991	24817	9576
江 西	Jiangxi	6931	9717	4111	12644	18275	6864
山 东	Shandong	8880	11699	5325	16468	21515	10065
河 南	Henan	6286	9088	3940	11430	16905	6774
湖 北	Hubei	7072	9412	4085	12427	17115	6357
湖 南	Hunan	7718	10988	4451	13617	19589	7566
广 东	Guangdong	10956	13487	5326	20774	25607	9894
广 西	Guangxi	6561	9515	4072	11986	17308	7457
海 南	Hainan	7094	9650	3964	14031	18412	8614
重 庆	Chongqing	8482	11158	4423	15735	20747	7989
四 川	Sichuan	6945	9898	4377	13297	19025	8239
贵 州	Guizhou	5301	9281	2600	10258	17998	4901
云 南	Yunnan	5561	9281	2937	10848	18528	5344
西 藏	Tibet	3818	9517	1812	8545	20151	4425
陕 西	Shaanxi	6566	9377	3517	12782	18523	6470
甘 肃	Gansu	5190	8616	2746	9213	15842	4422
青 海	Qinghai	5939	8797	3129	10724	16483	4983
宁 夏	Ningxia	5676	7997	2986	10888	15948	4971
新 疆	Xinjiang	4912	8606	1721	9089	17097	2066

2-24 续表 continued

单位：元 (yuan)

地 区	Regions	前三季度 The First Three Quarters			全年 All Year		
		全体居民 Urban and Rural Households	城镇居民 Urban Households	农村居民 Rural Households	全体居民 Urban and Rural Households	城镇居民 Urban Households	农村居民 Rural Households
全 国	**National Average**	**23781**	**32821**	**12297**	**32189**	**43834**	**17131**
北 京	Beijing	51772	56214	23465	69434	75602	30126
天 津	Tianjin	34469	37722	19091	43854	47659	25691
河 北	Hebei	19797	27203	12286	27136	37286	16467
山 西	Shanxi	18159	25549	9619	25214	34793	13878
内蒙古	Inner Mongolia	22944	31061	10799	31497	41353	16567
辽 宁	Liaoning	24640	30096	13818	32738	40376	17450
吉 林	Jilin	18416	24772	10436	25751	33396	16067
黑龙江	Heilongjiang	17077	22206	9907	24902	31115	16168
上 海	Shanghai	54126	56994	28738	72232	76437	34911
江 苏	Jiangsu	32667	40159	18124	43390	53102	24198
浙 江	Zhejiang	40121	47545	25505	52397	62699	31930
安 徽	Anhui	20930	29399	12523	28103	39442	16620
福 建	Fujian	28771	37008	15288	37202	47160	20880
江 西	Jiangxi	19790	28011	11349	28017	38556	16981
山 东	Shandong	24920	32676	15080	32886	43726	18753
河 南	Henan	17538	25305	10933	24810	34750	16108
湖 北	Hubei	19454	26337	10542	27881	36706	16306
湖 南	Hunan	20731	29738	11605	29380	41698	16585
广 东	Guangdong	32034	39272	15741	41029	50257	20143
广 西	Guangxi	18026	26679	10661	24562	35859	14815
海 南	Hainan	20670	27538	12177	27904	37097	16279
重 庆	Chongqing	23539	30834	12265	30824	40006	16361
四 川	Sichuan	19606	28475	11775	26522	38253	15929
贵 州	Guizhou	15652	26959	7826	21795	36096	11642
云 南	Yunnan	16407	27663	8342	23295	37500	12842
西 藏	Tibet	14818	31100	9039	21744	41156	14598
陕 西	Shaanxi	19694	28618	9881	26226	37868	13316
甘 肃	Gansu	14507	25064	6877	20335	33822	10344
青 海	Qinghai	16844	25414	8300	24037	35506	12342
宁 夏	Ningxia	17614	25185	8759	25735	35720	13889
新 疆	Xinjiang	14230	25482	4362	23845	34838	14056

2-25 全国31省(自治区、直辖市)城乡居民人均可支配收入增速(分季度)
Per Capita Disposable Income Growth of Urban and Rural Households by 31 Regions (by Quarters) (2020)

单位：% (%)

地区	Regions	一季度 The First Quarter			上半年 The First Half		
		全体居民 Urban and Rural Households	城镇居民 Urban Households	农村居民 Rural Households	全体居民 Urban and Rural Households	城镇居民 Urban Households	农村居民 Rural Households
全国	**National Average**	**0.8**	**0.5**	**0.9**	**2.4**	**1.5**	**3.7**
北京	Beijing	4.7	4.8	2.9	2.1	2.2	1.0
天津	Tianjin	1.9	2.3	-1.8	-1.8	-1.5	-4.3
河北	Hebei	-1.3	-0.9	-3.2	2.8	1.8	3.2
山西	Shanxi	1.1	1.2	-0.1	3.1	2.5	3.1
内蒙古	Inner Mongolia	-5.6	-6.2	-4.1	0.5	-0.7	4.9
辽宁	Liaoning	1.1	-1.0	8.6	1.4	-0.2	7.2
吉林	Jilin	3.3	1.3	6.9	2.7	1.0	6.3
黑龙江	Heilongjiang	-1.3	-4.8	6.3	-0.2	-3.1	8.2
上海	Shanghai	4.9	4.9	4.4	3.6	3.5	4.7
江苏	Jiangsu	1.5	2.0	-0.9	2.3	1.8	2.9
浙江	Zhejiang	0.4	0.8	-1.5	2.6	2.1	3.2
安徽	Anhui	1.9	1.2	2.7	4.6	3.5	5.5
福建	Fujian	1.1	2.3	-4.8	2.2	1.5	2.9
江西	Jiangxi	3.4	2.4	4.6	6.0	5.0	6.2
山东	Shandong	0.7	0.6	0.7	1.9	1.7	1.6
河南	Henan	2.3	0.8	4.3	2.6	0.6	4.4
湖北	Hubei	-11.2	-11.8	-10.2	-9.4	-10.1	-8.8
湖南	Hunan	2.2	1.5	2.9	5.2	4.0	5.9
广东	Guangdong	1.3	1.7	-1.6	2.2	1.8	2.6
广西	Guangxi	2.2	0.6	4.6	3.0	1.1	5.5
海南	Hainan	-0.2	0.3	-2.3	1.7	1.0	2.1
重庆	Chongqing	1.4	0.8	2.0	5.0	3.9	6.1
四川	Sichuan	2.9	1.2	5.3	6.0	4.2	7.6
贵州	Guizhou	3.0	1.6	4.8	5.9	4.0	7.1
云南	Yunnan	-1.6	-3.4	1.6	4.5	2.9	5.9
西藏	Tibet	8.8	8.2	9.5	9.7	8.8	10.4
陕西	Shaanxi	0.5	0.6	-1.1	4.2	3.1	4.6
甘肃	Gansu	2.9	1.9	3.7	4.9	3.3	5.9
青海	Qinghai	2.0	1.1	3.1	4.9	3.8	5.2
宁夏	Ningxia	-4.4	-5.1	-2.9	1.3	-0.3	5.0
新疆	Xinjiang	-0.2	-1.7	3.5	3.2	1.2	7.7

2-25 续表 continued

单位：% (%)

地区	Regions	前三季度 The First Three Quarters			全年 All Year		
		全体居民 Urban and Rural Households	城镇居民 Urban Households	农村居民 Rural Households	全体居民 Urban and Rural Households	城镇居民 Urban Households	农村居民 Rural Households
全 国	**National Average**	**3.9**	**2.8**	**5.8**	**4.7**	**3.5**	**6.9**
北 京	Beijing	2.4	2.5	2.1	2.5	2.4	4.1
天 津	Tianjin	2.5	2.5	1.5	3.4	3.3	3.6
河 北	Hebei	4.9	3.8	5.5	5.7	4.3	7.1
山 西	Shanxi	5.3	4.2	6.6	5.8	4.6	7.6
内蒙古	Inner Mongolia	2.1	0.8	6.4	3.1	1.4	8.4
辽 宁	Liaoning	2.1	0.6	7.8	2.9	1.5	8.3
吉 林	Jilin	4.3	3.2	6.4	4.8	3.4	7.6
黑龙江	Heilongjiang	-0.1	-2.4	6.3	2.7	0.5	7.9
上 海	Shanghai	3.5	3.3	4.5	4.0	3.8	5.2
江 苏	Jiangsu	4.0	3.2	5.5	4.8	4.0	6.7
浙 江	Zhejiang	4.1	3.3	5.8	5.0	4.2	6.9
安 徽	Anhui	6.0	4.9	6.8	6.4	5.1	7.8
福 建	Fujian	3.5	2.5	5.5	4.5	3.4	6.7
江 西	Jiangxi	6.4	5.4	6.8	6.7	5.5	7.5
山 东	Shandong	3.2	2.5	4.2	4.1	3.3	5.5
河 南	Henan	2.9	0.7	5.1	3.8	1.6	6.2
湖 北	Hubei	-5.5	-6.3	-4.5	-1.5	-2.4	-0.5
湖 南	Hunan	6.1	4.7	7.5	6.1	4.7	7.7
广 东	Guangdong	4.2	3.5	5.7	5.2	4.4	7.0
广 西	Guangxi	5.0	3.0	7.9	5.3	3.2	8.3
海 南	Hainan	3.5	2.4	5.0	4.6	3.0	7.7
重 庆	Chongqing	6.5	5.4	7.9	6.6	5.4	8.1
四 川	Sichuan	7.5	5.9	8.6	7.4	5.8	8.6
贵 州	Guizhou	6.8	4.8	8.1	6.9	4.9	8.2
云 南	Yunnan	5.1	3.2	7.3	5.5	3.5	7.9
西 藏	Tibet	11.0	9.8	12.2	11.5	10.0	12.7
陕 西	Shaanxi	5.7	4.6	6.4	6.3	4.9	8.0
甘 肃	Gansu	5.8	4.2	6.7	6.2	4.6	7.4
青 海	Qinghai	5.8	4.7	6.1	6.3	5.0	7.3
宁 夏	Ningxia	4.1	2.5	7.6	5.4	4.1	8.0
新 疆	Xinjiang	2.4	0.4	5.8	3.2	0.5	7.1

2-26 全国31省(自治区、直辖市)城乡居民人均消费支出(分季度)

Per Capita Consumption Expenditure of Urban and Rural Households by 31 Regions (by Quarters) (2020)

单位：元　(yuan)

地区	Regions	一季度 The First Quarter			上半年 The First Half		
		全体居民 Urban and Rural Households	城镇居民 Urban Households	农村居民 Rural Households	全体居民 Urban and Rural Households	城镇居民 Urban Households	农村居民 Rural Households
全　国	**National Average**	**5082**	**6478**	**3334**	**9718**	**12485**	**6209**
北　京	Beijing	10003	10680	5690	18620	19908	10408
天　津	Tianjin	7048	7615	4385	13287	14425	7905
河　北	Hebei	4225	5301	3158	8277	10774	5744
山　西	Shanxi	3812	4807	2678	7054	9036	4764
内蒙古	Inner Mongolia	4723	5688	3289	8798	10720	5921
辽　宁	Liaoning	5020	6074	2962	9624	11688	5529
吉　林	Jilin	3941	4952	2682	7485	9610	4818
黑龙江	Heilongjiang	3952	4777	2805	7108	8668	4927
上　海	Shanghai	10410	10926	5928	20112	21163	10807
江　苏	Jiangsu	6413	7466	4394	12215	14415	7944
浙　江	Zhejiang	7891	9004	5750	15029	17053	11061
安　徽	Anhui	4733	5651	3833	9013	10767	7272
福　建	Fujian	6320	7656	4184	12038	14735	7680
江　西	Jiangxi	4213	5171	3243	7921	9937	5852
山　东	Shandong	4887	6282	3128	9133	11777	5778
河　南	Henan	3842	4896	2959	7414	9534	5610
湖　北	Hubei	4736	5673	3540	8703	10379	6532
湖　南	Hunan	5096	6547	3646	9794	12693	6856
广　东	Guangdong	6886	8078	4235	13113	15443	7867
广　西	Guangxi	3846	4906	2952	7560	9676	5759
海　南	Hainan	4626	5839	3141	9019	11483	5972
重　庆	Chongqing	5115	6321	3285	10056	12549	6203
四　川	Sichuan	4487	5952	3212	8680	11533	6162
贵　州	Guizhou	3653	5128	2652	6767	9871	4618
云　南	Yunnan	3667	5278	2531	7727	11607	4946
西　藏	Tibet	3022	6344	1852	5738	11960	3529
陕　西	Shaanxi	4023	5081	2875	8027	10430	5385
甘　肃	Gansu	3512	5113	2369	6920	10435	4379
青　海	Qinghai	4086	5344	2849	7904	10753	5064
宁　夏	Ningxia	4023	5314	2526	7859	10359	4935
新　疆	Xinjiang	3825	5636	2261	7591	11297	4341

2-26 续表 continued

单位：元 (yuan)

地区	Regions	前三季度 The First Three Quarters			全年 All Year		
		全体居民 Urban and Rural Households	城镇居民 Urban Households	农村居民 Rural Households	全体居民 Urban and Rural Households	城镇居民 Urban Households	农村居民 Rural Households
全 国	**National Average**	**14923**	**19247**	**9430**	**21210**	**27007**	**13713**
北 京	Beijing	27944	29947	15179	38903	41726	20913
天 津	Tianjin	20858	22737	11971	28461	30895	16844
河 北	Hebei	12499	16292	8652	18037	23167	12644
山 西	Shanxi	11121	14554	7153	15733	20332	10290
内蒙古	Inner Mongolia	13635	16700	9050	19794	23888	13594
辽 宁	Liaoning	14506	17623	8323	20672	24849	12311
吉 林	Jilin	11674	14880	7648	17318	21623	11864
黑龙江	Heilongjiang	11253	13636	7921	17056	20397	12360
上 海	Shanghai	30695	32367	15887	42536	44839	22095
江 苏	Jiangsu	18771	22145	12222	26225	30882	17022
浙 江	Zhejiang	22962	26342	16307	31295	36197	21555
安 徽	Anhui	13594	16371	10837	18877	22683	15024
福 建	Fujian	18536	22753	11635	25126	30487	16339
江 西	Jiangxi	12274	15385	9079	17955	22134	13579
山 东	Shandong	14109	18271	8828	20940	27291	12660
河 南	Henan	11306	14474	8612	16143	20645	12201
湖 北	Hubei	13495	16196	9997	19246	22885	14472
湖 南	Hunan	14638	19108	10109	20998	26796	14974
广 东	Guangdong	20532	24272	12112	28492	33511	17132
广 西	Guangxi	11275	14953	8144	16357	20907	12431
海 南	Hainan	13455	17145	8890	18972	23560	13169
重 庆	Chongqing	15232	19042	9344	21678	26464	14140
四 川	Sichuan	13586	18036	9656	19783	25133	14953
贵 州	Guizhou	10523	15134	7332	14874	20587	10818
云 南	Yunnan	11764	17686	7520	16792	24569	11069
西 藏	Tibet	9107	19239	5511	13225	24927	8917
陕 西	Shaanxi	12447	16367	8137	17418	22866	11376
甘 肃	Gansu	10612	16392	6433	16175	24615	9923
青 海	Qinghai	12468	17082	7868	18284	24315	12134
宁 夏	Ningxia	12222	16026	7773	17506	22379	11724
新 疆	Xinjiang	10948	16131	6403	16512	22952	10778

2-27 全国31省(自治区、直辖市)城乡居民人均消费支出增速(分季度)
Per Capita Consumption Expenditure Growth of Urban and Rural Households by 31 Regions (by Quarters) (2020)

单位：% (%)

地区	Regions	一季度 The First Quarter			上半年 The First Half		
		全体居民 Urban and Rural Households	城镇居民 Urban Households	农村居民 Rural Households	全体居民 Urban and Rural Households	城镇居民 Urban Households	农村居民 Rural Households
全 国	**National Average**	**-8.2**	**-9.5**	**-5.4**	**-5.9**	**-8.0**	**-1.6**
北 京	Beijing	-6.0	-6.6	3.2	-11.9	-12.6	-1.7
天 津	Tianjin	-13.8	-14.4	-8.0	-16.8	-17.6	-10.1
河 北	Hebei	-6.1	-6.6	-5.8	-4.3	-5.2	-3.8
山 西	Shanxi	-4.2	-6.2	-0.5	-4.6	-7.3	0.7
内蒙古	Inner Mongolia	-12.8	-13.9	-10.2	-12.8	-14.2	-9.5
辽 宁	Liaoning	-9.3	-11.4	-0.5	-10.1	-12.3	-0.8
吉 林	Jilin	-8.6	-10.7	-4.0	-11.6	-13.7	-6.8
黑龙江	Heilongjiang	-14.6	-14.1	-16.1	-18.0	-19.0	-15.9
上 海	Shanghai	-10.9	-11.2	-6.4	-10.7	-11.0	-6.4
江 苏	Jiangsu	-10.3	-9.5	-13.3	-6.2	-5.6	-9.3
浙 江	Zhejiang	-8.9	-9.5	-7.5	-4.5	-6.0	-0.4
安 徽	Anhui	-9.7	-10.4	-9.0	-3.7	-7.3	1.3
福 建	Fujian	-7.5	-8.2	-5.8	-3.9	-5.2	-0.7
江 西	Jiangxi	-5.3	-8.0	-1.0	-2.3	-6.0	3.7
山 东	Shandong	-7.0	-7.7	-5.6	-4.1	-4.9	-2.6
河 南	Henan	-7.3	-9.4	-4.6	-5.4	-9.0	-1.1
湖 北	Hubei	-16.1	-16.0	-16.5	-16.5	-18.4	-13.0
湖 南	Hunan	-5.8	-6.6	-4.9	-0.3	-2.7	3.2
广 东	Guangdong	-5.6	-6.7	-1.2	-5.6	-6.4	-3.2
广 西	Guangxi	-7.4	-11.7	-1.1	-1.6	-7.3	7.0
海 南	Hainan	-6.3	-8.5	-1.3	-3.0	-5.6	2.6
重 庆	Chongqing	-9.3	-12.2	-0.4	-2.0	-4.6	4.7
四 川	Sichuan	-3.7	-7.8	3.1	-0.7	-5.4	6.5
贵 州	Guizhou	-3.0	-7.2	2.5	-1.5	-5.3	2.8
云 南	Yunnan	-5.1	-8.8	0.3	5.1	3.6	6.2
西 藏	Tibet	-1.3	-8.3	8.4	-0.6	-8.2	9.9
陕 西	Shaanxi	-12.6	-16.0	-5.7	-6.6	-9.9	-0.6
甘 肃	Gansu	-12.9	-13.0	-13.4	-6.2	-6.4	-7.4
青 海	Qinghai	-12.5	-16.4	-5.0	-4.8	-7.1	-1.2
宁 夏	Ningxia	-14.7	-14.7	-15.1	-11.4	-13.2	-7.7
新 疆	Xinjiang	-8.9	-10.5	-6.3	-6.7	-8.6	-4.4

2-27 续表 continued

单位：% (%)

地区	Regions	前三季度 The First Three Quarters 全体居民 Urban and Rural Households	城镇居民 Urban Households	农村居民 Rural Households	全年 All Year 全体居民 Urban and Rural Households	城镇居民 Urban Households	农村居民 Rural Households
全 国	**National Average**	**-3.5**	**-5.6**	**0.8**	**-1.6**	**-3.8**	**2.9**
北 京	Beijing	-11.4	-11.9	-4.2	-9.6	-10.0	-4.4
天 津	Tianjin	-12.2	-12.8	-7.2	-10.6	-11.2	-5.6
河 北	Hebei	-2.9	-4.2	-1.7	0.3	-1.3	2.2
山 西	Shanxi	-1.8	-3.2	0.4	-0.8	-3.9	5.8
内蒙古	Inner Mongolia	-10.0	-10.9	-8.0	-4.6	-5.9	-1.6
辽 宁	Liaoning	-8.7	-10.9	0.6	-6.9	-9.2	2.3
吉 林	Jilin	-9.0	-11.8	-2.4	-4.2	-7.6	3.6
黑龙江	Heilongjiang	-13.7	-15.3	-10.1	-5.8	-8.0	-1.1
上 海	Shanghai	-8.5	-8.8	-5.8	-6.7	-7.1	-1.6
江 苏	Jiangsu	-3.2	-2.9	-5.2	-1.8	-1.4	-3.9
浙 江	Zhejiang	-1.7	-3.3	2.8	-2.3	-3.5	1.0
安 徽	Anhui	-2.2	-6.3	3.7	-1.4	-4.6	3.3
福 建	Fujian	0.2	-0.3	0.6	-0.7	-1.5	0.4
江 西	Jiangxi	-0.1	-4.4	7.0	1.7	-2.6	8.7
山 东	Shandong	-0.7	-1.5	0.6	2.5	2.1	2.9
河 南	Henan	-3.4	-7.8	2.3	-1.2	-6.0	5.7
湖 北	Hubei	-13.6	-15.9	-9.3	-10.8	-13.4	-5.6
湖 南	Hunan	0.6	-1.8	4.0	2.5	-0.5	7.2
广 东	Guangdong	-2.2	-3.1	0.3	-1.7	-2.7	1.1
广 西	Guangxi	-2.7	-5.5	0.9	-0.4	-3.2	3.2
海 南	Hainan	-3.9	-6.4	1.6	-3.0	-6.9	6.1
重 庆	Chongqing	2.2	0.2	6.8	4.4	2.6	7.8
四 川	Sichuan	2.4	-1.3	7.5	2.3	-0.9	6.4
贵 州	Guizhou	1.3	-4.0	8.1	0.6	-3.8	5.8
云 南	Yunnan	6.6	3.3	11.1	6.4	4.8	7.9
西 藏	Tibet	2.7	0.3	5.5	1.5	-2.8	5.9
陕 西	Shaanxi	-3.3	-6.0	1.8	-0.3	-2.8	4.0
甘 肃	Gansu	-6.9	-7.7	-7.1	1.9	0.7	2.4
青 海	Qinghai	0.6	-1.4	3.2	4.2	2.2	7.0
宁 夏	Ningxia	-5.6	-8.0	-0.5	-4.3	-7.4	2.3
新 疆	Xinjiang	-11.6	-14.9	-5.9	-5.1	-10.3	4.5

2-28 全市各区城乡居民人均可支配收入
Per Capita Disposable Income of Urban and Rural Households by Districts (2019-2020)

地 区	Districts	全体居民 Urban and Rural Households			城镇居民 Urban Households			农村居民 Rural Households		
		绝对数(元) Number(yuan)		增速 Growth (%)	绝对数(元) Number(yuan)		增速 Growth (%)	绝对数(元) Number(yuan)		增速 Growth (%)
		2019	2020		2019	2020		2019	2020	
全 市	**City Average**	**42404**	**43854**	**3.4**	**46119**	**47659**	**3.3**	**24804**	**25691**	**3.6**
和平区	Heping	57683	59609	3.3	57683	59609	3.3			
河东区	Hedong	47425	48898	3.1	47425	48898	3.1			
河西区	Hexi	54562	56211	3.0	54562	56211	3.0			
南开区	Nankai	52352	54018	3.2	52352	54018	3.2			
河北区	Hebei	49053	50710	3.4	49053	50710	3.4			
红桥区	Hongqiao	46079	47542	3.2	46079	47542	3.2			
东丽区	Dongli	40350	41712	3.4	41427	42826	3.4			
西青区	Xiqing	41121	42462	3.3	42543	43920	3.2			
津南区	Jinnan	39369	40686	3.3	40449	41802	3.3			
北辰区	Beichen	39698	41055	3.4	40944	42346	3.4			
武清区	Wuqing	32012	33175	3.6	38976	40354	3.5	25294	26250	3.8
宝坻区	Baodi	29507	30509	3.4	36363	37583	3.4	23713	24531	3.5
滨海新区	Binhai	52929	54728	3.4	53218	55026	3.4			
宁河区	Ninghe	28578	29608	3.6	35783	36997	3.4	23952	24863	3.8
静海区	Jinghai	30313	31336	3.4	36532	37754	3.3	24409	25244	3.4
蓟州区	Jizhou	28568	29573	3.5	35623	36861	3.5	23563	24403	3.6

2-29 全市各区城乡居民人均可支配收入(2020年一季度)
Per Capita Disposable Income of Urban and Rural Households by Districts (the First Quarter of 2020)

地 区	Districts	全体居民 Urban and Rural Households			城镇居民 Urban Households			农村居民 Rural Households		
		绝对数(元) Number(yuan)		增速 Growth (%)	绝对数(元) Number(yuan)		增速 Growth (%)	绝对数(元) Number(yuan)		增速 Growth (%)
		2019	2020		2019	2020		2019	2020	
全 市	**City Average**	**11855**	**12081**	**1.9**	**12890**	**13188**	**2.3**	**7014**	**6887**	**-1.8**
和平区	Heping	14863	15246	2.6	14863	15246	2.6			
河东区	Hedong	13281	13589	2.3	13281	13589	2.3			
河西区	Hexi	14611	14898	2.0	14611	14898	2.0			
南开区	Nankai	14295	14591	2.1	14295	14591	2.1			
河北区	Hebei	13493	13823	2.4	13493	13823	2.4			
红桥区	Hongqiao	13059	13336	2.1	13059	13336	2.1			
东丽区	Dongli	11059	11331	2.5	11401	11682	2.5			
西青区	Xiqing	12058	12327	2.2	12490	12806	2.5			
津南区	Jinnan	11271	11512	2.1	11620	11868	2.1			
北辰区	Beichen	10957	11201	2.2	11143	11411	2.4			
武清区	Wuqing	9434	9477	0.5	11392	11619	2.0	7291	7131	-2.2
宝坻区	Baodi	8467	8484	0.2	10767	10972	1.9	6530	6391	-2.1
滨海新区	Binhai	13808	14124	2.3	13852	14171	2.3			
宁河区	Ninghe	7872	7892	0.3	9434	9645	2.2	6848	6743	-1.5
静海区	Jinghai	8517	8527	0.1	10024	10217	1.9	7098	6934	-2.3
蓟州区	Jizhou	7881	7909	0.4	9419	9636	2.3	6726	6612	-1.7

2-30 全市各区城乡居民人均可支配收入(2020年上半年)
Per Capita Disposable Income of Urban and Rural Households by Districts (the First Half of 2020)

地 区	Districts	全体居民 Urban and Rural Households			城镇居民 Urban Households			农村居民 Rural Households		
		绝对数(元) Number(yuan)		增速 Growth (%)	绝对数(元) Number(yuan)		增速 Growth (%)	绝对数(元) Number(yuan)		增速 Growth (%)
		2019	2020		2019	2020		2019	2020	
全 市	**City Average**	**22461**	**22067**	**-1.8**	**24516**	**24140**	**-1.5**	**12817**	**12269**	**-4.3**
和平区	Heping	30066	29616	-1.5	30066	29616	-1.5			
河东区	Hedong	25747	25363	-1.5	25747	25363	-1.5			
河西区	Hexi	29112	28603	-1.8	29112	28603	-1.8			
南开区	Nankai	28127	27722	-1.4	28127	27722	-1.4			
河北区	Hebei	26406	26020	-1.5	26406	26020	-1.5			
红桥区	Hongqiao	25056	24636	-1.7	25056	24636	-1.7			
东丽区	Dongli	21679	21396	-1.3	22350	22058	-1.3			
西青区	Xiqing	22678	22297	-1.7	23525	23165	-1.5			
津南区	Jinnan	21858	21518	-1.6	22511	22161	-1.6			
北辰区	Beichen	20724	20432	-1.4	21365	21063	-1.4			
武清区	Wuqing	17267	16785	-2.8	21045	20680	-1.7	13608	13011	-4.4
宝坻区	Baodi	15418	14948	-3.0	19355	18992	-1.9	11941	11376	-4.7
滨海新区	Binhai	27142	26688	-1.7	27305	26848	-1.7			
宁河区	Ninghe	14451	14083	-2.5	17638	17391	-1.4	12254	11736	-4.2
静海区	Jinghai	16071	15599	-2.9	19488	19127	-1.9	12807	12223	-4.6
蓟州区	Jizhou	14739	14368	-2.5	18202	17957	-1.3	12178	11683	-4.1

2-31 全市各区城乡居民人均可支配收入(2020年前三季度)

Per Capita Disposable Income of Urban and Rural Households by Districts (the First Three Quarters of 2020)

地 区	Districts	全体居民 Urban and Rural Households			城镇居民 Urban Households			农村居民 Rural Households		
		绝对数(元) Number(yuan)		增速 Growth (%)	绝对数(元) Number(yuan)		增速 Growth (%)	绝对数(元) Number(yuan)		增速 Growth (%)
		2019	2020		2019	2020		2019	2020	
全 市	**City Average**	**33642**	**34469**	**2.5**	**36803**	**37722**	**2.5**	**18808**	**19091**	**1.5**
和平区	Heping	45836	46916	2.4	45836	46916	2.4			
河东区	Hedong	37700	38646	2.5	37700	38646	2.5			
河西区	Hexi	43634	44631	2.3	43634	44631	2.3			
南开区	Nankai	42214	43276	2.5	42214	43276	2.5			
河北区	Hebei	38258	39234	2.6	38258	39234	2.6			
红桥区	Hongqiao	36837	37747	2.5	36837	37747	2.5			
东丽区	Dongli	32946	33747	2.4	33979	34805	2.4			
西青区	Xiqing	33649	34478	2.5	34914	35801	2.5			
津南区	Jinnan	32461	33207	2.3	33446	34214	2.3			
北辰区	Beichen	31941	32701	2.4	32934	33737	2.4			
武清区	Wuqing	25659	26183	2.0	31750	32510	2.4	19760	20055	1.5
宝坻区	Baodi	23155	23608	2.0	29469	30161	2.3	17556	17798	1.4
滨海新区	Binhai	39153	40111	2.4	39375	40341	2.5			
宁河区	Ninghe	21460	21920	2.1	26864	27565	2.6	17720	18013	1.7
静海区	Jinghai	23694	24138	1.9	28832	29480	2.2	18778	19027	1.3
蓟州区	Jizhou	22086	22566	2.2	27972	28718	2.7	17735	18018	1.6

主要统计指标解释

一体化住户调查 从 2012 年四季度起，国家统计局对分别进行的城乡住户调查实施了一体化改革，改革后的农村住户调查，样本地域范围由涉农区县城乡结合区、镇中心区、乡村缩小到只包括乡村，城乡结合区和镇中心区均纳入城镇。同时，统一了城乡居民收入指标名称、分类和统计标准，建立了城乡统一的一体化住户调查《住户收支与生活状况调查》，并据此获得居民有关数据。自 2013 年起发布一体化住户调查新口径收支数据。目前，天津市住户调查样本涉及全市 16 个区县的 400 个调查小区的 4000 个调查户，其中城镇 3200 户、农村 800 户。另外，城镇住户调查地域由 2013 年前的市内 6 区、滨海新区扩大到全市所有区县。

常住成员 指住户成员中，经常在家居住或者调查期内居住时间超过一半的人员，以及本住户供养的学生。常住成员为住户收支的调查对象。

居民可支配收入 指调查户在调查期内获得的、可用于最终消费支出和储蓄的总和，及调查户可以用来支配的收入。即包括现金收入，也包括实物收入。按照收入的来源分四项:工资性收入、经营净收入、财产净收入和转移净收入。计算公式:

可支配收入=工资性收入+经营净收入+财产净收入+转移净收入

其中：经营净收入=经营收入-经营费用-生产性固定资产折旧-生产税

财产净收入=财产性收入-财产性支出

转移净收入=转移性收入-转移性支出

工资性收入 指就业人员通过各种途径得到的全部劳动报酬和各种福利，包括受雇于单位或个人、从事各种自由职业、兼职和零星劳动得到的全部劳动报酬和福利。

实物福利 指单位或雇主免费或低价提供给员工的各种实物产品和服务折价。由个人先行付款消费，后由单位或雇主给予报销的款额也视为实物福利。实物福利还包括单位或雇主自身生产过程所生产的货物与服务，如铁路或航空公司提供给员工的免费旅程，采矿企业提供给员工的免费煤炭等。

经营净收入 指住户或住户成员从事生产经营活动所获得的净收入，是全部经营收入中扣除经营费用、生产性固定资产折旧和生产税之后得到的净收入，包括第一、二、三产经营净收入。

财产净收入 指住户或住户成员将其所拥有的金融资产、住房等非金融资产和自然资源交由其他机构单位、住户或个人支配而获得的回报并扣除相关的费用之后得到的净收入。财产净收入包括利息净收入、红利净收入、储蓄性保险净收益、转让承包土地经营权租金净收入、出租房屋净收入、出租其他资产净收入和自有住房折算净租金等。

自有住房折算净租金（城镇） 指城镇居民现住房产权为自有住房（含自建住房、自购商品房、自购房改住房、自购保障性住房、拆迁安置房、继承或获赠住房）的住户为自身消费提供住房服务的折算价值扣除折旧后得到的净租金。它是一种财产性实物收入。

自有住房年度折算净租金=自有住房年度折算租金-购建房年度分摊成本

转移性收入 指国家、单位、社会团体对住户的各种经常性转移支付和住户之间的经常性收入转移。包括政府、非行政事业单位、社会团体对居民专一的养老金或退休金、社会救济和补助、惠农补贴、政策性生活补贴、救灾款、经常性捐赠和赔偿以及报销医疗费等；住户之间的赡养收入、经常性捐赠和赔偿以及农村地区（村委会）在外（含国外）工作的本住户非常住成员寄回带回的收入等。

居民消费支出 指住户用于满足日常生活消费需要的全部支出，包括用于消费品的支出和用于服务性消费的支出。根据用途不同，消费支出可划分为食品烟酒、衣着、居住、生活用品及服务、交通通信、教育文化娱乐、医疗保健、其他用品及服务八类。根据来源不同，消费支出可划分为现金消费支出、实物消费支出（含自产自用、来自单位、来自政府和其他社会组织）。

食品烟酒 指用于各种食品和烟草、酒类的支出，包括食品、烟酒消费、饮料和饮食服务。

衣着 指与居民穿着有关的支出，包括服装、服装材料、鞋类、其他衣类及配件、衣着相关加工服务费。

居住 指与居住有关的支出，包括房租、水、电、燃料、取暖费；住房装潢、住房维修、物业管理等方面的支出，也包括自有住房折算租金。

自有住房折算租金（消费） 指现住房为自有住房（含自建住房、自购商品房、自购房改住房、自购保障性住房、拆迁安置房、继承或获赠住房）的住户为自身消费提供住房服务的折算价值。目前自有住房折算租金采用折旧法计算。具体方法:

自有住房折算租金=自有住房市场现价估值×年折旧率（城乡不同）。

生活用品及服务 指用于家庭及个人的各类生活品及家庭服务的支出。包括家具及室内装饰品、家用器具、家用纺织品、家庭日用杂品、个人用品和家庭服务费。

交通通信 指用于交通和通信工具及相关的各种服务费、维修费和车辆保险费等。

教育文化娱乐 指用于教育和文化娱乐方面的支出。

教育 指按一定的目的要求，对受教育者的德育、智育、体育、爱好、技能等诸方面施以影响的一种有计划的活动，与这一活动直接相关的支出即为教育支出。包括学前教育、小学教育、初中教育、高中教育、中专职高教育、大专及以上教育、其他教育和培训的各项费用。如学杂费、培训费、赞助费、一揽子教育服务、教育用品等。

文化娱乐 指用于文娱耐用消费品、其他文娱用品和文化娱乐服务的费用。

医疗保健 指用于医疗和保健的药品、用品和服务的总费用。包括医疗器具及药品，以及医疗服务。

医疗器具及药品 包括购买药品、滋补保健品、医疗卫生器具及用品和保健器具费用。

医疗服务 包括门诊和住院的医疗总费用。其中包括从各种医疗保险或其他医疗救助计划中获得的医药费和医疗费的报销款额。报销医疗费应按收付实现制记录。

其他用品及服务 指无法直接归入各类支出的其他用品与服务支出。

其他用品 包括首饰、手表和其他杂项用品等支出。

其他服务 指用于个人消费中的服务费，包括旅馆住宿费、美容美发洗浴、其他杂项服务；以及丧葬费、请律师的诉讼费、公证费、房地产中介服务费等。

Explanatory Notes on Main Statistical Indicators

Integrated Household Survey means from the fourth quarter of 2012, the National Bureau of Statistics implemented the integrated reform for the independent urban and rural household survey. After the reform, the geographic area of the rural household survey has shrunk from urban-rural fringe zone and town center and villages of all the districts and counties to only villages. Urban-rural fringe zone and town center have been brought into urban area. Meanwhile, the reform has unified the indicators, classifies and statistical standards of urban and rural household income. Also it has established a unified and integrated household survey "the household budget and living conditions survey", and thus to obtain the data. Integrated household survey data in new scope has been published since 2013. There are 4000 samples involved in the Tianjin's 16 districts and counties, including 3200 urban households and 800 rural households. In addition, the survey area of urban households has expanded from the city's 6 Districts and Binhai New District by 2013 to all the districts and counties.

Permanent Member means household members who stay at home regularly or for over the half of the survey period. Also including the students supported by family. Permanent members are the respondents of the household survey.

Disposable Income means the total income of households earned in the survey period, which can be used for consumption and savings, including cash income and physical income. According to the source of income, it can be classified as income of wages and salaries, net business income, net income from property and net income from transfer. Calculation formula:

Disposable income = income of wages and salaries + net business income + net income from property + net income from transfer

Where:

Net business income=business income-business expenses-depreciation of productive fixed assets - production taxes

Net income from property=property income-property expenses

Net income from transfer=transfer income-transfer expenses

Income of Wages and Salaries means the total remuneration and benefits earned by employees who are employed by units or individuals, freelances and part-time workers.

Physical Benefit means physical products and services provided by the employer for free or at low prices. Consumption paid by personal, and then recouped by employers should be considered physical benefits. It also includes the products and services produced during the production process, such as free journey provided by railway or airline companies, free coal provided by mining companies, to their employees.

Net Business Income means net income earned by business activities, which are operated by households and their members. Business expenses, depreciation of productive fixed assets and production taxes should be deducted from income. It includes net income of primary, secondary and tertiary industries.

Net Income from Property means the net income obtained by authorizing other institutional units, households or individuals to dominate the financial assets, housing, other non-financial assets and natural resources owned by households and their members. Expenses should be deducted. Net income from property includes net interest income, bonus income, net income of savings insurance, net rent income from the transfer of land management right, net rent housing income, net rent other assets income and net conversion rental of private housing.

Net Imputed Rent of Owner-occupied Dwelling (urban area) means net rent income refers to the value of housing services provided residents' owner-occupied dwelling (including self-help housing, purchased commercial housing and social housing, resettlement housing and inherited or given housing). Depreciation should be deducted. It is a kind of property income.

Annual net imputed rent of owner-occupied dwelling = annual imputed rent of owner-occupied dwelling-annual purchasing or building cost.

Income from Transfer means recurrent income transfers from the state, units, social groups and other households. Including the pension, government, social benefits and subsidies, agricultural subsidies, policy living subsidies relief funds, regular donation and compensation and reimbursement of medical expenses from institutions, social groups ; alimony , regular donation and compensation from other households, and the income sent back by non-permanent members working nonlocal.

Consumption Expenditure of Households has a provincial coverage comparable between urban and rural households, and refers to the all the expenditures of households for consumption in daily life. It includes expenditures in cash and in kinds on eight categories: food; clothing; housing; household appliances and services; transport and communications; education; culture and recreational activities; and medical care. (Includes self-made and consumed products from units, government and other social organizations.)

Food, Tobacco and Liquor means the expenditure on Food, Tobacco and Liquor. It includes the expenditure on Food, Tobacco, Liquor, Dink and Catering Services.

Clothing and Footwear means the expenditure on clothing. It includes the expenditure of Clothes, Shoes, accessories and Clothes processing fee.

Housing means the expenditure on residence. It includes the expenditure of rents, water, electricity, fuels, heating fees, housing maintenance and management , property management fees, and imputed rents of owner-occupied dwelling.

Imputed Rents of Owner-occupied Dwelling (Expenditure) means the commuted value of owner-occupied housing. Imputed rents of owner-occupied dwelling using depreciation method to calculate.

Formula :

Imputed Rent of Owner-occupied Dwelling=the current prices of owner-occupied housing × annual depreciation (different between rural and urban)

Household Equipments, Furnishings and Services means the expenditure on household facilities, articles and services. It includes the expenditure on furniture and interior decoration, household appliances, home textiles, family daily groceries, personal products and family services.

Transport and Communications means the expenditure on transport and communications. It includes the expenditure on tools, service charges, allowances for repairs and maintenance, vehicle insurance premium and so on.

Education, Culture and Recreation means the expenditure on education, cultural and recreation.

Education means according to the certain requirements and purpose, training the educates in moral, knowledge, sports, hobbies, skills and all aspects. The education expenditure is directly related to activities for education. It includes the expenditure on the Pre-school education, primary education, secondary education, high school education, secondary vocational education, junior college or above education, other education and training. Such as tuition and miscellaneous fees, training expenses, sponsorship, packages of education services, education supplies.

Culture and Recreation means the expenditure on recreational durable goods, other recreational goods and cultural & entertainment services.

Health Care and Medical Service means the expenditure on medical equipment , medicine and medical services.

Medical Equipment and Medicine means the expenditure on medicine, nourishing health products, medical & health care instruments.

Medical Services includes the expenditure in outpatient clinic and hospitalization. It includes the reimbursement amount from medical insurance or medical financial assistance. The reimbursement signed in cash basis.

Miscellaneous Goods and Services means the expenditure of miscellaneous goods and services which is hard to classify.

Other Goods includes the expenditure on jewelry, watch and so on.

Other Services means the expenditure on service charge. It includes hotel bills, grooming, salon fee, miscellaneous services, funeral expenses, court costs, notary fees, inter-mediation services and so on.

三、价格及价格指数

Chapter 3 PRICE AND PRICE INDICES

3-1a 居民消费价格分类指数
Consumer Price Indices by Category (2011-2015)

(上年=100) (preceding year=100)

项　目	Item	2011	2012	2013	2014	2015
居民消费价格指数	**Consumer Price Index**	**104.9**	**102.7**	**103.1**	**101.9**	**101.7**
#服务项目价格指数	Services	103.0	100.3	103.8	102.2	103.4
#消费品价格指数	Consumer Goods	105.8	103.9	102.8	101.7	100.8
一、食品	Food	111.4	106.4	105.8	103.0	101.7
1.粮食	Grain	108.5	102.4	108.7	103.4	101.8
2.淀粉及制品	Starches	123.3	103.1	102.1	100.4	100.8
3.干豆类及豆制品	Bean and Its Products	100.1	103.2	108.0	106.3	102.6
4.油脂	Oil or Fat	115.3	103.7	98.7	93.6	98.1
5.肉禽及其制品	Meat, Poultry and Processed Products	122.6	105.7	108.0	99.6	104.8
6.蛋	Eggs	114.4	101.7	102.2	111.1	90.8
7.水产品	Aquatic Products	120.7	106.7	100.9	106.8	98.1
8.菜	Vegetables	96.7	119.6	110.0	95.4	106.8
9.调味品	Flavoring	106.4	103.6	101.9	101.7	102.7
10.糖	Carbohydrate	109.1	105.1	99.7	99.7	100.0
11.茶及饮料	Tea and Beverages	104.7	106.4	104.6	101.6	102.2
12.干鲜瓜果	Dried and Fresh Melons and Fruits	108.8	91.3	112.6	117.3	100.2
13.糕点饼干面包	Cake, Biscuit and Bread	113.3	105.4	101.9	100.6	102.4
14.液体乳及乳制品	Milk and Its Products	104.6	101.9	103.5	108.3	99.0
15.在外用膳食品	Outward Dinner	109.6	110.5	104.6	102.2	101.4
16.其他食品	Other Foods	114.0	102.9	105.1	104.4	100.5
二、烟酒及用品	Tobacco, Liquor and Articles	104.8	104.9	100.9	98.7	101.9
1.烟草	Tobacco	100.6	98.1	100.2	99.6	103.5
2.酒	Liquor	109.5	111.9	101.6	97.9	100.4
三、衣着	Clothing	102.1	107.0	101.1	101.8	103.0
1.服装	Garments	101.7	105.4	100.9	102.2	103.1
2.衣着材料	Clothing Material	119.3	103.8	99.8	100.9	102.6
3.鞋袜帽	Footgear and Hats	101.9	110.9	101.6	101.0	102.9
4.衣着加工服务	Clothing Manufacturing Services	116.8	120.9	104.4	101.7	102.2
四、家庭设备用品及维修服务	Household Facilities, Articles and Maintenance Services	106.1	101.6	102.0	103.3	101.0
1.耐用消费品	Durable Consumer Goods	102.9	99.4	100.7	102.8	99.4
2.室内装饰品	Interior Decorations	100.2	100.1	99.1	99.6	100.3
3.床上用品	Bed Articles	127.0	103.6	104.8	103.2	108.9
4.家庭日用杂品	Daily Use Household Articles	103.0	102.7	101.6	103.7	100.6
5.家庭服务及加工维修服务	Household Services and Manufacturing Upkeep	126.0	112.2	109.2	106.8	102.8
五、医疗保健和个人用品	Health Care and Personal Articles	101.8	102.2	100.6	100.4	99.8
1.医疗保健	Health Care	100.7	102.3	101.2	100.9	101.2
2.个人用品及服务	Personal Articles and Services	104.0	102.0	99.3	99.5	97.1
六、交通通信	Transport and Communications	99.9	97.6	98.6	99.7	97.4
1.交通	Transport	104.8	99.4	98.3	99.7	96.1
2.通信	Communications	92.9	94.8	98.9	99.6	99.7
七、娱乐教育文化用品及服务	Recreation, Education and Culture Articles	99.5	99.3	102.5	101.7	104.2
1.文娱用耐用消费品及服务	Durable Consumer Goods for Cultural and Recreational Use and Services	86.7	92.8	94.2	90.5	94.5
2.教育	Education	100.2	100.2	100.2	104.3	108.2
3.文化娱乐	Cultural and Recreational Articles	100.6	102.0	101.1	100.4	102.4
4.旅游	Touring and Outing	106.8	99.3	113.7	102.5	100.7
八、居住	Residence	104.7	100.9	104.4	102.0	102.6
1.建房及装修材料	Building and Building Decoration Materials	109.0	101.6	103.4	101.6	99.7
2.住房租金	Rent	101.2	101.0	99.9	103.7	107.2
3.自有住房	Private Housing	104.9	100.0	106.0	102.2	103.7
4.水电燃料	Water, Electricity and Fuels	102.2	103.1	101.7	101.3	99.9

注：2016年居民消费价格指数目录进行了调整。
Note: Consumer price index catalogue was adjusted in 2016.

3-1b 居民消费价格分类指数
Consumer Price Index by Category (2016-2020)

(上年=100) (preceding year=100)

项 目	Item	2016	2017	2018	2019	2020
居民消费价格指数	**Consumer Price Index**	**102.1**	**102.1**	**102.0**	**102.7**	**102.0**
#服务项目价格指数	Services	103.7	104.1	101.6	102.6	101.5
#消费品价格指数	Consumer Goods	100.9	100.7	102.3	102.7	102.5
一、食品烟酒	Food, Tobacco and Liquor	102.1	100.3	103.1	104.6	106.5
1.食品	Food	102.8	99.9	103.4	106.0	107.6
(1)粮食	Grain	100.6	103.2	99.2	101.8	101.7
(2)薯类	Tubers	106.1	92.1	110.9	91.6	104.9
(3)豆类	Beans	101.0	100.7	100.4	102.2	109.9
(4)食用油	Edible Oil and Fats	99.7	101.8	100.7	100.4	98.9
(5)菜	Vegetables	107.0	92.5	109.3	100.5	109.8
(6)畜肉类	Meat of Livestock	107.3	99.3	99.5	124.1	131.1
(7)禽肉类	Meat of Poultry	101.0	99.0	104.1	108.8	99.4
(8)水产品	Aquatic Products	106.6	102.9	104.5	96.4	102.7
(9)蛋类	Eggs	95.4	96.5	114.3	105.1	87.5
(10)奶类	Milk	98.8	99.5	99.9	101.6	100.0
(11)干鲜瓜果类	Dried and Fresh Melons and Fruits	97.6	102.6	105.6	107.5	93.5
(12)糖果糕点类	Candy and Cake	101.3	101.8	103.2	101.3	101.2
(13)调味品	Flavoring	103.4	103.3	102.6	101.4	102.1
(14)其他食品类	Other Foods	101.0	101.6	102.1	100.3	102.0
2.茶及饮料	Tea and Beverages	100.2	100.6	102.6	101.5	101.5
3.烟酒	Tobacco and Liquor	101.3	101.0	101.1	101.5	102.5
(1)烟草	Tobacco	102.2	100.4	101.0	101.7	103.2
(2)酒类	Liquor	100.3	101.7	101.1	101.2	101.8
4.在外餐饮	Dining out	100.8	101.2	102.9	102.4	104.9
二、衣着	Clothing	100.1	100.2	101.1	102.1	98.5
1.服装	Garments	99.9	100.0	101.0	102.0	99.0
2.服装材料	Clothing Material	101.7	100.8	104.6	102.2	99.6
3.其他衣着及配件	Other Clothing and Parts	101.6	100.7	101.1	98.4	99.6
4.衣着加工服务费	Clothing Manufacturing Services	103.7	103.4	101.1	110.8	103.3
5.鞋类	Footware	99.7	100.1	101.2	102.2	96.1
三、居住	Residence	103.6	101.4	101.3	102.4	100.7
1.租赁房房租	Rent of Rental Housing	103.9	100.4	101.2	103.0	101.0
2.住房保养维修及管理	Housing Maintenance and Management	101.4	104.9	104.3	103.3	100.8
3.水电燃料	Water, Electricity and Fuels	99.8	100.0	100.8	100.4	99.9
4.自有住房	Private Housing	104.9	101.5	101.1	102.7	100.9
四、生活用品及服务	Household Facilities, Articles and Services	99.4	100.8	101.1	100.9	100.2
1.家具及室内装饰品	Furniture and Interior Decoration	98.0	101.8	100.8	99.4	100.9
2.家用器具	Home Appliances	97.9	99.4	99.8	99.5	98.5
3.家用纺织品	Home Textiles	100.7	100.9	101.4	100.3	99.4
4.家庭日用杂品	Daily Use Household Articles	99.7	99.9	100.9	101.0	99.8
5.个人护理用品	Personal-care Supplies	100.5	101.0	100.4	100.5	100.7
6.家庭服务	Household Services	101.6	103.1	105.1	106.1	102.8
五、交通通信	Transport and Communications	98.3	100.1	101.3	99.3	97.1
1.交通	Transport	98.2	101.6	103.3	98.7	96.6
2.通信	Communications	98.6	97.6	97.8	100.3	98.0
六、教育文化娱乐	Education, Culture and Recreation	100.6	103.2	102.4	104.2	102.6
1.教育	Education	100.8	102.5	102.0	104.5	104.9
2.文化娱乐	Culture and Recreation	100.4	104.0	102.8	104.0	100.4
七、医疗保健	Health Care and Medical Services	108.8	115.4	102.6	100.9	99.9
1.药品及医疗器具	Medicine and Medical Instrument	101.3	103.5	104.3	101.8	99.8
2.医疗服务	Medical Services	117.7	127.5	101.1	100.1	100.0
八、其他用品及服务	Miscellaneous Goods and Services	103.8	101.5	101.1	105.0	107.9
1.其他用品类	Other Articles	107.7	102.6	98.7	107.8	116.8
2.其他服务类	Other Services	100.9	100.6	103.1	102.8	100.6

注：2016年居民消费价格指数目录进行了调整。
Note: Consumer price index catalogue was adjusted in 2016.

3-2a 商品零售价格分类指数
Retail Price Indices by Category (2011-2015)

(上年=100) (preceding year=100)

项 目	Item	2011	2012	2013	2014	2015
商品零售价格指数	**Retail Price Index**	**104.7**	**103.0**	**101.7**	**100.9**	**100.3**
一、食品类	Food	111.6	106.5	105.8	103.0	101.7
1.粮食	Grain	108.5	102.4	108.7	103.4	101.8
2.淀粉及制品	Starches	123.3	103.1	102.1	100.4	100.8
3.干豆类及豆制品	Bean and Its Products	100.1	103.2	108.0	106.3	102.6
4.油脂	Oil or Fat	115.3	103.7	98.7	93.6	98.1
5.肉禽及其制品	Meat, Poultry and Processed Products	122.6	105.7	108.0	99.6	104.9
6.蛋	Eggs	114.4	101.7	102.2	111.1	90.8
7.水产品	Aquatic Products	120.7	106.7	100.9	106.8	98.1
8.菜	Vegetables	96.7	119.6	110.0	95.4	106.8
9.调味品	Flavoring	106.4	103.6	101.9	101.7	102.7
10.糖	Carbohydrate	109.1	105.1	99.7	99.7	100.0
11.干鲜瓜果	Dried and Fresh Melons and Fruits	108.8	91.3	112.6	117.3	100.2
12.糕点饼干面包	Cake, Biscuit and Bread	113.3	105.4	101.9	100.6	102.4
13.液体乳及乳制品	Milk and Its Products	104.6	101.9	103.5	108.3	99.0
14.在外用膳食品	Outward Dinner	109.6	110.5	104.6	102.2	101.4
15.其他食品	Other Foods	114.0	102.9	105.1	104.4	100.5
二、饮料、烟酒	Beverages, Tobacco and Liquor	104.7	105.2	101.8	99.4	102.0
1.茶及饮料	Tea and Beverages	104.7	106.4	104.6	101.6	102.2
2.烟草	Tobacco	100.6	98.1	100.2	99.6	103.5
3.酒	Liquor	109.5	111.9	101.6	97.9	100.4
三、服装、鞋帽	Garments, Shoes and Hats	101.8	106.9	101.0	101.9	103.0
1.服装	Garments	101.7	105.4	100.9	102.2	103.1
2.鞋袜帽	Footgear and Hats	101.9	110.9	101.6	101.0	102.9
3.其他	Other	107.0	106.2	90.7	101.9	97.0
四、纺织品	Textiles	112.4	102.3	103.5	100.4	104.5
1.衣着材料	Clothing Material	119.3	103.8	99.8	100.9	102.6
2.床上用品	Bed Articles	110.9	101.9	104.4	100.3	105.0
五、家用电器及音像器材	Household Appliances, Music and Video Equipment	95.4	96.9	96.6	94.6	96.5
1.家庭设备	Household Facilities	102.3	99.9	99.3	99.1	98.0
2.文娱用耐用消费品	Durable Consumer Goods for Cultural and Recreational Use	84.8	92.1	91.7	85.8	92.3
3.专业音像器材	Music and Video Equipment	100.4	96.5	97.3	95.3	98.9
六、文化办公用品	Cultural and Office Appliances	90.5	94.6	97.7	96.4	97.2
七、日用品	Articles for Daily Use	103.8	104.1	101.0	99.4	99.9
1.日用百货	General Merchandise for Daily Use	106.2	103.3	98.8	99.8	99.8
2.日用杂品	Grocery for Daily Use	95.2	100.1	100.7	102.0	100.5
3.洗涤用品	Wash	102.9	109.3	104.3	100.9	99.0
4.其他日用品	Other Articles for Daily Use	103.5	101.5	100.9	97.0	100.7
八、体育娱乐用品	Sports and Recreation Articles	100.1	100.4	107.6	99.9	102.7
1.体育用品	Sports Articles	105.6	104.5	108.8	100.2	101.9
2.娱乐用品	Recreation Articles	97.8	98.5	107.1	99.8	103.1
九、交通、通信用品	Transportation and Communication Appliances	100.1	96.6	96.8	101.1	97.7
1.交通运输机械	Transportation Machine	102.9	98.3	97.1	101.2	97.7
2.通信器材	Communication Facilities	65.0	63.1	88.8	95.5	97.8
十、家具	Furniture	103.7	98.7	102.6	107.6	101.1
十一、化妆品	Cosmetics	99.6	104.4	102.2	97.6	99.7
十二、金银珠宝	Gold, Silver and Jewelry	113.3	95.8	91.0	91.8	87.6
十三、中西药品及医疗保健用品	Traditional Chinese and Western Medicines and Health Care Articles	101.1	103.6	101.9	101.4	101.9
1.医疗器具及用品	Medical Apparatus and Article	111.1	103.4	99.9	99.8	100.7
2.中药材及中成药	Traditional Chinese Medicinal Materials and Medicines	102.7	102.5	104.3	103.2	102.6
3.西药	Western Medicines	100.5	104.7	100.8	100.6	101.8
4.保健器具及用品	Healthcare Equipment	99.0	102.2	100.1	99.5	100.4
十四、书报杂志及电子出版物类	Books, Newspapers, Magazines and Electronic Publications	100.3	101.2	100.3	100.4	101.9
1.教材及参考书	Teaching Materials and Reference Books	100.5	101.0	100.6	100.5	100.2
2.书报杂志	Books, Newspapers, Magazines	100.0	100.9	101.4	100.3	107.5
3.电子音像制品	Electronic Publications	100.0	102.5	99.6	100.0	100.0
十五、燃料	Fuels	108.2	102.2	99.8	102.8	90.0
1.煤炭及制品	Coal and Its Products	109.2	100.7	96.1	97.9	97.9
2.石油及制品	Petroleum and Its Products	108.2	102.2	99.9	102.9	89.8
十六、建筑材料及五金电料	Building Materials and Hardware	107.7	101.1	102.4	101.0	99.4
1.建筑装潢材料	Building Decoration Materials	107.6	101.1	102.9	101.2	99.2
2.五金电料	Hardware	108.8	101.0	99.3	100.0	100.6

3-2b 商品零售价格分类指数
Retail Price Indices by Category (2016-2020)

(上年=100) (preceding year=100)

项目	Item	2016	2017	2018	2019	2020
商品零售价格指数	**Retail Price Index**	**100.5**	**100.8**	**101.6**	**101.7**	**101.0**
一、食品	Food	102.3	100.3	103.2	105.1	106.9
1.粮食	Grain	100.8	103.2	99.7	102.1	101.8
2.薯类	Tuber	106.1	92.1	110.9	91.6	104.9
3.豆类	Beans	101.0	100.7	100.4	102.2	109.9
4.食用油	Edible Oil	99.7	101.8	100.7	100.4	98.9
5.菜	Vegetables	107.0	92.4	109.3	100.5	109.8
6.畜肉类	Meat	107.3	99.3	99.5	124.1	131.1
7.禽肉类	Poultry	101.0	99.0	104.1	108.8	99.4
8.水产品	Aquatic Products	106.7	102.8	104.6	96.3	102.7
9.蛋类	Eggs	95.4	96.5	114.3	105.1	87.5
10.奶类	Milk	98.8	99.4	99.9	101.6	100.0
11.干鲜瓜果类	Dried and Fresh Melons and Fruits	97.6	102.6	105.6	107.5	93.5
12.糖果糕点类	Confectionery	101.3	101.8	103.2	101.3	101.2
13.调味品	Flavoring	103.4	103.3	102.6	101.4	102.1
14.其他食品类	Other Foods	101.0	101.6	102.1	100.3	102.0
15.在外餐饮	Dining Out	100.8	101.2	102.9	102.4	104.9
二、饮料、烟酒	Beverages, Tobacco and Liquor	101.1	100.9	101.4	101.5	102.3
1.茶及饮料	Tea and Beverages	100.2	100.6	102.6	101.5	101.5
2.烟草	Tobacco	102.2	100.4	101.0	101.7	103.2
3.酒类	Liquor	100.3	101.7	101.1	101.2	101.8
三、服装、鞋帽	Garments, Shoes and Hats	100.0	100.1	101.0	101.8	98.2
1.服装	Garments	100.0	100.0	100.9	101.9	99.0
2.鞋袜帽	Footgear and Hats	100.0	100.2	101.2	101.4	96.5
3.其他衣着配件	Other Clothing Accessories	100.4	100.8	97.7	101.5	99.2
四、纺织品	Textiles	101.2	101.2	102.2	100.7	99.7
1.服装材料	Clothing	101.7	100.8	104.6	102.2	99.6
2.床上用品	Bedding	101.1	101.2	101.8	100.4	99.8
五、家用电器及音像器材	Household Appliances, Music and Video Equipment	98.5	99.2	97.8	99.4	97.9
1.家庭设备	Household Facilities	97.9	99.4	99.8	99.5	98.5
2.文娱用耐用消费品	Durable Consumer Goods for Cultural and Recreational Use	99.1	98.8	95.1	99.6	96.5
3.专业音像器材	Music and Video Equipment	99.4	99.3	96.8	98.4	99.0
六、文化办公用品	Cultural and Office Appliances	100.3	99.5	98.9	100.8	100.4
七、日用品	Articles for Daily Use	99.6	100.2	100.8	100.9	99.8
1.日用百货	General Merchandise for Daily Use	100.1	101.1	101.2	101.4	100.2
2.厨具餐具茶具	Kitchenware, Tableware and Tea Set	99.6	99.2	101.5	99.8	100.2
3.清洗用品	Cleaning Products	98.1	101.9	101.6	103.0	100.6
4.其他日用品	Other Articles for Daily Use	100.0	99.2	99.9	99.8	98.9
八、体育娱乐用品	Sports and Recreation Articles	102.1	102.8	100.2	102.8	100.7
1.体育户外用品	Sports and Outdoor Articles	99.8	97.1	98.4	100.2	99.3
2.娱乐用品	Recreation Articles	102.3	103.2	100.3	103.0	100.8
九、交通、通信用品	Transportation and Communication Appliances	99.5	98.0	98.4	100.2	97.9
1.交通运输机械	Transportation Appliances	99.5	97.9	98.5	99.6	98.1
2.通信器材	Communication Appliances	99.7	99.4	97.5	107.1	95.6
十、家具	Furniture	98.2	102.3	100.8	99.3	101.0
十一、化妆品	Cosmetics	100.7	101.4	100.6	100.6	100.6
十二、金银饰品	Gold, Silver and Jewelry	112.8	104.2	97.5	112.6	125.6
十三、中西药品及医疗保健用品	Traditional Chinese and Western Medicines and Health Care Articles	101.3	103.9	104.7	102.0	99.4
1.医疗卫生器具	Medical Apparatus	100.2	99.5	100.2	99.9	102.4
2.中药	Traditional Chinese Medicines	102.7	107.5	107.5	103.2	103.6
3.西药	Western Medicines	100.6	103.4	105.2	101.9	95.8
4.保健器具及用品	Healthcare Equipment and Articles	101.9	102.3	101.4	101.0	103.9
十四、书报杂志及电子出版物	Books, Newspapers, Magazines and Electronic Publications	102.3	101.5	101.9	102.4	103.4
1.教材及参考书	Teaching Materials and Reference Books	102.4	102.5	100.1	101.6	103.9
2.书报杂志	Books, Newspapers, Magazines	102.6	101.2	108.1	105.0	101.0
3.计算机办公软件	Computer Office Software	99.8	87.5	96.8	99.7	110.0
十五、燃料	Fuels	96.9	107.3	110.3	96.3	**89.8**
1.煤炭及制品	Coal and Its Products	101.0	108.7	102.5	100.1	101.1
2.石油及制品	Petroleum and Its Products	96.3	107.0	111.6	95.7	88.1
十六、建筑材料及五金电料	Building Materials and Hardware	99.8	101.7	102.5	101.5	99.4
1.建筑装潢材料	Building Decoration Materials	99.6	101.8	103.3	101.9	98.1
2.五金水暖	Hardware	100.1	101.4	101.3	100.8	101.5

3-3 主要商品和服务价格指数
Major Commodity and Services Price Indices (2016-2020)

(上年=100) (preceding year=100)

项目	Item	2016	2017	2018	2019	2020
大米	Rice	100.5	104.1	97.4	100.5	101.6
面粉	Flour	99.7	101.4	99.0	102.5	99.4
食用植物油	Edible Vegetable Oil	99.6	101.8	100.7	100.4	98.9
鲜菜	Fresh Vegetables	107.6	91.7	110.1	100.3	109.8
猪肉	Pork	114.9	95.2	93.5	138.0	147.7
牛肉	Beef	99.2	100.0	105.6	113.9	112.1
羊肉	Mutton	96.7	105.6	112.0	111.8	105.0
淡水鱼	Freshwater Fish	101.6	108.4	100.9	97.8	104.0
海水鱼	Seawater Fish	105.7	101.4	100.2	100.7	105.4
鸡蛋	Eggs	95.1	95.7	115.0	104.8	85.8
鲜奶	Milk	98.2	98.8	99.4	100.4	99.8
鲜瓜果	Fresh Fruits	96.8	102.6	107.1	109.0	90.7
食糖	Sugar	101.0	105.2	107.8	100.7	104.7
食用盐	Salt	109.2	99.6	98.7	100.4	97.5
白酒	Wine	100.3	102.4	101.9	101.3	102.4
啤酒	Beer	98.8	101.7	98.8	101.2	100.3
男式西服	Men's Suits	101.7	100.2	101.3	103.5	95.6
男式衬衫T恤	Men's Shirt and T-shirt	103.1	103.3	98.0	100.2	100.3
女式外套	Women's Coat	99.5	98.3	101.7	105.4	97.5
女式冬衣	Women's Winter Clothes	98.2	98.3	101.9	104.3	99.9
女式毛线衣	Women's Sweater	98.1	100.8	103.1	98.0	94.0
公房房租	Rent for Public Rental	100.0	100.0	100.0	100.0	100.0
水	Water	100.0	100.0	100.0	100.0	100.0
电	Electricity	100.0	100.0	100.0	100.0	100.0
管道燃气	Pipeline Gas	100.0	100.0	101.5	107.4	98.7
柜	Cabinet	98.2	102.7	99.9	98.6	101.3
桌	Desk	98.6	102.8	101.4	98.8	101.8
沙发	Sofa	95.6	102.0	103.3	103.3	100.1
洗衣机	Washing Machine	100.0	99.9	93.3	99.2	100.3
电冰箱(柜)	Refrigerator	95.1	101.1	101.2	98.9	100.2
空调器	Air-conditioner	97.4	99.3	100.8	96.6	97.2
热水器	Water Heater	97.0	101.0	99.8	102.6	100.3
清洗用品	Cleaning Supplies	98.1	101.9	101.6	103.0	100.6
小型汽车	Car	97.8	96.0	97.0	98.7	96.1
自行车	Bicycle	100.6	100.7	103.2	104.8	100.1
汽油	Gasoline	95.7	108.8	113.1	94.1	85.6
市内公共交通	Urban Public Transport	100.0	100.0	100.0	100.0	100.0
飞机票	Air Ticket	101.4	111.0	107.7	96.4	92.8
火车票	Railway Ticket	101.2	100.0	99.8	99.3	100.0
教材	Teaching Materials	100.0	100.0	98.3	99.4	106.1
电视机	TV Set	97.9	98.8	94.4	98.7	94.4
照相机	Camera	101.7	101.7	93.9	107.1	104.0
台式计算机	Desktop Computer	99.2	99.5	98.3	103.8	101.7
笔记本平板	Laptop and Tablet PC	101.7	100.5	98.3	101.1	98.2
音响	Hi-Fi Stereo Component System	99.6	100.6	102.3	100.7	94.4
书报杂志	Books, Newspapers and Magazines	102.6	101.2	108.1	105.0	101.0
景点门票	Park Ticket	101.8	104.5	102.6	97.1	99.7
有线电视	Cable Television	100.0	100.0	101.8	112.4	100.0
健身活动	Sport Activity	100.4	104.0	101.7	98.7	102.6
中药材	Traditional Chinese Medicinal Materials	102.3	109.1	104.7	105.8	100.7
中成药	Ready-made Traditional Chinese Medicine	102.8	107.3	108.0	102.8	104.1
消化系统用药	Digestive Medicine	99.3	102.1	110.5	100.2	93.6
呼吸系统用药	Respiratory Medicine	98.6	103.5	102.0	101.7	98.2
滋补保健品	Medical Products	101.9	102.5	101.4	101.1	104.2
金饰品	Gold Ornaments	114.0	104.5	97.9	113.4	126.7

注：因统计调查目录调整，部分商品和服务价格指数无2016年以前年份数据。
Note: As a result of the statistical survey catalogue adjustment, some commodity and service price indices were not available before 2016.

3-4 居民货币购买力指数
Indices of Monetary Purchasing Power of Residents(1991-2020)

年 度 Year	上年=100 Preceding Year=100	年 度 Year	1990=100 Year of 1990=100
1991	90.7	1991	90.7
1992	89.8	1992	81.4
1993	85.0	1993	69.3
1994	80.6	1994	55.9
1995	86.7	1995	48.4
1996	91.7	1996	44.4
1997	97.0	1997	43.1
1998	100.5	1998	43.3
1999	101.1	1999	43.8
2000	100.4	2000	44.0
2001	98.8	2001	43.5
2002	100.4	2002	43.6
2003	99.0	2003	43.2
2004	97.8	2004	42.2
2005	98.5	2005	41.6
2006	98.5	2006	41.0
2007	96.0	2007	39.3
2008	94.9	2008	37.3
2009	101.0	2009	37.7
2010	96.6	2010	36.4
2011	95.3	2011	34.7
2012	97.4	2012	33.8
2013	97.0	2013	32.8
2014	98.1	2014	32.2
2015	98.3	2015	31.7
2016	98.0	2016	31.0
2017	98.0	2017	30.4
2018	98.0	2018	29.8
2019	97.4	2019	29.0
2020	98.0	2020	28.4

3-5 工业生产者出厂价格指数
Producer Price Indices for Industrial Products (2016-2020)

(上年=100) (preceding year=100)

项目	Item	2016	2017	2018	2019	2020
工业生产者出厂价格指数	**Producer Price Indices for Industrial Products**	**97.9**	**108.4**	**105.4**	**99.3**	**97.1**
#轻工业	Light Industry	101.2	101.2	100.2	102.6	102.5
以农产品为原料	Using Farm Products as Raw Materials	102.2	101.0	100.2	103.7	104.5
以非农产品为原料	Using Non-farm Products as Raw Materials	99.5	101.6	100.2	100.9	99.4
重工业	Heavy Industry	97.1	110.2	106.6	98.5	95.7
采 掘	Mining and Quarrying Industry	85.9	127.7	120.5	97.9	81.6
原材料	Raw Materials Industry	98.2	116.2	111.6	97.2	92.4
加 工	Processing Industry	98.5	105.9	102.5	99.2	99.1
#生产资料	Means of Production	97.9	112.0	107.4	98.8	95.8
采 掘	Mining & Quarrying Industry	85.9	127.7	120.5	97.9	81.6
原材料	Raw Materials Industry	97.9	116.3	112.0	97.5	92.2
加 工	Processing Industry	100.0	108.4	103.4	99.6	99.4
生活资料	Consumer Goods	98.0	97.9	99.0	100.8	100.9
食 品	Food	102.9	100.2	100.1	105.6	105.9
衣 着	Clothing	100.2	100.3	100.8	100.8	100.2
一般日用品	Articles for Daily Use	99.2	98.5	102.4	99.9	98.7
耐用消费品	Durable Consumer Goods	92.7	94.9	96.2	96.5	96.9
按行业分	**By Sector**					
煤炭开采和洗选业	Mining and Washing of Coal	83.4	121.2	101.8	100.0	100.0
石油和天然气开采业	Extraction of Petroleum and Natural Gas	86.7	134.6	131.8	96.0	66.9
黑色金属矿采选业	Mining and Processing of Ferrous Metal Ores	90.7	108.3	128.3	119.7	104.9
非金属矿采选业	Mining and Processing of Nonmetal Ores	76.6	102.1	103.4	108.2	98.6
开采专业及辅助性活动	Mining Specialty and Support Activities	95.5	99.7	99.5	98.4	104.7
农副食品加工业	Processing of Food from Agricultural Products	106.1	98.2	95.9	108.9	112.3
食品制造业	Processing of Foodstuff	101.4	101.2	102.4	103.9	103.3
酒、饮料和精制茶制造业	Manufacture of Wine, Beverages and refined tea	100.6	101.7	100.7	105.1	100.6
烟草制品业	Manufacture of Tobacco	100.0	100.0	100.6	102.3	102.7
纺织业	Manufacture of Textile	98.0	100.7	103.4	100.7	100.8
纺织服装、服饰业	Manufacture of Textile Wearing Apparel	100.2	100.3	99.4	99.7	100.0
皮革、毛皮、羽毛及其制品和制鞋业	Manufacture of Leather, Fur, Feather and Related Products, Footwear	100.8	100.8	104.5	106.2	102.1
木材加工及木、竹、藤、棕、草制品业	Processing of Timber, Manufacture of Wood, Bamboo, Rattan, Palm and Straw Products	98.8	99.5	100.3	99.4	99.3
家具制造业	Manufacture of Furniture	100.4	103.1	100.2	101.6	101.3
造纸及纸制品业	Manufacture of Paper and Paper Products	101.1	110.5	101.8	90.1	93.7
印刷和记录媒介复制业	Printing, Reproduction of Recording Media	100.1	102.9	102.2	103.7	105.8
文教、工美、体育和娱乐用品制造业	Manufacture of Articles for Culture, Education, Artwork, Sport Activities and Entertainment Goods	101.0	99.1	99.4	103.0	100.2
石油、煤炭及其他燃料加工业	Processing of Petroleum, Coal and other Fuels	93.1	114.1	119.9	99.2	86.3
化学原料及化学制品制造业	Manufacture of Raw Chemical Materials and Chemical Products	101.5	115.6	108.0	93.3	91.2
医药制造业	Manufacture of Medicines	98.0	98.2	105.3	96.6	98.4
化学纤维制造业	Manufacture of Chemical Fibers	85.9	93.0	100.9	99.2	100.5
橡胶和塑料制品业	Manufacture of Rubber and Plastics	99.1	104.9	101.5	99.4	98.7
非金属矿物制品业	Manufacture of Non-metallic Mineral Products	98.4	101.3	109.7	107.0	98.7
黑色金属冶炼和压延加工业	Smelting and Pressing of Ferrous Metals	101.9	126.3	109.9	100.0	98.6
有色金属冶炼和压延加工业	Smelting and Pressing of Non-ferrous Metals	97.9	116.5	103.2	96.5	101.8
金属制品业	Manufacture of Metal Products	99.2	113.6	106.2	97.1	96.4
通用设备制造业	Manufacture of General Purpose Machinery	99.7	100.4	99.5	100.1	102.6
专用设备制造业	Manufacture of Special Purpose Machinery	96.9	97.7	97.6	98.4	99.0
汽车制造业	Manufacture of Automobile	98.7	97.8	98.1	94.7	95.0
铁路、船舶、航空航天和其他运输设备制造业	Manufacture of Railway, Shipbuilding, Aerospace and Other Transportation Equipment	102.7	102.2	102.0	100.3	100.5
电气机械及器材制造业	Manufacture of Electrical Machinery and Equipment	98.4	101.6	100.5	99.8	97.5
计算机、通信和其他电子设备制造业	Manufacture of Computers, Communication Equipment and Other Electronic Equipment	92.6	95.4	96.2	101.2	101.2
仪器仪表制造业	Manufacture of Measuring Instruments	101.4	100.1	99.8	103.1	101.0
其他制造业	Other Manufacturing	96.9	100.0	100.0	99.6	95.1
废弃资源综合利用业	Recycling and Disposal of Waste	96.0	104.3	124.2	107.1	96.6
金属制品、机械和设备修理业	Metal Products, Machinery and Equipment Repair Industry	100.9	100.3	102.7	107.8	107.4
电力、热力的生产和供应业	Production and Supply of Electric Power and Heat Energy	100.7	95.4	100.3	99.1	97.9
燃气生产和供应业	Production and Supply of Gas	86.3	100.9	101.2	105.1	97.7
水的生产和供应业	Production and Supply of Tap Water	100.0	104.5	123.0	101.6	100.0

3-6 按工业部门分工业生产者出厂价格指数
Producer Price Indices for Industrial Products by Industrial Sector (2016-2020)

(上年=100) (preceding year=100)

项 目	Item	2016	2017	2018	2019	2020
按工业部门分	**By Industrial Sector**					
冶金工业	Metallurgical Industry	100.5	122.1	108.9	99.5	98.7
电力工业	Power Industry	100.5	95.4	100.3	99.0	97.9
煤炭及炼焦工业	Coal Industry	85.3	122.8	103.9	101.3	100.1
石油工业	Petroleum Industry	89.4	121.6	124.3	97.3	77.6
化学工业	Chemical Industry	100.1	109.4	106.1	95.6	94.6
机械工业	Mechanical Industry	97.4	98.5	98.6	99.0	99.1
建筑材料工业	Building Materials Industry	98.6	100.9	109.4	108.0	99.0
森林工业	Timber Industry	100.4	99.8	100.2	101.7	101.6
食品工业	Food Industry	102.9	100.2	99.9	105.8	106.4
纺织工业	Textile Industry	97.4	100.9	101.1	99.6	100.8
缝纫工业	Tailoring Industry	100.1	100.3	100.6	100.2	100.3
皮革工业	Leather Industry	101.3	101.1	101.6	101.2	101.3
造纸工业	Paper Industry	101.1	110.5	101.8	90.1	93.7
文教艺术用品工业	Cultural, Educational & Handicrafts Articles	99.8	101.3	101.2	102.1	102.5
其他工业	Other Industry	100.1	100.2	101.9	102.0	98.8

3-7 工业生产者出厂价格月度指数
Monthly Producer Price Indices for Industrial Products
(2020年1月)

项　目	Item	环比	同比	1-1月平均
工业生产者出厂价格指数	**Producer Price Indices for Industrial Products**	**100.1**	**101.9**	**101.9**
#轻工业	Light Industry	100.4	104.9	104.9
以农产品为原料	Using Farm Products as Raw Materials	100.2	108.4	108.4
以非农产品为原料	Using Non-farm Products as Raw Materials	100.8	99.7	99.7
重工业	Heavy Industry	100.1	101.2	101.2
采　掘	Mining and Quarrying Industry	100.5	112.0	112.0
原材料	Raw Materials Industry	100.1	101.3	101.3
加　工	Processing Industry	100.0	99.4	99.4
#生产资料	Means of Production	100.3	101.8	101.8
采　掘	Mining and Quarrying Industry	100.5	112.0	112.0
原材料	Raw Materials Industry	100.3	102.0	102.0
加　工	Processing Industry	100.4	100.1	100.1
生活资料	Consumer Goods	99.6	102.3	102.3
食　品	Food	100.2	110.9	110.9
衣　着	Clothing	100.6	100.8	100.8
一般日用品	Articles for Daily Use	100.9	99.4	99.4
耐用消费品	Durable Consumer Goods	98.3	95.7	95.7
按工业部门分	**By Industrial Sector**			
冶金工业	Metallurgical Industry	100.1	99.9	99.9
电力工业	Power Industry	99.7	97.2	97.2
煤炭及炼焦工业	Coal Industry	100.3	100.4	100.4
石油工业	Petroleum Industry	102.0	119.7	119.7
化学工业	Chemical Industry	99.2	94.7	94.7
机械工业	Machine Building Industry	99.7	98.7	98.7
建筑材料工业	Building Materials Industry	98.8	103.7	103.7
森林工业	Timber Industry	98.3	102.5	102.5
食品工业	Food Industry	100.2	111.5	111.5
纺织工业	Textile Industry	99.4	100.9	100.9
缝纫工业	Tailoring Industry	100.7	101.1	101.1
皮革工业	Leather Industry	99.9	100.4	100.4
造纸工业	Paper Industry	100.7	93.1	93.1
文教艺术用品工业	Cultural, Educational & Handicrafts Articles	100.7	102.9	102.9
其他工业	Other Industry	102.2	101.4	101.4

3-8 工业生产者出厂价格月度指数
Monthly Producer Price Indices for Industrial Products
(2020年2月)

项　　目	Item	环比	同比	1-2月平均
工业生产者出厂价格指数	**Producer Price Indices for Industrial Products**	**98.4**	**99.9**	**100.9**
#轻工业	Light Industry	99.6	104.0	104.5
以农产品为原料	Using Farm Products as Raw Materials	99.6	107.3	107.8
以非农产品为原料	Using Non-farm Products as Raw Materials	99.5	99.2	99.4
重工业	Heavy Industry	98.1	98.8	100.0
采　掘	Mining and Quarrying Industry	91.5	97.9	104.8
原材料	Raw Materials Industry	96.5	97.2	99.2
加　工	Processing Industry	99.7	99.5	99.5
#生产资料	Means of Production	97.6	98.9	100.4
采　掘	Mining and Quarrying Industry	91.5	97.9	104.8
原材料	Raw Materials Industry	96.1	97.4	99.7
加　工	Processing Industry	99.3	99.6	99.8
生活资料	Consumer Goods	100.5	102.7	102.5
食　品	Food	99.4	109.3	110.1
衣　着	Clothing	99.9	100.6	100.7
一般日用品	Articles for Daily Use	99.2	98.9	99.2
耐用消费品	Durable Consumer Goods	102.1	98.3	97.0
按工业部门分	**By Industrial Sector**			
冶金工业	Metallurgical Industry	98.5	99.0	99.4
电力工业	Power Industry	99.8	97.1	97.2
煤炭及炼焦工业	Coal Industry	99.8	100.3	100.3
石油工业	Petroleum Industry	88.8	99.8	109.4
化学工业	Chemical Industry	98.9	93.9	94.3
机械工业	Machine Building Industry	100.5	99.5	99.1
建筑材料工业	Building Materials Industry	100.0	103.0	103.3
森林工业	Timber Industry	99.9	101.2	101.9
食品工业	Food Industry	99.4	109.8	110.7
纺织工业	Textile Industry	99.9	100.9	100.9
缝纫工业	Tailoring Industry	99.9	101.0	101.0
皮革工业	Leather Industry	100.2	100.4	100.4
造纸工业	Paper Industry	101.3	95.1	94.1
文教艺术用品工业	Cultural, Educational & Handicrafts Articles	100.6	103.8	103.3
其他工业	Other Industry	97.3	99.3	100.4

3-9 工业生产者出厂价格月度指数
Monthly Producer Price Indices for Industrial Products
(2020年3月)

项目	Item	环比	同比	1-3月平均
工业生产者出厂价格指数	**Producer Price Indices for Industrial Products**	**97.3**	**96.5**	**99.4**
#轻工业	Light Industry	99.3	103.3	104.1
以农产品为原料	Using Farm Products as Raw Materials	99.1	106.1	107.3
以非农产品为原料	Using Non-farm Products as Raw Materials	99.6	99.1	99.3
重工业	Heavy Industry	96.8	94.7	98.2
采　掘	Mining and Quarrying Industry	83.7	80.7	96.6
原材料	Raw Materials Industry	95.6	92.2	96.9
加　工	Processing Industry	99.3	97.8	98.9
#生产资料	Means of Production	96.6	94.7	98.5
采　掘	Mining and Quarrying Industry	83.7	80.7	96.6
原材料	Raw Materials Industry	95.3	92.3	97.2
加　工	Processing Industry	99.3	98.0	99.2
生活资料	Consumer Goods	99.3	101.5	102.2
食　品	Food	98.6	107.3	109.2
衣　着	Clothing	100.3	100.8	100.7
一般日用品	Articles for Daily Use	99.0	97.9	98.8
耐用消费品	Durable Consumer Goods	100.0	97.6	97.2
按工业部门分	**By Industrial Sector**			
冶金工业	Metallurgical Industry	98.3	95.2	98.0
电力工业	Power Industry	100.1	97.2	97.2
煤炭及炼焦工业	Coal Industry	99.6	99.6	100.1
石油工业	Petroleum Industry	80.0	77.9	98.5
化学工业	Chemical Industry	98.8	93.8	94.1
机械工业	Machine Building Industry	99.9	99.2	99.2
建筑材料工业	Building Materials Industry	100.2	102.7	103.1
森林工业	Timber Industry	99.9	100.9	101.5
食品工业	Food Industry	98.6	107.9	109.7
纺织工业	Textile Industry	100.1	101.2	101.0
缝纫工业	Tailoring Industry	100.1	100.8	101.0
皮革工业	Leather Industry	102.8	103.2	101.3
造纸工业	Paper Industry	101.5	98.9	95.7
文教艺术用品工业	Cultural, Educational & Handicrafts Articles	100.1	103.6	103.4
其他工业	Other Industry	98.6	97.7	99.5

3-10 工业生产者出厂价格月度指数
Monthly Producer Price Indices for Industrial Products
（2020年4月）

项　　目	Item	环比	同比	1-4月平均
工业生产者出厂价格指数	**Producer Price Indices for Industrial Products**	**96.6**	**93.0**	**97.8**
#轻工业	Light Industry	99.8	103.3	103.9
以农产品为原料	Using Farm Products as Raw Materials	99.7	105.9	106.9
以非农产品为原料	Using Non-farm Products as Raw Materials	100.1	99.4	99.4
重工业	Heavy Industry	95.7	90.4	96.2
采　掘	Mining and Quarrying Industry	79.5	61.4	87.3
原材料	Raw Materials Industry	94.7	87.2	94.4
加　工	Processing Industry	98.2	96.4	98.3
#生产资料	Means of Production	96.2	90.5	96.4
采　掘	Mining and Quarrying Industry	79.5	61.4	87.3
原材料	Raw Materials Industry	94.1	86.8	94.6
加　工	Processing Industry	99.3	97.0	98.6
生活资料	Consumer Goods	97.7	100.3	101.7
食　品	Food	100.1	107.2	108.7
衣　着	Clothing	99.7	100.4	100.6
一般日用品	Articles for Daily Use	100.0	98.6	98.7
耐用消费品	Durable Consumer Goods	94.0	94.4	96.5
按工业部门分	**By Industrial Sector**			
冶金工业	Metallurgical Industry	98.0	93.3	96.8
电力工业	Power Industry	100.5	98.2	97.5
煤炭及炼焦工业	Coal Industry	99.7	99.8	100.0
石油工业	Petroleum Industry	75.3	56.0	87.2
化学工业	Chemical Industry	97.7	92.0	93.6
机械工业	Machine Building Industry	98.2	97.9	98.8
建筑材料工业	Building Materials Industry	98.4	99.9	102.3
森林工业	Timber Industry	100.1	102.4	101.7
食品工业	Food Industry	100.1	107.9	109.3
纺织工业	Textile Industry	99.8	101.1	101.0
缝纫工业	Tailoring Industry	99.7	100.5	100.8
皮革工业	Leather Industry	99.4	102.7	101.7
造纸工业	Paper Industry	94.4	95.0	95.5
文教艺术用品工业	Cultural, Educational & Handicrafts Articles	99.6	102.7	103.2
其他工业	Other Industry	100.0	98.9	99.3

3-11 工业生产者出厂价格月度指数
Monthly Producer Price Indices for Industrial Products
(2020年5月)

项 目	Item	环比	同比	1-5月平均
工业生产者出厂价格指数	**Producer Price Indices for Industrial Products**	**101.0**	**93.6**	**97.0**
#轻工业	Light Industry	100.2	103.2	103.8
以农产品为原料	Using Farm Products as Raw Materials	100.3	105.8	106.7
以非农产品为原料	Using Non-farm Products as Raw Materials	100.0	99.3	99.3
重工业	Heavy Industry	101.2	91.2	95.2
采 掘	Mining and Quarrying Industry	103.8	62.8	82.2
原材料	Raw Materials Industry	100.5	86.2	92.8
加 工	Processing Industry	101.2	97.7	98.2
#生产资料	Means of Production	100.5	90.6	95.3
采 掘	Mining and Quarrying Industry	103.8	62.8	82.2
原材料	Raw Materials Industry	100.4	85.8	92.8
加 工	Processing Industry	100.2	97.4	98.4
生活资料	Consumer Goods	102.2	102.2	101.8
食 品	Food	100.7	107.7	108.5
衣 着	Clothing	99.9	100.0	100.5
一般日用品	Articles for Daily Use	99.8	98.2	98.6
耐用消费品	Durable Consumer Goods	105.1	99.0	97.0
按工业部门分	**By Industrial Sector**			
冶金工业	Metallurgical Industry	100.3	92.6	96.0
电力工业	Power Industry	100.4	98.5	97.7
煤炭及炼焦工业	Coal Industry	100.2	99.8	100.0
石油工业	Petroleum Industry	105.5	57.8	80.9
化学工业	Chemical Industry	99.4	91.4	93.1
机械工业	Machine Building Industry	101.5	100.0	99.1
建筑材料工业	Building Materials Industry	99.6	98.6	101.5
森林工业	Timber Industry	100.5	100.6	101.5
食品工业	Food Industry	100.8	108.4	109.1
纺织工业	Textile Industry	99.8	101.1	101.0
缝纫工业	Tailoring Industry	99.9	100.0	100.7
皮革工业	Leather Industry	99.6	101.4	101.6
造纸工业	Paper Industry	96.7	91.9	94.8
文教艺术用品工业	Cultural, Educational & Handicrafts Articles	100.6	103.4	103.3
其他工业	Other Industry	100.0	98.9	99.2

3-12 工业生产者出厂价格月度指数
Monthly Producer Price Indices for Industrial Products
(2020年6月)

项 目	Item	环比	同比	1-6月平均
工业生产者出厂价格指数	**Producer Price Indices for Industrial Products**	**101.7**	**95.9**	**96.8**
#轻工业	Light Industry	100.0	102.5	103.6
以农产品为原料	Using Farm Products as Raw Materials	100.0	105.1	106.4
以非农产品为原料	Using Non-farm Products as Raw Materials	99.9	98.6	99.2
重工业	Heavy Industry	102.2	94.2	95.0
采 掘	Mining and Quarrying Industry	117.6	76.7	81.2
原材料	Raw Materials Industry	102.0	89.7	92.2
加 工	Processing Industry	100.6	98.5	98.2
#生产资料	Means of Production	102.5	93.8	95.0
采 掘	Mining and Quarrying Industry	117.6	76.7	81.2
原材料	Raw Materials Industry	102.3	89.3	92.2
加 工	Processing Industry	100.8	98.4	98.4
生活资料	Consumer Goods	99.7	101.7	101.8
食 品	Food	100.2	106.8	108.2
衣 着	Clothing	100.0	100.1	100.4
一般日用品	Articles for Daily Use	100.0	98.0	98.5
耐用消费品	Durable Consumer Goods	99.1	98.5	97.3
按工业部门分	**By Industrial Sector**			
冶金工业	Metallurgical Industry	102.4	96.2	96.0
电力工业	Power Industry	99.3	98.0	97.7
煤炭及炼焦工业	Coal Industry	100.3	99.9	99.9
石油工业	Petroleum Industry	118.7	72.0	79.4
化学工业	Chemical Industry	100.8	92.6	93.1
机械工业	Machine Building Industry	99.7	99.3	99.1
建筑材料工业	Building Materials Industry	99.6	98.2	101.0
森林工业	Timber Industry	101.3	101.0	101.4
食品工业	Food Industry	100.2	107.4	108.8
纺织工业	Textile Industry	99.9	101.2	101.1
缝纫工业	Tailoring Industry	100.0	100.0	100.6
皮革工业	Leather Industry	99.9	101.5	101.6
造纸工业	Paper Industry	98.5	90.8	94.1
文教艺术用品工业	Cultural, Educational & Handicrafts Articles	100.2	103.3	103.3
其他工业	Other Industry	99.4	98.7	99.2

3-13 工业生产者出厂价格月度指数
Monthly Producer Price Indices for Industrial Products
(2020年7月)

项　　目	Item	环比	同比	1-7月平均
工业生产者出厂价格指数	**Producer Price Indices for Industrial Products**	**101.4**	**97.0**	**96.8**
#轻工业	Light Industry	100.0	102.4	103.4
以农产品为原料	Using Farm Products as Raw Materials	100.2	104.8	106.2
以非农产品为原料	Using Non-farm Products as Raw Materials	99.8	98.7	99.1
重工业	Heavy Industry	101.8	95.6	95.1
采　掘	Mining and Quarrying Industry	106.4	83.6	81.6
原材料	Raw Materials Industry	101.6	90.2	92.0
加　工	Processing Industry	101.2	99.3	98.4
#生产资料	Means of Production	101.9	95.4	95.1
采　掘	Mining and Quarrying Industry	106.4	83.6	81.6
原材料	Raw Materials Industry	101.7	89.9	91.9
加　工	Processing Industry	101.3	99.3	98.5
生活资料	Consumer Goods	100.1	101.3	101.7
食　品	Food	100.1	106.2	107.9
衣　着	Clothing	99.4	99.4	100.3
一般日用品	Articles for Daily Use	100.1	97.9	98.4
耐用消费品	Durable Consumer Goods	100.3	98.4	97.4
按工业部门分	**By Industrial Sector**			
冶金工业	Metallurgical Industry	102.7	97.3	96.2
电力工业	Power Industry	100.1	98.1	97.8
煤炭及炼焦工业	Coal Industry	100.1	100.7	100.1
石油工业	Petroleum Industry	107.2	77.4	79.1
化学工业	Chemical Industry	100.4	93.7	93.1
机械工业	Machine Building Industry	100.4	99.9	99.2
建筑材料工业	Building Materials Industry	99.3	97.3	100.5
森林工业	Timber Industry	100.8	102.7	101.6
食品工业	Food Industry	100.1	106.8	108.5
纺织工业	Textile Industry	100.0	101.6	101.1
缝纫工业	Tailoring Industry	99.3	99.3	100.4
皮革工业	Leather Industry	99.9	101.3	101.6
造纸工业	Paper Industry	102.8	94.2	94.2
文教艺术用品工业	Cultural, Educational & Handicrafts Articles	99.9	103.0	103.2
其他工业	Other Industry	99.8	98.2	99.0

3-14 工业生产者出厂价格月度指数
Monthly Producer Price Indices for Industrial Products
(2020年8月)

项　　目	Item	环比	同比	1-8月平均
工业生产者出厂价格指数	**Producer Price Indices for Industrial Products**	**100.3**	**97.7**	**96.9**
#轻工业	Light Industry	99.8	101.2	103.1
以农产品为原料	Using Farm Products as Raw Materials	99.8	102.6	105.7
以非农产品为原料	Using Non-farm Products as Raw Materials	99.8	99.1	99.1
重工业	Heavy Industry	100.5	96.8	95.3
采　掘	Mining and Quarrying Industry	100.9	86.0	82.1
原材料	Raw Materials Industry	100.5	90.8	91.8
加　工	Processing Industry	100.4	100.5	98.6
#生产资料	Means of Production	100.5	96.5	95.3
采　掘	Mining and Quarrying Industry	100.9	86.0	82.1
原材料	Raw Materials Industry	100.7	90.3	91.7
加　工	Processing Industry	100.3	100.3	98.7
生活资料	Consumer Goods	100.0	101.1	101.6
食　品	Food	100.0	103.6	107.3
衣　着	Clothing	100.0	99.5	100.2
一般日用品	Articles for Daily Use	99.8	98.7	98.5
耐用消费品	Durable Consumer Goods	100.0	99.9	97.7
按工业部门分	**By Industrial Sector**			
冶金工业	Metallurgical Industry	101.6	99.7	96.6
电力工业	Power Industry	100.3	98.4	97.8
煤炭及炼焦工业	Coal Industry	99.9	100.0	100.1
石油工业	Petroleum Industry	101.3	80.0	79.2
化学工业	Chemical Industry	99.2	93.8	93.2
机械工业	Machine Building Industry	99.8	100.4	99.4
建筑材料工业	Building Materials Industry	100.5	97.3	100.0
森林工业	Timber Industry	100.1	102.5	101.7
食品工业	Food Industry	100.1	104.1	107.9
纺织工业	Textile Industry	99.7	101.6	101.2
缝纫工业	Tailoring Industry	100.1	99.5	100.3
皮革工业	Leather Industry	100.2	101.9	101.6
造纸工业	Paper Industry	96.0	91.1	93.8
文教艺术用品工业	Cultural, Educational & Handicrafts Articles	100.1	102.4	103.1
其他工业	Other Industry	100.1	96.9	98.7

3-15 工业生产者出厂价格月度指数
Monthly Producer Price Indices for Industrial Products
(2020年9月)

项 目	Item	环比	同比	1-9月平均
工业生产者出厂价格指数	**Producer Price Indices for Industrial Products**	**99.8**	**97.2**	**96.9**
#轻工业	Light Industry	100.9	101.3	102.9
以农产品为原料	Using Farm Products as Raw Materials	101.4	102.5	105.4
以非农产品为原料	Using Non-farm Products as Raw Materials	100.2	99.6	99.2
重工业	Heavy Industry	99.5	96.1	95.4
采 掘	Mining and Quarrying Industry	96.6	81.0	82.0
原材料	Raw Materials Industry	100.5	92.0	91.8
加 工	Processing Industry	99.6	99.9	98.8
#生产资料	Means of Production	99.6	96.1	95.4
采 掘	Mining and Quarrying Industry	96.6	81.0	82.0
原材料	Raw Materials Industry	100.5	91.5	91.7
加 工	Processing Industry	99.8	100.2	98.9
生活资料	Consumer Goods	100.4	100.2	101.5
食 品	Food	101.6	103.4	106.9
衣 着	Clothing	100.3	100.0	100.2
一般日用品	Articles for Daily Use	99.9	99.0	98.5
耐用消费品	Durable Consumer Goods	99.5	97.5	97.7
按工业部门分	**By Industrial Sector**			
冶金工业	Metallurgical Industry	99.9	100.8	97.1
电力工业	Power Industry	99.7	98.1	97.9
煤炭及炼焦工业	Coal Industry	100.1	99.9	100.0
石油工业	Petroleum Industry	96.5	76.0	78.9
化学工业	Chemical Industry	100.7	94.4	93.3
机械工业	Machine Building Industry	99.6	99.3	99.4
建筑材料工业	Building Materials Industry	100.7	97.0	99.7
森林工业	Timber Industry	101.0	102.8	101.8
食品工业	Food Industry	101.7	103.8	107.5
纺织工业	Textile Industry	100.4	101.4	101.2
缝纫工业	Tailoring Industry	100.4	100.1	100.2
皮革工业	Leather Industry	99.5	101.6	101.6
造纸工业	Paper Industry	100.4	91.7	93.6
文教艺术用品工业	Cultural, Educational & Handicrafts Articles	100.2	100.4	102.8
其他工业	Other Industry	99.8	98.6	98.7

3-16 工业生产者出厂价格月度指数
Monthly Producer Price Indices for Industrial Products
(2020年10月)

项　　目	Item	环比	同比	1-10月平均
工业生产者出厂价格指数	**Producer Price Indices for Industrial Products**	**99.8**	**97.1**	**97.0**
#轻工业	Light Industry	100.2	101.7	102.8
以农产品为原料	Using Farm Products as Raw Materials	100.4	102.8	105.1
以非农产品为原料	Using Non-farm Products as Raw Materials	100.0	100.1	99.3
重工业	Heavy Industry	99.7	95.9	95.4
采　掘	Mining and Quarrying Industry	97.7	79.9	81.8
原材料	Raw Materials Industry	100.8	92.9	91.9
加　工	Processing Industry	99.6	99.4	98.8
#生产资料	Means of Production	100.0	96.2	95.4
采　掘	Mining and Quarrying Industry	97.7	79.9	81.8
原材料	Raw Materials Industry	100.9	92.6	91.8
加　工	Processing Industry	100.0	100.2	99.0
生活资料	Consumer Goods	99.3	99.6	101.3
食　品	Food	100.5	103.8	106.6
衣　着	Clothing	100.1	100.3	100.2
一般日用品	Articles for Daily Use	99.9	99.9	98.7
耐用消费品	Durable Consumer Goods	97.8	95.3	97.5
按工业部门分	**By Industrial Sector**			
冶金工业	Metallurgical Industry	100.7	101.9	97.6
电力工业	Power Industry	98.7	96.8	97.8
煤炭及炼焦工业	Coal Industry	100.2	100.5	100.1
石油工业	Petroleum Industry	96.1	73.1	78.3
化学工业	Chemical Industry	102.5	96.5	93.7
机械工业	Machine Building Industry	99.2	98.4	99.3
建筑材料工业	Building Materials Industry	99.4	96.4	99.4
森林工业	Timber Industry	99.6	102.2	101.9
食品工业	Food Industry	100.4	104.0	107.1
纺织工业	Textile Industry	99.9	99.7	101.1
缝纫工业	Tailoring Industry	100.2	100.4	100.3
皮革工业	Leather Industry	99.1	100.7	101.5
造纸工业	Paper Industry	101.0	93.5	93.6
文教艺术用品工业	Cultural, Educational & Handicrafts Articles	99.7	101.0	102.6
其他工业	Other Industry	100.0	100.5	98.9

3-17 工业生产者出厂价格月度指数
Monthly Producer Price Indices for Industrial Products
(2020年11月)

项　目	Item	环比	同比	1-11月平均
工业生产者出厂价格指数	**Producer Price Indices for Industrial Products**	**100.3**	**97.1**	**97.0**
#轻工业	Light Industry	100.6	101.4	102.7
以农产品为原料	Using Farm Products as Raw Materials	100.7	101.9	104.8
以非农产品为原料	Using Non-farm Products as Raw Materials	100.4	100.5	99.4
重工业	Heavy Industry	100.2	96.0	95.5
采　掘	Mining and Quarrying Industry	100.8	79.2	81.6
原材料	Raw Materials Industry	100.8	93.7	92.1
加　工	Processing Industry	100.0	99.5	98.9
#生产资料	Means of Production	100.5	96.5	95.5
采　掘	Mining and Quarrying Industry	100.8	79.2	81.6
原材料	Raw Materials Industry	100.9	93.2	91.9
加　工	Processing Industry	100.3	100.7	99.2
生活资料	Consumer Goods	99.8	98.7	101.0
食　品	Food	100.6	102.7	106.2
衣　着	Clothing	100.2	100.3	100.2
一般日用品	Articles for Daily Use	100.2	99.7	98.8
耐用消费品	Durable Consumer Goods	98.7	94.0	97.1
按工业部门分	**By Industrial Sector**			
冶金工业	Metallurgical Industry	100.4	102.4	98.0
电力工业	Power Industry	100.2	98.7	97.8
煤炭及炼焦工业	Coal Industry	100.0	100.5	100.1
石油工业	Petroleum Industry	100.7	72.4	77.7
化学工业	Chemical Industry	101.5	98.3	94.1
机械工业	Machine Building Industry	99.7	98.2	99.2
建筑材料工业	Building Materials Industry	100.2	97.0	99.1
森林工业	Timber Industry	99.1	100.2	101.7
食品工业	Food Industry	100.7	103.0	106.7
纺织工业	Textile Industry	100.0	98.6	100.8
缝纫工业	Tailoring Industry	100.3	100.5	100.3
皮革工业	Leather Industry	99.8	100.4	101.4
造纸工业	Paper Industry	101.9	94.5	93.6
文教艺术用品工业	Cultural, Educational & Handicrafts Articles	100.3	101.7	102.5
其他工业	Other Industry	100.3	99.8	99.0

3-18 工业生产者出厂价格月度指数
Monthly Producer Price Indices for Industrial Products
(2020年12月)

项　　目	Item	环比	同比	1-12月平均
工业生产者出厂价格指数	**Producer Price Indices for Industrial Products**	**101.8**	**98.4**	**97.1**
#轻工业	Light Industry	100.4	101.3	102.5
以农产品为原料	Using Farm Products as Raw Materials	100.7	102.1	104.5
以非农产品为原料	Using Non-farm Products as Raw Materials	100.1	100.1	99.4
重工业	Heavy Industry	102.2	97.7	95.7
采　掘	Mining and Quarrying Industry	107.0	81.6	81.6
原材料	Raw Materials Industry	103.1	96.3	92.4
加　工	Processing Industry	101.2	100.9	99.1
#生产资料	Means of Production	102.3	98.3	95.8
采　掘	Mining and Quarrying Industry	107.0	81.6	81.6
原材料	Raw Materials Industry	103.4	96.1	92.2
加　工	Processing Industry	101.4	102.1	99.4
生活资料	Consumer Goods	100.3	98.8	100.9
食　品	Food	100.8	102.8	105.9
衣　着	Clothing	99.9	100.2	100.2
一般日用品	Articles for Daily Use	100.0	98.7	98.7
耐用消费品	Durable Consumer Goods	100.0	94.7	96.9
按工业部门分	**By Industrial Sector**			
冶金工业	Metallurgical Industry	103.0	106.0	98.7
电力工业	Power Industry	99.8	98.6	97.9
煤炭及炼焦工业	Coal Industry	100.2	100.4	100.1
石油工业	Petroleum Industry	110.1	76.3	77.6
化学工业	Chemical Industry	101.2	100.2	94.6
机械工业	Machine Building Industry	100.2	98.4	99.1
建筑材料工业	Building Materials Industry	100.2	96.9	99.0
森林工业	Timber Industry	99.7	100.1	101.6
食品工业	Food Industry	100.8	103.1	106.4
纺织工业	Textile Industry	100.8	99.8	100.8
缝纫工业	Tailoring Industry	100.0	100.4	100.3
皮革工业	Leather Industry	99.7	100.0	101.3
造纸工业	Paper Industry	100.1	95.0	93.7
文教艺术用品工业	Cultural, Educational & Handicrafts Articles	99.8	101.6	102.5
其他工业	Other Industry	99.7	97.1	98.8

3-19 工业生产者购进价格指数
Purchasing Price Indices for Industrial Producers (2016-2020)

(上年=100) (preceding year=100)

项目	Item	2016	2017	2018	2019	2020
工业生产者购进价格指数	**Purchasing Price Indices for Industrial Producers**	**98.3**	**111.1**	**106.2**	**98.8**	**96.9**
燃料、动力类	Fuels and Power	93.2	117.2	111.4	96.6	86.2
黑色金属材料类	Ferrous Metals	102.4	123.6	111.2	98.6	99.4
#钢 材	Rolled-Steel	104.0	125.2	108.9	97.3	98.5
其 他	Others	99.7	120.9	115.3	100.7	100.8
有色金属材料及电线类	Nonferrous Metals	98.4	119.0	104.4	97.4	100.1
化工原料类	Raw Chemical Materials	98.0	108.7	104.7	93.5	91.0
木材及纸浆类	Timber and Paper Pulp	98.2	102.6	106.6	98.3	96.1
建筑材料及非金属矿类	Building Materials	92.3	120.3	116.9	98.3	93.4
其他工业原材料及半成品类	Other Industrial Raw Materials and Semi-products	99.0	104.3	102.3	100.2	100.1
农副产品类	Agricultural Products	102.7	99.6	98.4	114.5	125.4
纺织原料类	Textile Materials	99.5	104.9	100.4	100.5	93.3

3-20 工业生产者购进价格月度指数
Monthly Purchasing Price Indices for Industrial Producers
(2020年1月)

项目	Item	环比	同比	1-1月平均
工业生产者购进价格指数	**Purchasing Price Indices for Industrial Producers**	**99.9**	**100.0**	**100.0**
燃料、动力类	Fuels and Power	101.5	101.4	101.4
黑色金属材料类	Ferrous Metals	99.9	100.7	100.7
#钢 材	Rolled-Steel	100.2	100.4	100.4
其 他	Others	99.4	101.3	101.3
有色金属材料及电线类	Nonferrous Metals	100.8	100.3	100.3
化工原料类	Raw Chemical Materials	99.1	92.1	92.1
木材及纸浆类	Timber and Paper Pulp	100.4	96.2	96.2
建筑材料及非金属矿类	Building Materials	96.9	89.4	89.4
其他工业原材料及半成品类	Other Industrial Raw Materials and Semi-products	99.8	99.4	99.4
农副产品类	Agricultural Products	99.2	137.6	137.6
纺织原料类	Textile Materials	97.5	92.7	92.7

3-21 工业生产者购进价格月度指数
Monthly Purchasing Price Indices for Industrial Producers
(2020年2月)

项　　目	Item	环比	同比	1-2月平均
工业生产者购进价格指数	**Purchasing Price Indices for Industrial Producers**	**99.1**	**99.3**	**99.7**
燃料、动力类	Fuels and Power	96.9	97.4	99.4
黑色金属材料类	Ferrous Metals	99.4	100.4	100.6
#钢　材	Rolled-Steel	99.3	99.8	100.1
其　他	Others	99.4	101.4	101.4
有色金属材料及电线类	Nonferrous Metals	99.9	100.2	100.2
化工原料类	Raw Chemical Materials	99.4	92.2	92.1
木材及纸浆类	Timber and Paper Pulp	100.2	97.4	96.8
建筑材料及非金属矿类	Building Materials	99.9	93.6	91.4
其他工业原材料及半成品类	Other Industrial Raw Materials and Semi-products	99.6	99.2	99.3
农副产品类	Agricultural Products	99.8	138.5	138.1
纺织原料类	Textile Materials	100.3	93.0	92.9

3-22 工业生产者购进价格月度指数
Monthly Purchasing Price Indices for Industrial Producers
(2020年3月)

项　　目	Item	环比	同比	1-3月平均
工业生产者购进价格指数	**Purchasing Price Indices for Industrial Producers**	**98.0**	**97.1**	**98.8**
燃料、动力类	Fuels and Power	93.9	89.7	96.1
黑色金属材料类	Ferrous Metals	97.7	97.9	99.7
#钢　材	Rolled-Steel	97.7	98.0	99.4
其　他	Others	97.8	97.9	100.2
有色金属材料及电线类	Nonferrous Metals	97.2	96.5	99.0
化工原料类	Raw Chemical Materials	97.5	90.3	91.5
木材及纸浆类	Timber and Paper Pulp	99.9	98.0	97.2
建筑材料及非金属矿类	Building Materials	99.3	94.7	92.5
其他工业原材料及半成品类	Other Industrial Raw Materials and Semi-products	99.4	98.7	99.1
农副产品类	Agricultural Products	104.8	140.9	139.0
纺织原料类	Textile Materials	99.5	93.3	93.0

3-23 工业生产者购进价格月度指数
Monthly Purchasing Price Indices for Industrial Producers
(2020年4月)

项目	Item	环比	同比	1-4月平均
工业生产者购进价格指数	**Purchasing Price Indices for Industrial Producers**	**96.3**	**93.8**	**97.5**
燃料、动力类	Fuels and Power	85.0	76.5	91.2
黑色金属材料类	Ferrous Metals	98.3	96.2	98.8
#钢材	Rolled-Steel	98.1	95.6	98.5
其他	Others	98.7	97.1	99.4
有色金属材料及电线类	Nonferrous Metals	94.7	90.8	96.9
化工原料类	Raw Chemical Materials	97.4	88.8	90.8
木材及纸浆类	Timber and Paper Pulp	95.1	94.0	96.4
建筑材料及非金属矿类	Building Materials	98.2	94.7	93.0
其他工业原材料及半成品类	Other Industrial Raw Materials and Semi-products	99.7	98.8	99.0
农副产品类	Agricultural Products	100.6	138.9	139.0
纺织原料类	Textile Materials	99.8	93.2	93.1

3-24 工业生产者购进价格月度指数
Monthly Purchasing Price Indices for Industrial Producers
(2020年5月)

项目	Item	环比	同比	1-5月平均
工业生产者购进价格指数	**Purchasing Price Indices for Industrial Producers**	**98.7**	**92.2**	**96.5**
燃料、动力类	Fuels and Power	94.9	71.3	87.1
黑色金属材料类	Ferrous Metals	99.9	95.1	98.1
#钢材	Rolled-Steel	100.4	95.4	97.8
其他	Others	99.1	94.6	98.4
有色金属材料及电线类	Nonferrous Metals	99.6	92.2	96.0
化工原料类	Raw Chemical Materials	95.7	85.2	89.7
木材及纸浆类	Timber and Paper Pulp	101.0	92.6	95.6
建筑材料及非金属矿类	Building Materials	99.6	93.6	93.1
其他工业原材料及半成品类	Other Industrial Raw Materials and Semi-products	100.3	99.5	99.1
农副产品类	Agricultural Products	98.3	132.9	137.7
纺织原料类	Textile Materials	100.0	93.2	93.1

3-25 工业生产者购进价格月度指数
Monthly Purchasing Price Indices for Industrial Producers
(2020年6月)

项 目	Item	环比	同比	1-6月平均
工业生产者购进价格指数	**Purchasing Price Indices for Industrial Producers**	**101.5**	**94.0**	**96.1**
燃料、动力类	Fuels and Power	107.0	77.1	85.4
黑色金属材料类	Ferrous Metals	101.1	96.2	97.8
#钢 材	Rolled-Steel	100.8	96.4	97.6
其 他	Others	101.5	95.7	98.0
有色金属材料及电线类	Nonferrous Metals	102.3	95.4	95.9
化工原料类	Raw Chemical Materials	101.8	87.8	89.4
木材及纸浆类	Timber and Paper Pulp	99.7	93.2	95.2
建筑材料及非金属矿类	Building Materials	100.2	93.3	93.2
其他工业原材料及半成品类	Other Industrial Raw Materials and Semi-products	99.9	100.0	99.3
农副产品类	Agricultural Products	100.4	126.5	135.7
纺织原料类	Textile Materials	100.0	92.8	93.1

3-26 工业生产者购进价格月度指数
Monthly Purchasing Price Indices for Industrial Producers
(2020年7月)

项 目	Item	环比	同比	1-7月平均
工业生产者购进价格指数	**Purchasing Price Indices for Industrial Producers**	**102.0**	**96.5**	**96.1**
燃料、动力类	Fuels and Power	106.6	85.1	85.4
黑色金属材料类	Ferrous Metals	102.2	97.3	97.7
#钢 材	Rolled-Steel	101.4	97.0	97.5
其 他	Others	103.6	97.8	98.0
有色金属材料及电线类	Nonferrous Metals	105.3	99.8	96.5
化工原料类	Raw Chemical Materials	99.9	89.7	89.5
木材及纸浆类	Timber and Paper Pulp	101.3	94.2	95.1
建筑材料及非金属矿类	Building Materials	99.3	93.6	93.2
其他工业原材料及半成品类	Other Industrial Raw Materials and Semi-products	100.7	100.5	99.4
农副产品类	Agricultural Products	103.3	128.8	134.6
纺织原料类	Textile Materials	99.6	92.9	93.0

3-27 工业生产者购进价格月度指数
Monthly Purchasing Price Indices for Industrial Producers
(2020年8月)

项 目	Item	环比	同比	1-8月平均
工业生产者购进价格指数	**Purchasing Price Indices for Industrial Producers**	**100.7**	**97.0**	**96.2**
燃料、动力类	Fuels and Power	101.2	86.6	85.5
黑色金属材料类	Ferrous Metals	100.9	97.4	97.7
#钢 材	Rolled-Steel	101.3	98.0	97.6
其 他	Others	100.4	96.6	97.8
有色金属材料及电线类	Nonferrous Metals	103.1	103.6	97.3
化工原料类	Raw Chemical Materials	100.2	89.7	89.5
木材及纸浆类	Timber and Paper Pulp	102.7	93.9	94.9
建筑材料及非金属矿类	Building Materials	99.1	92.9	93.2
其他工业原材料及半成品类	Other Industrial Raw Materials and Semi-products	100.4	100.6	99.6
农副产品类	Agricultural Products	100.6	129.3	133.9
纺织原料类	Textile Materials	98.9	92.5	93.0

3-28 工业生产者购进价格月度指数
Monthly Purchasing Price Indices for Industrial Producers
(2020年9月)

项 目	Item	环比	同比	1-9月平均
工业生产者购进价格指数	**Purchasing Price Indices for Industrial Producers**	**100.7**	**97.7**	**96.4**
燃料、动力类	Fuels and Power	100.9	88.0	85.8
黑色金属材料类	Ferrous Metals	102.4	100.9	98.0
#钢 材	Rolled-Steel	100.9	99.5	97.8
其 他	Others	104.9	103.2	98.4
有色金属材料及电线类	Nonferrous Metals	101.4	104.1	98.1
化工原料类	Raw Chemical Materials	101.6	91.6	89.7
木材及纸浆类	Timber and Paper Pulp	100.6	97.7	95.2
建筑材料及非金属矿类	Building Materials	99.9	93.7	93.3
其他工业原材料及半成品类	Other Industrial Raw Materials and Semi-products	100.2	100.5	99.7
农副产品类	Agricultural Products	98.4	116.2	131.6
纺织原料类	Textile Materials	98.2	93.3	93.0

3-29　工业生产者购进价格月度指数
Monthly Purchasing Price Indices for Industrial Producers
(2020年10月)

项　　目	Item	环比	同比	1-10月平均
工业生产者购进价格指数	**Purchasing Price Indices for Industrial Producers**	**100.3**	**97.5**	**96.5**
燃料、动力类	Fuels and Power	99.3	86.2	85.8
黑色金属材料类	Ferrous Metals	100.9	102.2	98.4
#钢　材	Rolled-Steel	100.1	99.4	98.0
其　他	Others	102.1	106.9	99.2
有色金属材料及电线类	Nonferrous Metals	99.5	104.0	98.7
化工原料类	Raw Chemical Materials	101.1	92.1	89.9
木材及纸浆类	Timber and Paper Pulp	99.6	99.3	95.6
建筑材料及非金属矿类	Building Materials	100.0	93.5	93.3
其他工业原材料及半成品类	Other Industrial Raw Materials and Semi-products	100.5	101.0	99.8
农副产品类	Agricultural Products	98.8	109.6	129.0
纺织原料类	Textile Materials	100.5	92.8	93.0

3-30　工业生产者购进价格月度指数
Monthly Purchasing Price Indices for Industrial Producers
(2020年11月)

项　　目	Item	环比	同比	1-11月平均
工业生产者购进价格指数	**Purchasing Price Indices for Industrial Producers**	**100.6**	**98.4**	**96.7**
燃料、动力类	Fuels and Power	100.4	87.8	86.0
黑色金属材料类	Ferrous Metals	100.0	103.0	98.8
#钢　材	Rolled-Steel	100.3	100.6	98.2
其　他	Others	99.5	107.1	100.0
有色金属材料及电线类	Nonferrous Metals	100.7	104.8	99.2
化工原料类	Raw Chemical Materials	102.7	95.7	90.4
木材及纸浆类	Timber and Paper Pulp	98.5	98.8	95.9
建筑材料及非金属矿类	Building Materials	100.2	93.7	93.3
其他工业原材料及半成品类	Other Industrial Raw Materials and Semi-products	100.2	100.8	99.9
农副产品类	Agricultural Products	102.1	111.3	127.1
纺织原料类	Textile Materials	100.3	94.2	93.1

3-31 工业生产者购进价格月度指数
Monthly Purchasing Price Indices for Industrial Producers
(2020年12月)

项 目	Item	环比	同比	1-12月平均
工业生产者购进价格指数	**Purchasing Price Indices for Industrial Producers**	**101.7**	**99.6**	**96.9**
燃料、动力类	Fuels and Power	101.9	88.0	86.2
黑色金属材料类	Ferrous Metals	102.6	105.2	99.4
#钢 材	Rolled-Steel	102.0	102.3	98.5
其 他	Others	103.4	110.1	100.8
有色金属材料及电线类	Nonferrous Metals	105.6	110.0	100.1
化工原料类	Raw Chemical Materials	100.7	96.9	91.0
木材及纸浆类	Timber and Paper Pulp	99.0	97.8	96.1
建筑材料及非金属矿类	Building Materials	101.7	94.4	93.4
其他工业原材料及半成品类	Other Industrial Raw Materials and Semi-products	101.2	101.9	100.1
农副产品类	Agricultural Products	103.1	109.5	125.4
纺织原料类	Textile Materials	100.6	95.3	93.3

3-32 住宅销售价格指数
Housing Price Indices of Residential Buildings
(2020年1-12月)

(上年同月=100) (same month of preceding year=100)

项 目	Item	1月	2月	3月	4月	5月	6月
新建商品住宅	**Newly Constructed Commercial Residential Buildings**	**101.3**	**100.5**	**100.1**	**99.6**	**99.7**	**100.0**
90平方米以下	$90m^2$ and below	100.5	99.4	99.0	98.7	98.4	98.8
90-144平方米	$90\text{-}144m^2$	100.8	100.0	99.2	98.9	99.3	99.3
144平方米以上	Above $144m^2$	102.7	102.2	102.7	101.4	101.6	102.0
二手住宅	**Second-Hand Residential Buildings**	**99.2**	**98.2**	**97.7**	**96.7**	**95.7**	**95.4**
90平方米以下	$90m^2$ and below	97.2	96.7	95.9	94.4	93.3	93.2
90-144平方米	$90\text{-}144m^2$	101.0	99.5	99.3	98.8	98.1	97.9
144平方米以上	Above $144m^2$	100.2	99.5	98.5	97.6	96.3	95.3

3-32 续表 continued

(上年同月=100) (same month of preceding year=100)

项 目	Item	7月	8月	9月	10月	11月	12月
新建商品住宅	**Newly Constructed Commercial Residential Buildings**	**100.7**	**100.9**	**100.8**	**100.8**	**101.1**	**101.1**
90平方米以下	$90m^2$ and below	99.8	100.1	100.1	100.1	100.5	100.5
90-144平方米	$90\text{-}144m^2$	100.0	100.0	99.9	99.6	100.2	100.3
144平方米以上	Above $144m^2$	102.8	103.0	103.2	103.4	103.0	103.0
二手住宅	**Second-Hand Residential Buildings**	**95.8**	**95.5**	**95.4**	**95.8**	**95.6**	**96.0**
90平方米以下	$90m^2$ and below	94.4	93.9	94.2	95.2	95.8	96.1
90-144平方米	$90\text{-}144m^2$	97.4	97.3	96.7	96.5	95.5	96.0
144平方米以上	Above $144m^2$	95.3	95.4	94.9	95.4	95.1	95.5

3-33　各省(自治区、直辖市)工业生产者出厂价格指数
Producer Price Indices for Industrial Products by Region (2016-2020)

(上年=100)　(preceding year=100)

地　区	Region	2016	2017	2018	2019	2020
全　国	**National**	**98.6**	**106.3**	**103.5**	**99.7**	**98.2**
北　京	Beijing	98.1	100.7	100.0	99.6	99.1
天　津	Tianjin	97.9	108.4	105.4	99.3	97.1
河　北	Hebei	99.9	115.0	106.2	100.2	98.5
山　西	Shanxi	96.8	119.4	106.7	99.7	96.7
内蒙古	Inner Mongolia	98.9	110.6	103.2	102.1	99.7
辽　宁	Liaoning	98.8	108.1	104.8	99.5	97.0
吉　林	Jilin	98.4	103.1	102.8	98.9	98.6
黑龙江	Heilongjiang	95.1	109.3	109.0	98.2	93.4
上　海	Shanghai	98.8	103.5	101.7	98.8	98.3
江　苏	Jiangsu	98.1	104.8	102.8	98.9	97.8
浙　江	Zhejiang	98.3	104.8	103.4	98.9	96.9
安　徽	Anhui	98.5	108.0	103.0	100.3	99.1
福　建	Fujian	99.1	104.1	102.8	100.6	98.4
江　西	Jiangxi	98.6	107.9	104.2	98.9	98.3
山　东	Shandong	98.5	105.5	103.7	99.7	98.1
河　南	Henan	99.0	106.8	103.6	100.2	99.2
湖　北	Hubei	99.0	105.6	104.2	100.2	99.1
湖　南	Hunan	98.9	105.8	103.2	99.6	99.0
广　东	Guangdong	99.4	103.3	101.8	100.2	99.0
广　西	Guangxi	99.1	107.6	103.2	99.3	99.4
海　南	Hainan	96.0	108.8	108.2	97.4	93.8
重　庆	Chongqing	98.6	104.1	102.1	99.8	99.1
四　川	Sichuan	98.9	106.5	103.6	100.4	98.8
贵　州	Guizhou	97.9	107.2	101.8	99.8	98.3
云　南	Yunnan	97.6	105.2	102.4	100.0	98.6
西　藏	Tibet	102.9	110.0	100.1	98.9	99.4
陕　西	Shaanxi	97.6	110.8	105.4	100.8	95.1
甘　肃	Gansu	94.9	114.5	109.5	98.3	93.9
青　海	Qinghai	98.5	116.7	104.8	98.5	96.6
宁　夏	Ningxia	99.1	112.1	107.3	99.4	96.9
新　疆	Xinjiang	94.5	113.7	111.2	98.5	91.6

3-34 各省(自治区、直辖市)工业生产者购进价格指数
Purchasing Price Indices for Industrial Producers by Region (2016-2020)

(上年=100) (preceding year=100)

地 区	Region	2016	2017	2018	2019	2020
全 国	**National**	**98.0**	**108.1**	**104.1**	**99.3**	**97.7**
北 京	Beijing	98.5	104.4	100.8	99.6	99.5
天 津	Tianjin	98.3	111.1	106.2	98.8	96.9
河 北	Hebei	98.3	114.5	104.0	102.1	98.4
山 西	Shanxi	98.1	115.2	105.5	101.1	97.2
内蒙古	Inner Mongolia	97.4	106.3	102.4	101.1	99.5
辽 宁	Liaoning	97.9	108.0	104.5	100.8	98.2
吉 林	Jilin	97.8	103.4	103.5	99.2	98.7
黑龙江	Heilongjiang	96.0	110.2	109.0	100.3	95.1
上 海	Shanghai	97.7	108.9	105.2	98.7	96.9
江 苏	Jiangsu	98.0	109.7	104.6	97.2	96.5
浙 江	Zhejiang	97.8	109.6	105.1	97.1	95.9
安 徽	Anhui	98.4	109.2	105.3	99.9	98.5
福 建	Fujian	98.0	105.3	102.8	99.0	98.6
江 西	Jiangxi	97.7	107.2	103.2	98.2	97.0
山 东	Shandong	98.0	107.3	103.6	99.2	97.5
河 南	Henan	99.2	107.3	104.0	101.2	99.4
湖 北	Hubei	98.3	108.3	104.8	99.3	98.4
湖 南	Hunan	98.0	107.2	103.5	100.2	98.9
广 东	Guangdong	98.0	105.3	102.5	99.2	97.4
广 西	Guangxi	98.3	106.5	103.4	99.5	98.5
海 南	Hainan	94.8	112.4	110.8	103.1	92.0
重 庆	Chongqing	98.4	104.4	102.5	100.1	99.9
四 川	Sichuan	98.8	108.3	105.3	100.6	98.1
贵 州	Guizhou	98.5	109.7	103.4	99.4	98.6
云 南	Yunnan	95.9	106.2	104.4	99.0	97.3
西 藏	Tibet					
陕 西	Shaanxi	95.9	106.4	104.2	100.3	97.6
甘 肃	Gansu	94.6	115.5	109.8	99.0	94.1
青 海	Qinghai	96.2	108.0	104.5	98.2	96.1
宁 夏	Ningxia	96.9	112.9	106.5	97.5	94.7
新 疆	Xinjiang	95.5	112.8	109.2	100.0	93.4

3-35 70个大中城市新建商品住宅销售价格指数
Housing Price Indices of Newly Constructed Residential Buildings in 70 Large and Medium-Sized Cities
(2020年1-12月)

(上年同月=100) (same month of preceding year=100)

地区	City	1月	2月	3月	4月	5月	6月	7月	8月	9月	10月	11月	12月
北京	Beijing	104.1	104.4	104.1	103.3	103.1	103.6	103.3	103.4	103.8	104.2	102.4	102.3
天津	Tianjin	101.3	100.5	100.1	99.6	99.7	100.0	100.7	100.9	100.8	100.8	101.1	101.1
石家庄	Shijiazhuang	108.8	107.6	106.5	106.7	105.6	104.6	104.9	103.6	103.3	103.1	103.6	102.8
太原	Taiyuan	102.9	102.1	101.7	101.3	101.4	101.4	101.2	100.1	99.3	99.0	98.5	99.0
呼和浩特	Hohhot	114.8	113.9	113.7	113.7	113.8	112.0	111.8	109.9	109.0	107.0	105.9	105.1
沈阳	Shenyang	109.2	109.2	108.7	108.8	108.8	108.7	109.0	109.2	108.2	106.8	106.0	105.0
大连	Dalian	108.4	106.9	106.1	105.9	105.3	105.0	104.5	104.2	105.0	105.1	104.9	104.8
长春	Changchun	108.6	107.8	108.0	107.9	107.8	107.2	107.3	107.0	106.3	104.8	103.4	102.3
哈尔滨	Harbin	109.4	108.8	108.1	108.2	107.5	106.5	106.0	105.3	104.1	102.8	101.9	100.8
上海	Shanghai	102.7	102.3	102.4	102.7	103.5	103.7	104.2	104.5	104.5	104.4	104.1	104.2
南京	Nanjing	103.3	103.2	103.3	104.5	105.0	106.1	104.9	105.1	104.3	104.5	104.8	104.9
杭州	Hangzhou	105.0	104.4	105.4	105.2	105.1	105.2	104.9	105.3	105.1	105.2	105.1	104.5
宁波	Ningbo	108.2	107.4	106.5	105.8	106.1	106.0	105.7	105.4	105.1	104.9	104.9	104.4
合肥	Hefei	103.7	102.9	102.3	101.3	101.1	101.4	101.1	100.6	101.4	102.2	103.1	103.6
福州	Fuzhou	103.5	104.0	104.0	103.8	103.4	103.7	103.6	103.3	103.2	103.1	103.5	104.4
厦门	Xiamen	104.4	104.2	103.5	102.8	103.0	103.1	102.4	101.9	102.8	103.7	104.4	104.5
南昌	Nanchang	103.3	103.3	102.3	102.1	101.9	102.0	101.7	101.0	100.5	100.2	100.4	100.8
济南	Jinan	99.7	99.0	97.8	96.8	96.9	96.9	96.8	96.7	97.1	97.9	98.3	99.0
青岛	Qingdao	103.7	103.3	102.3	102.4	101.9	102.5	102.3	102.5	102.9	102.9	102.8	102.8
郑州	Zhengzhou	101.4	101.1	100.5	100.2	99.8	99.6	99.3	99.6	99.3	98.8	99.0	99.2
武汉	Wuhan	111.5	110.3	109.5	108.3	107.4	107.9	107.4	106.8	106.4	105.8	105.1	104.5
长沙	Changsha	104.6	104.7	105.0	105.3	104.8	105.4	105.7	106.3	106.5	106.4	105.8	105.0
广州	Guangzhou	104.2	103.0	101.7	100.7	100.2	100.5	101.0	101.6	102.1	102.7	104.1	105.2
深圳	Shenzhen	104.3	104.3	105.2	104.8	104.9	105.3	105.9	106.2	105.3	105.1	104.9	104.1
南宁	Nanning	112.0	111.3	110.5	110.0	110.2	110.9	111.2	109.6	108.0	106.0	105.6	105.2
海口	Haikou	106.6	106.3	105.8	105.3	103.8	102.9	102.4	103.2	103.1	102.3	102.8	102.7
重庆	Chongqing	107.5	106.5	106.2	106.0	105.0	105.2	104.6	105.3	105.3	105.4	104.7	104.6
成都	Chengdu	110.0	110.6	110.5	110.3	110.4	110.0	109.6	109.9	109.5	108.0	107.2	106.3
贵阳	Guiyang	104.4	103.6	102.6	101.3	100.6	100.0	99.1	99.4	99.9	100.5	101.5	102.5
昆明	Kunming	110.5	109.5	108.6	108.4	108.3	108.3	107.5	107.3	106.1	105.4	105.0	105.6
西安	Xi'an	112.8	111.6	111.0	110.4	108.8	107.8	107.3	108.0	108.0	107.6	107.1	106.9
兰州	Lanzhou	104.7	104.5	104.1	104.6	104.4	104.7	104.5	105.3	105.6	105.8	105.3	105.2
西宁	Xining	114.7	112.7	113.2	113.4	113.9	114.4	113.2	113.4	112.7	110.3	109.5	109.1
银川	Yinchuan	112.8	112.0	112.5	113.0	114.7	115.7	117.6	117.6	116.8	116.6	115.0	114.2
乌鲁木齐	Urumqi	101.1	100.3	99.9	100.2	100.6	100.8	101.3	101.7	101.7	102.5	103.7	103.1

3-35 续表 continued

(上年同月=100) (same month of preceding year=100)

地 区	City	1月	2月	3月	4月	5月	6月	7月	8月	9月	10月	11月	12月
唐 山	Tangshan	113.6	113.2	113.2	114.7	115.0	115.3	116.1	115.4	115.4	113.4	111.7	111.2
秦皇岛	Qinhuangdao	110.4	109.1	108.1	106.9	107.0	106.6	106.0	105.6	106.0	104.7	103.9	103.5
包 头	Baotou	105.9	105.1	104.4	103.4	103.7	103.9	104.3	104.0	103.8	103.4	103.2	102.6
丹 东	Dandong	107.9	107.8	106.2	106.2	106.0	106.0	106.7	106.9	106.7	106.3	106.5	106.6
锦 州	Jinzhou	108.5	108.9	107.5	107.9	108.2	108.7	109.7	111.5	110.6	109.7	108.5	107.5
吉 林	Jilin	109.2	109.0	108.8	108.9	108.3	108.4	108.0	107.7	107.5	106.3	105.1	104.1
牡丹江	Mudanjiang	105.1	104.9	104.5	103.5	102.3	102.1	100.8	101.0	101.3	100.3	100.0	99.0
无 锡	Wuxi	109.0	109.5	109.0	109.5	109.1	109.0	109.6	110.0	108.7	107.8	107.1	106.3
扬 州	Yangzhou	110.5	110.1	109.5	109.5	109.5	109.3	109.1	108.3	107.5	107.7	107.1	106.6
徐 州	Xuzhou	111.5	111.1	111.3	111.6	111.1	111.2	111.6	111.6	111.9	111.9	111.4	110.0
温 州	Wenzhou	104.5	103.9	102.4	103.3	103.4	104.5	105.1	106.1	105.6	105.0	104.4	104.3
金 华	Jinhua	107.9	107.5	107.1	106.6	105.9	106.3	105.4	105.7	105.7	105.5	104.9	105.0
蚌 埠	Bengbu	103.4	103.7	103.8	103.7	103.6	104.1	103.8	104.3	104.3	104.5	104.8	105.3
安 庆	Anqing	102.1	101.7	100.0	99.5	98.8	98.0	97.7	96.9	96.5	96.8	97.5	98.0
泉 州	Quanzhou	103.5	103.5	103.7	103.6	104.5	105.2	105.2	105.6	106.1	105.5	105.6	105.5
九 江	Jiujiang	108.6	108.6	107.7	107.6	107.5	107.5	107.3	106.3	106.1	105.2	104.7	104.1
赣 州	Ganzhou	102.7	103.0	103.2	104.0	104.0	104.7	104.5	105.0	104.3	104.2	104.4	104.2
烟 台	Yantai	109.7	109.9	109.6	109.2	108.7	108.1	107.5	107.7	107.1	106.7	106.3	105.5
济 宁	Jining	109.3	107.9	107.8	107.7	107.3	106.8	107.4	107.4	107.2	107.2	107.9	108.3
洛 阳	Luoyang	112.4	111.9	111.5	110.7	109.0	106.6	106.9	106.6	104.8	103.1	102.5	102.1
平顶山	Pingdingshan	108.6	107.4	106.2	105.6	105.5	105.2	103.9	103.9	104.3	103.7	103.8	103.4
宜 昌	Yichang	100.1	99.3	98.4	98.2	98.2	98.9	99.3	99.9	100.3	101.3	102.1	102.5
襄 阳	Xiangyang	110.0	109.2	108.7	107.8	107.1	106.9	107.0	106.4	105.9	105.1	104.8	104.0
岳 阳	Yueyang	97.9	97.9	97.7	98.0	98.6	99.0	99.1	99.7	100.5	100.2	100.4	101.0
常 德	Changde	103.4	103.7	101.8	100.7	100.7	100.0	100.3	99.5	99.4	98.4	98.4	98.6
惠 州	Huizhou	105.0	105.2	104.9	105.1	105.7	106.8	107.3	108.7	109.2	109.0	108.1	107.6
湛 江	Zhanjiang	104.1	103.1	101.9	101.5	100.7	100.2	100.1	100.1	100.7	100.5	101.4	100.5
韶 关	Shaoguan	99.5	99.1	99.2	99.3	98.0	97.8	97.1	98.4	98.4	99.0	99.4	99.6
桂 林	Guilin	106.7	105.7	104.9	105.5	105.1	104.2	103.1	101.7	101.4	101.5	100.9	100.9
北 海	Beihai	107.7	107.2	106.0	104.7	103.5	102.2	101.2	99.5	99.1	98.2	97.9	97.0
三 亚	Sanya	106.7	106.6	105.8	105.6	104.6	104.1	104.6	105.0	105.5	105.9	105.9	105.7
泸 州	Luzhou	97.9	96.8	96.4	96.2	96.5	97.2	97.4	98.3	98.7	99.4	99.6	99.8
南 充	Nanchong	102.0	101.1	100.5	100.7	101.3	100.3	100.2	99.6	99.2	98.9	98.7	99.1
遵 义	Zunyi	104.2	102.5	102.2	101.6	101.1	100.9	100.5	100.3	99.7	99.8	100.6	100.1
大 理	Dali	114.1	112.1	110.9	110.3	108.2	106.0	104.9	104.7	104.2	103.5	102.5	101.7

3-36 70个大中城市二手住宅销售价格指数
Housing Price Indices of Second-Hand Residential Buildings in 70 Large and Medium-Sized Cities
(2020年1-12月)

(上年同月=100) (same month of preceding year=100)

地 区	City	1月	2月	3月	4月	5月	6月	7月	8月	9月	10月	11月	12月
北 京	Beijing	100.0	99.6	99.3	99.8	101.5	102.2	102.5	103.6	104.5	105.4	106.4	106.3
天 津	Tianjin	99.2	98.2	97.7	96.7	95.7	95.4	95.8	95.5	95.4	95.8	95.6	96.0
石家庄	Shijiazhuang	100.3	99.7	99.1	98.5	97.9	97.6	97.5	97.0	97.6	97.5	97.5	97.5
太 原	Taiyuan	103.3	102.4	103.8	101.9	100.4	99.1	97.7	97.7	96.6	96.5	96.7	96.9
呼和浩特	Hohhot	109.5	107.9	106.3	104.7	102.3	101.4	101.0	101.0	100.4	99.7	99.3	99.2
沈 阳	Shenyang	109.9	109.3	109.0	110.0	110.4	110.4	110.3	109.4	108.8	109.1	108.3	107.8
大 连	Dalian	105.0	104.4	103.8	104.0	103.9	104.1	104.6	104.8	105.1	105.5	105.7	106.1
长 春	Changchun	107.3	107.3	106.5	105.7	105.3	105.3	104.5	103.8	102.7	101.8	100.9	99.8
哈尔滨	Harbin	112.2	111.7	111.5	110.8	110.0	108.3	106.7	104.9	102.6	100.4	98.4	97.0
上 海	Shanghai	101.4	101.6	101.6	102.3	102.8	103.3	103.3	104.1	104.6	105.2	105.5	106.3
南 京	Nanjing	105.6	105.3	104.6	105.0	105.3	105.7	105.2	104.9	103.9	103.8	104.0	104.5
杭 州	Hangzhou	103.0	103.1	103.1	103.2	102.7	103.3	104.6	105.4	105.9	106.4	106.5	106.9
宁 波	Ningbo	108.8	108.3	108.1	108.1	108.2	108.6	108.3	107.7	107.7	107.8	107.9	108.5
合 肥	Hefei	103.1	103.1	103.1	103.0	103.3	103.2	102.5	102.6	103.0	103.5	104.4	104.7
福 州	Fuzhou	103.8	103.5	102.7	103.0	103.4	103.7	103.5	104.4	104.8	103.6	102.8	102.5
厦 门	Xiamen	105.9	105.6	104.1	103.3	103.8	104.3	103.5	103.3	103.3	104.2	104.9	104.8
南 昌	Nanchang	101.5	101.1	100.0	99.3	99.4	99.6	99.4	99.1	98.9	99.0	99.7	99.6
济 南	Jinan	97.2	96.4	95.9	96.1	96.4	96.4	96.7	97.1	96.9	97.3	97.5	97.2
青 岛	Qingdao	94.5	94.2	94.1	94.3	94.5	95.4	95.8	96.6	97.0	97.2	97.7	97.9
郑 州	Zhengzhou	96.6	97.0	96.6	96.0	95.3	95.5	95.4	95.6	95.5	95.5	95.7	96.4
武 汉	Wuhan	97.8	97.8	97.7	97.7	98.0	98.1	98.8	99.0	100.1	100.5	100.5	100.2
长 沙	Changsha	98.8	98.7	98.7	98.1	98.3	98.9	99.5	99.7	100.0	100.3	100.7	101.3
广 州	Guangzhou	98.7	98.8	99.1	99.5	100.1	101.0	102.2	103.9	104.9	105.7	106.7	107.5
深 圳	Shenzhen	108.8	108.8	109.7	110.3	112.0	114.3	114.9	115.9	115.7	115.5	114.6	114.1
南 宁	Nanning	109.0	107.7	106.8	105.5	104.4	103.9	104.1	103.7	103.2	103.6	103.7	103.7
海 口	Haikou	98.6	98.6	98.2	97.2	97.1	97.1	98.0	99.5	100.7	101.1	101.9	102.4
重 庆	Chongqing	100.9	100.1	99.3	98.4	98.1	97.7	97.7	98.6	99.5	99.4	99.3	99.4
成 都	Chengdu	100.6	101.0	101.8	104.1	104.9	105.4	105.2	107.5	108.1	108.4	109.0	108.2
贵 阳	Guiyang	97.2	96.8	96.6	96.1	95.5	95.5	95.0	95.3	95.8	95.9	96.2	96.5
昆 明	Kunming	105.7	105.3	105.5	106.0	105.5	105.2	104.8	103.3	103.1	103.3	102.9	103.0
西 安	Xi'an	100.3	100.4	99.0	98.1	97.7	97.7	98.1	99.0	100.2	101.2	101.7	102.4
兰 州	Lanzhou	108.6	108.4	107.0	107.4	106.4	106.3	106.2	105.5	105.3	104.7	104.4	104.3
西 宁	Xining	112.8	111.7	110.4	109.2	109.1	109.7	109.5	109.5	108.7	108.3	107.7	107.9
银 川	Yinchuan	107.0	107.0	106.3	107.2	108.3	109.2	109.6	109.1	108.9	109.2	108.8	108.5
乌鲁木齐	Urumqi	101.5	100.3	101.4	100.9	101.0	101.3	101.9	103.0	104.0	104.1	105.0	105.8

3-36 续表 continued

(上年同月=100) (same month of preceding year=100)

地区	City	1月	2月	3月	4月	5月	6月	7月	8月	9月	10月	11月	12月
唐山	Tangshan	116.1	116.6	116.4	115.6	115.2	115.0	115.3	114.6	112.2	110.8	109.3	108.3
秦皇岛	Qinhuangdao	108.8	107.6	106.2	104.8	104.9	104.4	104.9	104.5	104.3	103.6	103.2	102.7
包头	Baotou	106.1	105.4	104.3	103.0	103.6	103.4	102.5	102.2	102.2	102.7	102.2	101.9
丹东	Dandong	108.9	108.4	107.8	107.2	106.5	106.1	106.0	106.1	105.9	105.7	105.2	104.7
锦州	Jinzhou	102.5	102.2	102.5	101.5	101.1	101.5	100.6	101.0	100.1	100.0	99.6	99.3
吉林	Jilin	108.0	107.6	106.5	105.7	105.3	105.0	104.6	103.6	102.1	100.5	99.7	98.5
牡丹江	Mudanjiang	99.3	98.3	97.8	96.0	94.5	93.0	91.9	90.7	90.9	90.6	90.5	90.0
无锡	Wuxi	109.3	109.1	109.3	110.0	109.8	110.0	109.9	109.2	108.9	107.8	107.6	107.4
扬州	Yangzhou	105.1	104.7	104.9	104.6	104.5	103.9	103.5	103.7	104.0	104.6	104.3	104.7
徐州	Xuzhou	104.8	105.4	105.1	105.8	106.3	106.5	107.0	107.3	107.7	107.6	108.0	108.5
温州	Wenzhou	103.3	103.1	102.7	102.9	103.1	103.7	104.7	105.2	105.0	104.9	104.6	105.2
金华	Jinhua	101.4	101.2	101.3	101.0	100.6	100.5	100.7	101.6	102.6	103.0	103.7	104.5
蚌埠	Bengbu	104.5	104.4	103.9	104.0	104.1	103.8	103.1	103.0	102.8	103.5	103.8	103.9
安庆	Anqing	96.3	96.1	96.4	97.7	97.5	97.7	97.5	98.3	98.6	98.6	98.4	98.4
泉州	Quanzhou	102.3	102.2	101.6	101.7	102.3	102.6	102.4	102.6	103.5	103.7	103.9	104.5
九江	Jiujiang	107.1	107.0	106.5	105.9	105.9	106.0	105.2	104.6	103.7	102.5	102.5	101.8
赣州	Ganzhou	105.4	105.0	104.3	104.1	104.1	104.4	104.3	104.4	104.3	104.1	103.6	102.8
烟台	Yantai	103.4	102.3	101.0	100.0	98.8	97.9	96.8	96.4	96.6	97.1	97.8	98.7
济宁	Jining	108.2	107.6	107.1	106.5	105.9	106.0	105.9	105.9	105.5	105.3	105.3	105.3
洛阳	Luoyang	109.6	109.7	110.2	109.1	108.5	107.9	107.1	106.9	105.1	104.6	103.7	103.2
平顶山	Pingdingshan	106.7	106.0	106.1	105.6	105.3	105.3	105.2	105.8	105.5	105.1	104.4	103.4
宜昌	Yichang	96.3	96.1	95.5	95.4	95.3	96.1	97.1	97.9	98.6	99.0	99.2	99.2
襄阳	Xiangyang	104.6	103.7	102.7	101.5	100.8	100.1	99.2	99.1	99.0	98.6	98.7	98.7
岳阳	Yueyang	98.6	98.2	98.2	98.6	98.5	98.8	98.5	99.1	99.7	99.9	100.7	100.8
常德	Changde	98.6	98.6	97.7	97.8	97.5	97.7	97.5	97.8	97.9	98.0	98.2	98.5
惠州	Huizhou	103.4	103.5	103.1	102.6	102.8	102.9	102.8	102.9	103.6	104.1	103.7	103.6
湛江	Zhanjiang	97.6	97.3	96.4	96.0	95.9	95.9	95.8	95.8	96.8	97.0	97.4	97.9
韶关	Shaoguan	99.9	99.3	99.1	98.4	97.9	97.9	97.5	97.5	98.0	98.3	99.6	99.2
桂林	Guilin	105.1	105.3	104.4	104.1	103.9	103.6	103.6	103.0	102.7	102.1	102.5	102.5
北海	Beihai	101.7	101.0	100.0	99.0	98.0	97.8	97.0	96.5	96.9	96.5	96.5	96.5
三亚	Sanya	99.7	98.9	97.5	96.6	95.6	96.5	97.1	97.3	98.3	98.9	99.4	100.0
泸州	Luzhou	100.0	99.1	98.6	98.8	98.3	98.7	98.6	98.1	97.6	97.6	97.6	96.9
南充	Nanchong	99.7	99.0	99.5	99.2	98.5	97.4	97.0	96.4	95.6	95.4	95.0	94.6
遵义	Zunyi	96.6	95.6	95.6	95.5	95.6	96.1	96.7	97.5	98.0	98.3	98.8	99.0
大理	Dali	110.6	109.2	107.5	106.8	105.9	105.4	104.9	105.2	104.5	104.0	103.3	102.5

3-37 36个大中城市居民消费价格指数
Consumer Price Indices for 36 Major Large and Medium-sized Cities (2016-2020)

(上年=100)　(preceding year=100)

城　市	City	2016	2017	2018	2019	2020
平均指数	**Average Index**	**102.2**	**101.8**	**102.2**	**102.8**	**102.1**
北　京	Beijing	101.4	101.9	102.5	102.3	101.7
天　津	Tianjin	102.1	102.1	102.0	102.7	102.0
石家庄	Shijiazhuang	101.6	101.4	102.3	102.7	102.3
太　原	Taiyuan	101.2	101.8	101.8	102.7	102.6
呼和浩特	Hohhot	101.4	101.4	102.1	102.6	102.0
沈　阳	Shenyang	101.7	101.4	103.0	102.4	102.3
大　连	Dalian	101.9	102.1	103.0	102.4	102.1
长　春	Changchun	101.4	101.3	102.0	102.9	101.9
哈尔滨	Harbin	101.8	101.6	102.5	102.6	101.4
上　海	Shanghai	103.2	101.7	101.6	102.5	101.7
南　京	Nanjing	102.7	101.9	102.4	103.1	102.4
杭　州	Hangzhou	102.6	102.5	102.3	103.1	102.1
宁　波	Ningbo	102.1	101.8	102.2	103.0	101.9
合　肥	Hefei	102.6	101.4	102.0	102.9	102.3
福　州	Fuzhou	102.5	101.4	101.5	102.5	102.4
厦　门	Xiamen	101.7	102.0	101.8	103.0	102.5
南　昌	Nanchang	102.1	102.1	102.3	102.8	102.5
济　南	Jinan	102.7	102.0	102.6	103.3	102.4
青　岛	Qingdao	102.5	102.0	102.1	103.3	102.4
郑　州	Zhengzhou	102.3	101.8	102.4	103.1	102.3
武　汉	Wuhan	102.4	101.9	101.9	103.2	102.4
长　沙	Changsha	101.9	101.3	102.0	102.9	101.8
广　州	Guangzhou	102.7	102.3	102.4	103.0	102.6
深　圳	Shenzhen	102.4	101.4	102.8	103.4	102.3
南　宁	Nanning	101.4	102.3	102.5	103.4	102.3
海　口	Haikou	103.0	103.3	102.4	103.3	101.6
重　庆	Chongqing	101.8	101.0	102.0	102.7	102.3
成　都	Chengdu	102.2	102.0	101.4	102.8	102.5
贵　阳	Guiyang	101.1	101.0	101.7	102.7	102.4
昆　明	Kunming	101.7	100.5	101.7	102.3	103.1
拉　萨	Lhasa	102.6	101.4	101.1	102.2	102.0
西　安	Xi'an	100.9	102.0	101.9	102.7	102.1
兰　州	Lanzhou	100.8	101.5	101.7	102.2	102.0
西　宁	Xining	102.1	101.8	102.7	102.5	102.7
银　川	Yinchuan	101.7	101.7	102.2	102.2	101.8
乌鲁木齐	Urumqi	101.5	102.8	102.2	102.0	100.9

3-38 36个大中城市商品零售价格指数
Retail Price Indices for 36 Major Large and Medium-sized Cities (2016-2020)

(上年=100) (preceding year=100)

城市	City	2016	2017	2018	2019	2020
平均指数	**Average Index**	**100.7**	**100.9**	**101.7**	**101.6**	**101.2**
北京	Beijing	98.1	99.2	101.1	100.5	101.0
天津	Tianjin	100.5	100.8	101.6	101.7	101.0
石家庄	Shijiazhuang	101.7	100.9	101.9	101.6	101.3
太原	Taiyuan	100.8	101.7	101.7	101.5	100.5
呼和浩特	Hohhot	101.1	101.2	101.6	101.3	99.9
沈阳	Shenyang	100.6	101.0	101.7	101.4	100.8
大连	Dalian	102.0	101.5	101.5	102.1	101.4
长春	Changchun	101.2	101.2	102.9	102.2	100.0
哈尔滨	Harbin	101.6	99.7	100.7	102.2	101.5
上海	Shanghai	100.8	100.9	101.6	100.4	100.9
南京	Nanjing	100.5	101.6	102.8	102.1	101.4
杭州	Hangzhou	101.5	101.0	102.0	103.1	100.9
宁波	Ningbo	101.8	101.1	102.1	102.3	100.2
合肥	Hefei	100.8	102.3	101.7	101.6	101.3
福州	Fuzhou	100.7	100.3	101.5	101.8	100.8
厦门	Xiamen	100.0	100.8	101.8	102.5	102.1
南昌	Nanchang	100.4	101.0	100.8	101.3	101.5
济南	Jinan	100.8	101.0	102.6	102.5	101.9
青岛	Qingdao	102.0	100.8	101.8	102.4	101.5
郑州	Zhengzhou	100.2	101.7	103.6	103.0	100.8
武汉	Wuhan	101.3	100.1	101.4	102.5	102.2
长沙	Changsha	100.9	101.4	102.5	102.2	100.8
广州	Guangzhou	101.2	102.0	102.2	100.6	100.6
深圳	Shenzhen	100.3	101.5	102.0	101.3	100.5
南宁	Nanning	99.8	100.9	101.1	103.1	100.9
海口	Haikou	100.9	101.7	102.4	102.4	101.3
重庆	Chongqing	101.3	100.8	101.2	101.6	102.2
成都	Chengdu	100.8	99.4	100.7	101.9	102.2
贵阳	Guiyang	99.5	101.4	102.3	102.3	101.2
昆明	Kunming	100.8	101.3	101.1	101.5	102.3
拉萨	Lhasa	102.4	101.2	101.1	102.3	102.1
西安	Xi'an	100.1	101.7	102.2	102.1	101.5
兰州	Lanzhou	100.7	101.8	101.7	102.0	101.4
西宁	Xining	100.6	101.4	102.0	101.9	102.4
银川	Yinchuan	100.8	101.5	102.7	101.1	100.5
乌鲁木齐	Urumqi	100.6	100.7	100.5	101.2	100.7

3-39 36个大中城市居民消费价格分类指数(环比)
Consumer Price Indices by Category for 36 Major Large and Medium-sized Cities
(2020年1月)

(上月=100) (preceding month=100)

城市	City	居民消费价格指数 Consumer Price Index	食品烟酒 Food, Tobacco and Liquor	粮食 Grain	鲜菜 Fresh Vegetables	畜肉 Meat	水产品 Aquatic Products	蛋 Eggs	鲜果 Fresh Fruits
平均指数	**Average Index**	**101.5**	**103.1**	**99.6**	**116.4**	**105.4**	**105.9**	**96.4**	**105.9**
北京	Beijing	101.5	102.5	99.8	123.2	101.6	101.5	96.3	106.2
天津	Tianjin	101.3	103.7	99.3	123.6	103.8	106.0	95.6	108.4
石家庄	Shijiazhuang	101.0	102.1	100.8	119.3	101.5	100.6	95.8	104.6
太原	Taiyuan	101.6	103.7	99.0	125.5	104.3	100.2	95.7	112.5
呼和浩特	Hohhot	100.9	102.3	100.0	117.8	101.5	99.6	94.8	105.7
沈阳	Shenyang	102.1	104.7	99.7	121.1	108.7	105.9	96.7	104.5
大连	Dalian	101.8	103.5	99.9	124.3	102.5	109.9	91.5	101.5
长春	Changchun	101.4	102.8	99.7	120.6	103.1	102.8	95.0	107.3
哈尔滨	Harbin	101.8	104.1	99.7	123.8	107.0	102.8	93.8	108.0
上海	Shanghai	101.1	102.2	98.8	116.1	101.8	110.1	96.5	105.2
南京	Nanjing	101.3	103.1	99.3	120.7	103.8	104.7	96.4	107.1
杭州	Hangzhou	101.6	103.6	100.2	114.9	105.6	110.0	99.5	106.3
宁波	Ningbo	101.4	103.6	100.2	114.0	107.9	109.3	96.8	106.7
合肥	Hefei	101.8	103.8	100.2	116.9	110.2	101.2	97.9	103.1
福州	Fuzhou	101.5	102.3	100.4	107.8	103.1	106.5	93.3	116.0
厦门	Xiamen	101.0	101.9	99.4	100.0	104.2	108.9	98.1	103.4
南昌	Nanchang	101.1	102.8	100.4	105.4	109.2	103.2	96.5	107.6
济南	Jinan	101.1	103.8	100.1	125.2	106.3	102.1	99.4	111.2
青岛	Qingdao	101.6	104.2	96.3	125.8	104.8	101.9	97.8	111.6
郑州	Zhengzhou	101.8	103.4	100.0	122.4	104.7	103.9	97.7	110.8
武汉	Wuhan	101.3	102.7	100.0	107.7	107.9	101.4	97.4	98.3
长沙	Changsha	100.8	101.9	100.0	101.6	106.3	100.0	97.0	105.9
广州	Guangzhou	102.8	105.3	100.1	120.4	109.1	105.3	99.3	111.3
深圳	Shenzhen	102.2	105.0	99.1	112.5	113.0	105.7	97.2	104.2
南宁	Nanning	101.2	102.8	99.5	105.8	107.3	103.4	95.9	110.5
海口	Haikou	100.6	100.4	100.5	102.0	99.2	105.5	98.3	101.2
重庆	Chongqing	101.1	101.2	98.7	107.2	105.6	100.9	94.3	102.1
成都	Chengdu	101.2	102.3	100.0	108.9	105.0	102.9	98.2	104.7
贵阳	Guiyang	101.9	103.2	101.3	103.1	111.0	107.9	95.9	102.9
昆明	Kunming	101.2	102.7	100.1	113.1	104.2	103.8	97.1	101.5
拉萨	Lasa	100.6	101.6	101.1	108.4	103.5	99.6	95.1	103.5
西安	Xi'an	101.3	103.5	100.4	126.5	106.5	103.4	92.8	107.6
兰州	Lanzhou	100.7	101.6	100.0	115.0	100.4	100.5	98.0	99.7
西宁	Xining	101.0	101.8	99.8	117.9	101.5	100.9	94.0	102.3
银川	Yinchuan	100.6	101.7	100.9	116.1	100.2	99.5	95.8	99.2
乌鲁木齐	Urumqi	101.5	103.0	100.0	124.1	103.3	101.2	89.9	105.8

3-39 续表 continued

(上月=100) (preceding month=100)

城市	City	衣着 Clothing	居住 Residence	生活用品及服务 Household Facilities, Articles and Services	交通通信 Transport and Communications	教育文化娱乐 Education, Cultural and Recreation	医疗保健 Health Care and Medical Services	其他用品及服务 Miscellaneous Goods and Services
平均指数	**Average Index**	**99.3**	**99.9**	**100.2**	**101.9**	**102.6**	**100.5**	**101.9**
北京	Beijing	99.1	99.9	99.8	103.4	104.1	99.6	103.3
天津	Tianjin	99.7	99.6	99.8	101.3	101.8	99.9	101.5
石家庄	Shijiazhuang	98.6	99.8	100.1	100.9	102.5	101.8	100.9
太原	Taiyuan	95.0	100.0	99.8	101.3	103.0	106.5	100.2
呼和浩特	Hohhot	100.0	100.0	100.0	102.0	100.1	100.0	100.0
沈阳	Shenyang	99.7	100.1	100.5	100.6	101.2	103.4	100.7
大连	Dalian	99.4	99.6	99.9	101.7	103.9	101.8	102.1
长春	Changchun	98.5	99.9	100.3	102.2	103.3	99.9	102.0
哈尔滨	Harbin	99.7	100.0	100.0	101.5	102.7	100.0	101.4
上海	Shanghai	99.0	99.7	100.2	102.4	103.4	100.1	101.0
南京	Nanjing	98.8	100.0	100.3	101.1	102.3	100.0	102.6
杭州	Hangzhou	99.9	100.0	101.2	101.6	102.1	99.5	100.9
宁波	Ningbo	99.1	100.0	100.3	101.4	101.5	98.0	104.4
合肥	Hefei	98.2	100.5	100.5	101.4	103.1	100.1	102.5
福州	Fuzhou	99.3	100.6	100.7	101.3	103.9	100.0	102.2
厦门	Xiamen	99.3	100.3	101.4	101.3	100.9	100.0	101.1
南昌	Nanchang	100.0	100.2	100.1	101.2	100.3	99.4	101.6
济南	Jinan	99.9	98.1	99.8	101.1	101.2	99.7	102.3
青岛	Qingdao	99.0	100.0	99.9	101.0	101.5	100.1	101.4
郑州	Zhengzhou	100.0	99.9	100.0	100.8	102.1	104.6	102.0
武汉	Wuhan	100.3	100.1	100.2	101.6	100.0	100.0	105.8
长沙	Changsha	100.0	100.1	100.3	100.1	100.4	100.8	101.5
广州	Guangzhou	100.2	100.1	101.0	103.2	103.8	102.0	101.7
深圳	Shenzhen	97.9	100.1	100.8	103.1	101.6	100.2	102.3
南宁	Nanning	99.9	99.9	100.5	101.3	100.3	101.2	102.4
海口	Haikou	100.1	100.3	100.0	101.9	101.4	100.2	101.3
重庆	Chongqing	99.1	100.6	100.0	101.8	103.1	101.2	100.9
成都	Chengdu	100.1	98.6	100.1	101.7	104.5	100.0	100.9
贵阳	Guiyang	99.8	99.9	99.5	101.1	105.5	100.7	101.7
昆明	Kunming	100.1	99.5	100.0	101.4	102.3	100.0	100.3
拉萨	Lasa	100.0	100.0	100.0	100.6	100.0	100.0	99.9
西安	Xi'an	99.0	99.9	99.6	100.6	100.9	100.3	103.9
兰州	Lanzhou	100.0	100.0	100.0	100.5	101.1	100.0	101.8
西宁	Xining	99.4	99.8	98.7	101.5	100.4	103.1	102.8
银川	Yinchuan	98.0	100.0	100.1	100.4	101.9	99.5	101.0
乌鲁木齐	Urumqi	100.8	100.5	100.1	101.6	101.6	99.9	100.6

3-40 36个大中城市居民消费价格分类指数(环比)
Consumer Price Indices by Category for 36 Major Large and Medium-sized Cities
(2020年2月)

(上月=100) (preceding month=100)

城市	City	居民消费价格指数 Consumer Price Index	食品烟酒 Food, Tobacco and Liquor	粮食 Grain	鲜菜 Fresh Vegetables	畜肉 Meat	水产品 Aquatic Products	蛋 Eggs	鲜果 Fresh Fruits
平均指数	**Average Index**	**100.7**	**103.0**	**100.8**	**109.6**	**107.0**	**102.5**	**95.7**	**104.6**
北京	Beijing	100.1	102.2	100.8	110.6	103.1	101.5	95.4	102.4
天津	Tianjin	100.5	102.2	100.3	111.8	103.0	100.8	90.9	104.4
石家庄	Shijiazhuang	100.6	101.9	100.0	108.9	102.8	101.1	91.1	105.0
太原	Taiyuan	100.8	103.2	101.8	110.9	105.0	102.4	83.4	115.4
呼和浩特	Hohhot	100.5	102.0	100.0	111.2	100.6	100.7	89.9	107.4
沈阳	Shenyang	100.4	101.5	100.1	107.7	100.9	100.9	96.3	104.5
大连	Dalian	100.6	102.4	99.8	116.2	102.9	100.9	86.7	104.1
长春	Changchun	100.3	101.7	100.3	107.6	101.7	104.7	93.3	101.6
哈尔滨	Harbin	101.0	103.1	100.9	116.8	103.8	102.7	96.7	105.3
上海	Shanghai	100.3	101.5	101.5	107.0	102.8	99.2	98.9	102.6
南京	Nanjing	100.8	104.2	98.4	113.5	108.3	108.9	95.5	108.6
杭州	Hangzhou	100.9	103.8	104.2	111.6	109.1	103.2	99.0	104.8
宁波	Ningbo	100.6	103.4	101.1	106.8	112.2	102.9	98.2	104.8
合肥	Hefei	100.9	103.8	100.3	114.5	105.6	107.8	92.1	106.3
福州	Fuzhou	100.6	102.3	100.5	102.8	106.5	102.1	100.0	107.3
厦门	Xiamen	100.7	103.0	100.0	106.9	108.2	101.7	97.2	105.0
南昌	Nanchang	101.4	104.9	102.0	117.5	110.5	106.6	97.8	108.9
济南	Jinan	99.8	100.0	100.3	96.4	100.4	101.8	95.5	103.2
青岛	Qingdao	100.4	102.0	99.9	105.6	103.0	102.2	89.7	104.8
郑州	Zhengzhou	100.7	102.6	100.0	106.0	106.9	100.9	91.3	109.1
武汉	Wuhan	102.8	109.0	100.0	133.7	122.1	108.2	107.3	107.7
长沙	Changsha	101.1	103.8	99.9	106.3	111.7	103.1	99.5	104.1
广州	Guangzhou	100.9	103.9	101.6	109.0	110.7	103.1	98.1	107.6
深圳	Shenzhen	99.9	101.6	100.6	100.5	105.9	101.9	98.1	101.7
南宁	Nanning	100.8	102.8	100.2	109.3	106.4	104.4	97.8	102.6
海口	Haikou	100.2	100.8	100.3	91.2	102.2	107.4	99.8	102.3
重庆	Chongqing	101.6	105.7	102.8	113.9	114.6	106.7	96.1	106.5
成都	Chengdu	101.1	103.6	99.6	107.0	109.2	103.2	97.0	106.7
贵阳	Guiyang	101.0	103.1	100.9	107.5	106.6	104.7	97.4	105.7
昆明	Kunming	101.1	104.0	100.2	105.7	112.2	105.6	96.6	101.8
拉萨	Lasa	100.5	102.2	100.4	112.5	102.6	100.1	100.2	104.1
西安	Xi'an	101.3	104.8	100.0	118.8	107.8	104.9	87.4	117.4
兰州	Lanzhou	101.1	103.5	100.0	123.1	104.2	101.3	95.4	101.6
西宁	Xining	100.8	102.7	100.1	110.8	104.7	101.6	90.0	105.8
银川	Yinchuan	101.0	102.4	99.7	114.6	101.4	101.8	97.1	107.1
乌鲁木齐	Urumqi	100.4	101.1	100.9	96.8	104.7	102.0	97.8	100.4

3-40 续表 continued

(上月=100) (preceding month=100)

城市	City	衣着 Clothing	居住 Residence	生活用品及服务 Household Facilities, Articles and Services	交通通信 Transport and Communications	教育文化娱乐 Education, Cultural and Recreation	医疗保健 Health Care and Medical Services	其他用品及服务 Miscellaneous Goods and Services
平均指数	**Average Index**	**99.9**	**99.9**	**100.1**	**97.9**	**100.1**	**100.0**	**99.9**
北　京	Beijing	100.2	99.7	100.8	95.7	100.1	100.1	100.2
天　津	Tianjin	100.0	100.0	100.0	98.0	100.1	100.3	100.6
石家庄	Shijiazhuang	101.8	100.0	100.2	98.6	99.9	100.1	100.0
太　原	Taiyuan	99.7	100.0	100.2	99.0	100.0	100.0	100.0
呼和浩特	Hohhot	100.0	100.0	100.0	98.9	100.0	100.0	100.0
沈　阳	Shenyang	99.8	100.0	99.5	99.4	100.0	100.0	99.9
大　连	Dalian	99.6	100.0	100.0	99.1	100.0	100.0	99.3
长　春	Changchun	99.6	99.8	100.6	99.3	100.0	99.4	100.0
哈尔滨	Harbin	99.7	100.0	99.7	100.5	100.0	100.0	100.0
上　海	Shanghai	100.1	99.9	100.3	97.3	100.4	100.2	100.7
南　京	Nanjing	99.2	99.5	100.3	97.9	100.0	100.0	99.6
杭　州	Hangzhou	99.9	100.0	100.1	98.3	100.0	100.0	99.8
宁　波	Ningbo	99.4	100.0	99.7	97.8	100.0	99.9	98.5
合　肥	Hefei	98.9	99.7	99.8	98.7	100.0	100.0	98.2
福　州	Fuzhou	99.7	100.1	99.6	98.9	100.0	100.1	100.1
厦　门	Xiamen	99.7	100.0	99.7	98.4	100.0	100.1	99.7
南　昌	Nanchang	100.0	99.8	100.2	98.6	100.0	100.0	100.3
济　南	Jinan	100.0	99.9	100.0	97.9	100.0	100.0	100.6
青　岛	Qingdao	99.9	100.0	99.9	97.8	100.0	99.6	100.6
郑　州	Zhengzhou	100.0	100.0	100.0	99.0	100.0	100.0	100.1
武　汉	Wuhan	100.0	100.0	100.0	99.1	100.0	100.0	100.0
长　沙	Changsha	100.1	100.0	99.8	99.0	100.0	100.0	99.9
广　州	Guangzhou	99.0	100.0	99.9	97.1	100.1	100.1	98.5
深　圳	Shenzhen	100.0	99.0	99.6	96.8	100.0	100.0	99.0
南　宁	Nanning	100.1	100.0	99.9	98.9	100.0	100.0	98.8
海　口	Haikou	100.1	99.7	99.8	100.4	99.9	99.8	99.7
重　庆	Chongqing	99.6	100.0	99.8	97.9	99.9	100.0	99.9
成　都	Chengdu	99.8	99.9	100.4	98.7	100.1	100.0	99.8
贵　阳	Guiyang	100.0	100.0	99.7	100.0	100.0	99.9	99.3
昆　明	Kunming	100.0	100.0	100.1	98.6	100.0	100.1	100.0
拉　萨	Lasa	100.1	100.0	100.0	98.2	100.0	100.0	100.0
西　安	Xi'an	99.7	100.0	100.2	98.5	100.1	100.0	100.2
兰　州	Lanzhou	100.0	100.0	100.0	99.6	100.0	100.0	100.4
西　宁	Xining	99.1	100.0	100.3	99.9	100.0	100.0	100.0
银　川	Yinchuan	100.3	100.0	100.1	100.8	100.0	100.0	101.3
乌鲁木齐	Urumqi	100.2	100.0	100.3	100.0	100.0	100.0	100.3

3-41 36个大中城市居民消费价格分类指数(环比)
Consumer Price Indices by Category for 36 Major Large and Medium-sized Cities
(2020年3月)

(上月=100) (preceding month=100)

城市	City	居民消费价格指数 Consumer Price Index	食品烟酒 Food, Tobacco and Liquor	粮食 Grain	鲜菜 Fresh Vegetables	畜肉 Meat	水产品 Aquatic Products	蛋 Eggs	鲜果 Fresh Fruits
平均指数	**Average Index**	**98.8**	**97.3**	**100.0**	**87.0**	**95.1**	**96.1**	**96.2**	**99.5**
北京	Beijing	99.3	98.5	100.7	84.3	99.9	99.1	96.2	100.3
天津	Tianjin	99.3	98.1	100.3	83.9	99.2	97.8	96.2	101.0
石家庄	Shijiazhuang	98.8	98.2	102.2	85.1	98.8	99.8	94.8	100.3
太原	Taiyuan	99.2	98.0	100.2	88.9	98.7	97.2	91.9	96.1
呼和浩特	Hohhot	99.0	98.1	100.0	88.8	98.0	100.1	94.3	100.3
沈阳	Shenyang	98.7	96.9	100.1	87.1	95.3	93.7	96.7	98.4
大连	Dalian	98.8	97.0	99.7	82.4	98.5	93.1	96.4	101.0
长春	Changchun	98.9	98.0	100.0	87.1	97.7	94.1	96.7	100.2
哈尔滨	Harbin	99.4	98.9	99.6	91.2	98.3	99.4	96.6	102.2
上海	Shanghai	99.2	98.1	100.6	86.8	98.8	96.3	97.0	98.9
南京	Nanjing	98.6	95.9	100.0	82.8	92.3	89.3	96.5	100.1
杭州	Hangzhou	98.8	96.8	98.9	83.4	93.2	95.6	96.9	101.4
宁波	Ningbo	98.9	97.2	101.0	92.1	92.4	93.6	99.3	100.0
合肥	Hefei	98.5	95.9	99.9	86.2	89.9	95.6	93.9	102.2
福州	Fuzhou	99.1	98.1	99.5	89.1	97.9	98.8	98.8	94.1
厦门	Xiamen	98.6	96.8	99.2	87.7	94.8	95.9	98.3	99.2
南昌	Nanchang	98.6	97.2	99.6	89.0	93.2	96.4	96.0	101.4
济南	Jinan	99.0	97.9	100.9	90.8	95.6	98.2	99.2	98.6
青岛	Qingdao	98.9	97.4	98.4	83.7	98.3	98.0	97.2	99.7
郑州	Zhengzhou	98.8	97.3	100.0	87.9	95.5	100.2	92.1	95.1
武汉	Wuhan	99.8	100.0	100.0	96.3	99.9	104.9	103.1	101.1
长沙	Changsha	98.6	96.9	100.0	93.8	91.0	96.8	95.5	99.7
广州	Guangzhou	98.5	97.0	100.4	87.4	96.2	95.7	95.7	102.5
深圳	Shenzhen	98.5	96.9	98.8	91.5	92.6	95.2	97.7	99.7
南宁	Nanning	98.5	96.7	99.0	90.7	93.7	94.8	95.3	90.8
海口	Haikou	98.5	98.4	102.5	96.4	98.1	93.3	98.3	97.8
重庆	Chongqing	97.8	95.4	99.4	89.3	88.1	96.5	93.5	97.1
成都	Chengdu	98.0	95.1	99.2	87.2	88.0	97.2	98.2	98.3
贵阳	Guiyang	98.6	96.6	99.8	89.3	90.5	96.0	94.7	98.8
昆明	Kunming	98.6	97.5	100.2	89.2	95.1	95.7	96.7	97.7
拉萨	Lasa	99.5	98.9	100.0	94.3	97.1	101.5	100.0	103.3
西安	Xi'an	98.3	95.3	100.0	75.1	93.6	97.9	90.5	92.7
兰州	Lanzhou	99.0	97.6	100.0	83.3	98.5	97.3	92.7	103.0
西宁	Xining	98.9	97.9	100.5	83.6	97.9	100.6	94.1	101.0
银川	Yinchuan	99.1	98.3	100.4	86.4	100.4	100.5	91.7	103.2
乌鲁木齐	Urumqi	98.9	97.4	99.9	84.5	96.7	100.2	93.4	97.3

3-41 续表 continued

(上月=100) (preceding month=100)

城市	City	衣着 Clothing	居住 Residence	生活用品及服务 Household Facilities, Articles and Services	交通通信 Transport and Communications	教育文化娱乐 Education, Cultural and Recreation	医疗保健 Health Care and Medical Services	其他用品及服务 Miscellaneous Goods and Services
平均指数	**Average Index**	**100.1**	**99.9**	**99.9**	**97.1**	**99.9**	**100.1**	**100.5**
北京	Beijing	100.2	100.2	100.0	95.9	100.0	100.2	101.3
天津	Tianjin	100.0	100.0	100.3	98.3	100.0	100.1	100.7
石家庄	Shijiazhuang	96.1	100.0	100.1	97.4	100.0	100.0	100.8
太原	Taiyuan	102.7	100.3	100.0	95.9	99.7	100.0	100.1
呼和浩特	Hohhot	99.3	99.4	100.0	97.8	99.9	100.1	101.1
沈阳	Shenyang	99.6	100.2	98.7	98.4	99.8	100.0	99.8
大连	Dalian	100.4	100.4	100.0	96.6	99.9	100.3	101.1
长春	Changchun	99.6	99.9	100.0	96.7	99.9	100.0	100.1
哈尔滨	Harbin	99.6	100.1	98.8	98.2	100.0	100.0	100.5
上海	Shanghai	100.5	100.0	99.6	97.2	100.0	100.2	99.5
南京	Nanjing	101.1	99.8	99.4	98.5	99.9	100.0	100.4
杭州	Hangzhou	99.8	100.1	100.3	97.5	100.0	100.1	101.4
宁波	Ningbo	100.2	100.1	100.1	97.4	100.0	100.2	100.8
合肥	Hefei	101.2	99.7	99.7	97.7	100.0	100.2	102.0
福州	Fuzhou	100.1	99.9	100.0	97.6	100.0	100.0	100.0
厦门	Xiamen	100.1	99.6	99.8	97.9	100.0	99.6	100.7
南昌	Nanchang	99.6	99.3	100.0	97.5	100.0	99.8	100.3
济南	Jinan	99.4	99.1	100.5	98.2	99.8	100.6	101.6
青岛	Qingdao	100.0	100.2	100.1	97.4	100.0	100.1	99.6
郑州	Zhengzhou	98.9	99.7	100.3	97.5	100.3	100.0	101.5
武汉	Wuhan	100.0	100.0	100.0	98.6	100.0	100.0	100.0
长沙	Changsha	100.4	99.2	99.9	98.2	99.8	100.1	100.2
广州	Guangzhou	100.7	100.0	100.4	95.8	99.1	100.3	100.6
深圳	Shenzhen	102.4	99.9	99.2	95.7	99.5	99.8	100.7
南宁	Nanning	100.3	98.8	100.0	97.3	100.1	101.2	99.5
海口	Haikou	102.9	97.9	100.4	94.3	99.9	99.9	100.5
重庆	Chongqing	98.6	99.1	99.8	97.1	100.0	100.0	100.7
成都	Chengdu	99.7	100.1	100.0	96.8	99.9	100.0	99.8
贵阳	Guiyang	100.2	100.1	99.7	96.9	100.2	100.0	101.7
昆明	Kunming	98.5	99.9	100.0	96.8	100.0	100.0	100.0
拉萨	Lasa	100.1	100.0	100.0	98.8	100.0	100.4	100.2
西安	Xi'an	101.1	99.5	99.8	98.4	99.9	100.0	100.0
兰州	Lanzhou	99.4	99.8	100.0	99.0	99.9	100.0	100.2
西宁	Xining	99.9	99.6	100.2	97.5	98.9	100.0	101.7
银川	Yinchuan	100.4	100.6	99.5	96.3	99.8	100.0	98.8
乌鲁木齐	Urumqi	99.3	100.6	99.7	97.5	100.1	100.0	100.3

3-42 36个大中城市居民消费价格分类指数(环比)

Consumer Price Indices by Category for 36 Major Large and Medium-sized Cities (2020年4月)

(上月=100) (preceding month=100)

城市	City	居民消费价格指数 Consumer Price Index	食品烟酒 Food, Tobacco and Liquor	粮食 Grain	鲜菜 Fresh Vegetables	畜肉 Meat	水产品 Aquatic Products	蛋 Eggs	鲜果 Fresh Fruits
平均指数	**Average Index**	**99.3**	**98.2**	**100.7**	**91.3**	**95.1**	**100.1**	**97.8**	**97.6**
北京	Beijing	99.3	97.4	101.0	80.6	96.4	98.8	98.1	98.5
天津	Tianjin	99.4	97.8	100.7	82.5	96.2	101.3	99.2	98.3
石家庄	Shijiazhuang	98.6	96.8	101.1	79.4	97.0	101.3	99.0	91.3
太原	Taiyuan	98.5	96.3	100.2	82.1	93.5	98.7	101.3	92.8
呼和浩特	Hohhot	98.9	97.1	100.2	83.6	95.5	100.2	97.9	96.2
沈阳	Shenyang	98.5	96.3	100.2	80.3	93.8	99.3	98.3	96.9
大连	Dalian	98.8	97.0	100.2	76.0	95.6	99.7	97.0	100.1
长春	Changchun	99.4	99.0	100.6	85.2	97.3	99.2	99.7	110.1
哈尔滨	Harbin	98.7	96.5	100.4	79.4	95.0	97.3	93.7	96.8
上海	Shanghai	99.9	99.6	100.0	96.5	98.4	101.4	98.1	97.6
南京	Nanjing	99.4	98.8	99.0	95.4	95.0	104.0	99.3	97.8
杭州	Hangzhou	99.1	98.8	101.7	96.7	94.6	101.6	99.3	98.9
宁波	Ningbo	99.2	97.9	99.6	95.1	91.7	100.5	100.1	98.0
合肥	Hefei	98.8	97.5	100.9	88.9	94.0	102.1	95.1	94.9
福州	Fuzhou	99.4	98.6	100.1	103.8	93.4	99.3	94.1	98.5
厦门	Xiamen	99.7	98.7	100.0	101.0	94.4	100.0	98.9	100.2
南昌	Nanchang	99.4	98.8	99.9	106.0	92.7	99.6	97.4	95.2
济南	Jinan	99.2	98.3	100.3	83.4	98.9	100.0	98.5	101.2
青岛	Qingdao	99.1	97.3	107.5	82.5	94.4	102.5	101.5	95.1
郑州	Zhengzhou	98.8	97.0	101.0	84.6	94.4	99.7	97.0	90.9
武汉	Wuhan	98.0	94.9	100.0	85.7	89.1	95.7	91.1	92.6
长沙	Changsha	99.5	98.2	100.3	103.5	92.0	100.2	96.3	98.4
广州	Guangzhou	100.1	100.2	101.4	103.2	96.0	99.4	98.2	98.4
深圳	Shenzhen	99.4	98.4	100.4	101.8	93.7	100.5	97.7	98.4
南宁	Nanning	99.7	99.5	100.3	107.0	94.0	99.8	97.1	105.3
海口	Haikou	99.3	99.4	102.1	101.7	97.5	100.5	100.0	99.5
重庆	Chongqing	98.8	97.5	101.3	95.3	92.5	95.3	95.5	93.4
成都	Chengdu	98.9	98.4	101.2	97.9	95.1	96.4	99.0	95.9
贵阳	Guiyang	99.2	98.7	100.2	99.4	95.2	99.2	97.2	97.3
昆明	Kunming	99.0	98.0	99.7	94.1	95.7	98.4	98.5	94.6
拉萨	Lasa	99.6	99.1	100.0	96.3	97.9	100.3	98.2	94.3
西安	Xi'an	99.1	97.7	100.3	85.2	95.3	100.2	102.5	95.5
兰州	Lanzhou	99.5	98.8	100.2	87.8	99.3	99.3	98.4	99.2
西宁	Xining	99.3	97.6	99.9	89.6	96.8	98.9	98.8	92.9
银川	Yinchuan	98.8	97.2	101.0	82.7	96.9	98.6	94.5	95.5
乌鲁木齐	Urumqi	99.2	98.6	101.5	89.8	97.7	100.2	97.0	99.9

3-42 续表 continued

(上月=100) (preceding month=100)

城市	City	衣着 Clothing	居住 Residence	生活用品及服务 Household Facilities, Articles and Services	交通通信 Transport and Communications	教育文化娱乐 Education, Cultural and Recreation	医疗保健 Health Care and Medical Services	其他用品及服务 Miscellaneous Goods and Services
平均指数	**Average Index**	**100.0**	**100.0**	**99.9**	**99.1**	**99.6**	**99.9**	**99.7**
北京	Beijing	100.0	99.8	100.0	100.4	100.6	99.9	99.8
天津	Tianjin	99.9	100.3	100.0	99.0	99.9	100.0	101.4
石家庄	Shijiazhuang	98.2	100.0	99.1	98.7	100.3	100.0	99.1
太原	Taiyuan	97.7	99.8	99.2	99.5	99.6	100.0	100.0
呼和浩特	Hohhot	99.5	100.0	100.0	98.0	100.0	100.0	100.7
沈阳	Shenyang	99.7	99.7	98.9	98.7	100.1	99.8	99.7
大连	Dalian	99.4	100.1	100.0	98.1	100.0	100.1	100.0
长春	Changchun	99.1	100.0	99.5	98.8	100.1	99.8	98.3
哈尔滨	Harbin	100.5	100.3	100.0	97.8	100.0	100.0	99.6
上海	Shanghai	100.7	100.3	99.4	98.8	99.9	99.7	100.0
南京	Nanjing	98.8	100.2	100.0	98.5	100.1	100.0	100.3
杭州	Hangzhou	99.5	100.1	100.6	99.0	96.1	100.1	100.2
宁波	Ningbo	100.6	100.2	100.1	98.6	99.3	100.0	100.3
合肥	Hefei	100.8	99.4	99.9	98.5	99.1	99.9	100.0
福州	Fuzhou	100.3	100.0	99.5	98.4	99.9	100.2	99.7
厦门	Xiamen	101.5	100.6	100.3	98.3	100.2	100.1	99.7
南昌	Nanchang	100.2	99.8	100.1	98.9	99.6	100.0	99.5
济南	Jinan	99.2	100.3	100.0	98.7	99.9	99.3	99.5
青岛	Qingdao	101.9	99.9	99.5	98.4	99.7	100.9	99.2
郑州	Zhengzhou	98.9	99.8	100.1	99.0	100.5	99.6	100.0
武汉	Wuhan	99.6	100.0	100.3	98.8	100.0	100.2	95.6
长沙	Changsha	100.1	100.7	99.8	99.5	99.9	100.0	99.8
广州	Guangzhou	100.4	100.4	100.2	99.6	99.9	100.0	99.6
深圳	Shenzhen	100.1	99.5	100.9	100.2	100.0	100.2	99.7
南宁	Nanning	101.2	99.9	100.1	98.3	99.8	100.9	97.8
海口	Haikou	101.8	99.0	99.2	98.1	99.8	99.8	98.4
重庆	Chongqing	99.0	99.2	99.7	99.7	99.6	99.9	100.2
成都	Chengdu	100.0	100.0	99.8	98.6	97.3	100.0	99.3
贵阳	Guiyang	99.8	100.0	99.9	97.3	99.3	100.1	98.8
昆明	Kunming	99.4	100.0	99.6	98.4	99.4	100.0	100.0
拉萨	Lasa	100.1	100.0	100.0	99.2	100.0	100.0	99.2
西安	Xi'an	100.2	100.0	99.9	99.3	100.1	99.0	98.3
兰州	Lanzhou	98.9	100.1	100.2	99.1	100.7	100.1	98.6
西宁	Xining	101.7	99.8	100.2	98.6	100.0	100.6	98.7
银川	Yinchuan	99.8	99.7	99.9	98.8	99.4	100.0	98.7
乌鲁木齐	Urumqi	100.2	99.7	99.8	97.7	99.3	100.1	99.6

3-43 36个大中城市居民消费价格分类指数(环比)
Consumer Price Indices by Category for 36 Major Large and Medium-sized Cities
(2020年5月)

(上月=100) (preceding month=100)

城市	City	居民消费价格指数 Consumer Price Index	食品烟酒 Food, Tobacco and Liquor	粮食 Grain	鲜菜 Fresh Vegetables	畜肉 Meat	水产品 Aquatic Products	蛋 Eggs	鲜果 Fresh Fruits
平均指数	**Average Index**	**99.3**	**97.8**	**100.1**	**88.1**	**94.8**	**100.7**	**96.9**	**98.5**
北京	Beijing	99.5	98.3	99.7	81.7	95.5	101.9	96.2	108.0
天津	Tianjin	99.3	97.9	100.6	84.6	95.6	104.9	95.8	95.7
石家庄	Shijiazhuang	99.3	97.4	100.2	76.6	97.1	103.1	96.0	96.7
太原	Taiyuan	100.4	98.4	100.5	86.8	95.6	103.6	94.4	105.0
呼和浩特	Hohhot	99.2	97.4	100.0	84.5	95.6	101.4	98.7	95.0
沈阳	Shenyang	99.5	98.6	101.7	85.9	97.5	102.1	98.0	100.5
大连	Dalian	99.8	99.2	100.8	85.9	94.6	106.4	94.3	105.7
长春	Changchun	98.9	97.0	100.5	83.6	97.2	102.9	96.5	88.8
哈尔滨	Harbin	98.6	96.7	99.4	81.4	94.2	99.4	97.8	93.1
上海	Shanghai	99.5	98.2	100.3	90.8	96.1	100.7	98.7	95.5
南京	Nanjing	99.7	98.3	101.1	92.7	95.3	101.4	96.1	91.6
杭州	Hangzhou	99.1	97.2	97.7	92.4	93.7	96.6	96.6	90.8
宁波	Ningbo	99.0	97.2	97.7	89.7	96.3	97.0	98.0	84.9
合肥	Hefei	99.5	97.8	100.8	82.4	94.4	101.5	93.5	116.1
福州	Fuzhou	99.0	96.9	100.0	83.4	93.4	98.0	91.3	100.8
厦门	Xiamen	99.5	98.2	100.2	90.4	93.9	101.6	95.2	97.8
南昌	Nanchang	99.6	98.4	100.4	84.5	95.1	107.1	97.0	106.6
济南	Jinan	99.5	97.9	100.6	83.4	96.2	102.1	99.5	97.7
青岛	Qingdao	99.0	97.0	101.3	84.7	95.3	97.1	96.2	92.1
郑州	Zhengzhou	98.8	97.1	99.7	88.1	92.8	99.6	94.7	97.6
武汉	Wuhan	97.6	94.6	100.4	80.8	86.3	96.8	90.2	99.5
长沙	Changsha	99.3	97.6	100.3	91.8	93.8	101.6	98.1	98.2
广州	Guangzhou	99.1	97.8	99.5	89.4	94.6	100.9	98.3	96.1
深圳	Shenzhen	99.4	98.3	100.2	91.1	95.5	101.1	98.1	98.1
南宁	Nanning	99.1	98.1	100.8	85.7	96.5	101.3	97.9	99.7
海口	Haikou	99.1	98.2	97.7	97.0	95.9	98.7	95.8	98.5
重庆	Chongqing	99.5	97.5	100.4	89.2	92.8	100.5	97.7	115.6
成都	Chengdu	99.7	98.1	101.4	95.0	94.0	99.6	98.9	100.2
贵阳	Guiyang	98.9	97.9	97.6	97.6	93.9	100.8	97.9	100.7
昆明	Kunming	99.4	98.1	99.8	94.2	95.3	100.2	97.8	98.3
拉萨	Lasa	99.9	99.3	101.0	97.5	96.8	98.3	100.9	98.2
西安	Xi'an	99.6	98.3	99.6	89.5	95.0	102.8	94.7	97.3
兰州	Lanzhou	99.6	98.5	101.4	85.8	97.6	100.1	95.7	98.4
西宁	Xining	99.6	98.1	101.3	88.1	98.3	102.0	99.0	89.6
银川	Yinchuan	99.2	97.5	100.8	84.7	96.0	100.0	96.8	94.6
乌鲁木齐	Urumqi	99.1	97.7	100.0	82.4	97.4	99.0	96.6	96.8

3-43 续表 continued

(上月=100) (preceding month=100)

城市	City	衣着 Clothing	居住 Residence	生活用品及服务 Household Facilities, Articles and Services	交通通信 Transport and Communications	教育文化娱乐 Education, Cultural and Recreation	医疗保健 Health Care and Medical Services	其他用品及服务 Miscellaneous Goods and Services
平均指数	**Average Index**	**100.1**	**99.9**	**100.0**	**99.9**	**100.2**	**99.7**	**100.4**
北京	Beijing	99.5	100.1	99.9	100.5	99.9	99.2	100.4
天津	Tianjin	99.7	99.8	100.0	100.1	100.1	98.4	100.8
石家庄	Shijiazhuang	101.1	100.1	100.1	99.8	100.1	100.2	100.0
太原	Taiyuan	108.5	100.2	100.4	99.3	99.7	101.7	100.3
呼和浩特	Hohhot	99.8	100.0	99.9	99.4	100.1	100.2	100.8
沈阳	Shenyang	100.2	99.9	99.3	99.7	100.0	99.9	100.7
大连	Dalian	99.6	100.5	100.1	100.0	100.0	100.0	100.2
长春	Changchun	99.5	100.0	100.1	99.9	99.6	99.5	100.7
哈尔滨	Harbin	100.0	100.0	100.2	97.4	100.0	98.9	100.5
上海	Shanghai	99.5	100.1	100.0	100.0	100.1	99.8	99.9
南京	Nanjing	100.5	100.3	100.1	100.0	100.2	100.0	100.9
杭州	Hangzhou	99.7	99.9	100.1	100.1	99.7	99.9	99.9
宁波	Ningbo	99.2	99.6	100.4	100.3	99.9	99.2	100.5
合肥	Hefei	100.5	99.9	100.2	99.7	101.2	99.9	100.4
福州	Fuzhou	100.4	100.0	100.3	99.8	99.9	99.4	101.0
厦门	Xiamen	100.7	100.0	100.2	99.9	100.6	98.7	101.0
南昌	Nanchang	100.4	100.1	100.0	100.3	99.6	99.8	101.7
济南	Jinan	101.3	100.2	100.0	99.9	100.1	100.1	100.4
青岛	Qingdao	98.6	100.0	99.8	100.9	100.1	100.0	100.2
郑州	Zhengzhou	99.9	99.6	99.3	99.4	99.1	100.0	100.8
武汉	Wuhan	100.2	97.5	100.0	98.3	99.8	100.3	100.8
长沙	Changsha	100.0	100.2	100.0	99.9	100.2	100.1	100.8
广州	Guangzhou	100.2	99.3	99.9	99.7	100.1	99.9	100.6
深圳	Shenzhen	100.0	100.1	100.1	99.4	100.0	99.9	100.3
南宁	Nanning	102.7	98.5	100.1	98.3	100.3	99.0	101.0
海口	Haikou	98.8	99.0	100.0	101.0	100.0	99.2	100.1
重庆	Chongqing	100.7	100.6	100.6	100.7	100.5	100.1	100.0
成都	Chengdu	99.9	99.7	100.0	99.9	103.0	100.0	100.3
贵阳	Guiyang	100.4	99.6	99.7	99.7	97.2	99.9	100.9
昆明	Kunming	100.4	100.0	99.7	99.7	99.8	100.5	100.2
拉萨	Lasa	100.0	100.0	100.0	99.8	101.0	100.0	102.8
西安	Xi'an	100.2	99.7	100.2	101.1	100.1	99.9	100.7
兰州	Lanzhou	100.1	100.0	100.1	99.8	100.2	100.0	101.1
西宁	Xining	102.1	100.0	100.2	99.2	99.8	100.3	102.8
银川	Yinchuan	98.9	99.8	99.8	100.2	100.3	100.6	101.0
乌鲁木齐	Urumqi	100.1	98.5	100.1	100.1	100.4	100.0	100.4

3-44 36个大中城市居民消费价格分类指数(环比)

Consumer Price Indices by Category for 36 Major Large and Medium-sized Cities (2020年6月)

(上月=100) (preceding month=100)

城市	City	居民消费价格指数 Consumer Price Index	食品烟酒 Food, Tobacco and Liquor	粮食 Grain	鲜菜 Fresh Vegetables	畜肉 Meat	水产品 Aquatic Products	蛋 Eggs	鲜果 Fresh Fruits
平均指数	**Average Index**	**99.8**	**99.9**	**100.0**	**104.0**	**101.4**	**99.3**	**96.7**	**91.4**
北京	Beijing	99.9	99.7	101.1	109.0	101.1	100.4	97.3	84.5
天津	Tianjin	99.9	100.0	99.6	102.1	101.5	100.1	94.1	94.6
石家庄	Shijiazhuang	100.3	100.5	99.2	107.5	102.3	100.7	97.3	87.6
太原	Taiyuan	99.4	98.6	100.4	99.2	100.7	102.7	94.4	80.4
呼和浩特	Hohhot	99.8	100.2	100.1	97.0	105.7	102.8	97.6	89.7
沈阳	Shenyang	99.7	99.3	100.7	92.2	103.2	100.5	96.8	92.6
大连	Dalian	99.8	99.0	99.8	95.7	103.3	99.8	95.9	89.6
长春	Changchun	99.4	98.0	100.0	90.6	102.0	102.9	98.4	78.1
哈尔滨	Harbin	99.3	98.4	101.2	84.5	101.5	101.9	96.9	90.4
上海	Shanghai	99.7	99.1	99.8	105.3	100.3	96.2	98.9	88.9
南京	Nanjing	99.9	101.1	101.9	111.1	102.9	101.4	96.0	92.0
杭州	Hangzhou	100.1	100.3	99.7	108.5	100.7	97.7	97.9	96.9
宁波	Ningbo	99.9	100.2	101.0	108.5	100.3	98.0	99.7	91.0
合肥	Hefei	100.2	100.6	99.7	112.7	105.1	102.0	97.7	79.8
福州	Fuzhou	100.3	101.1	99.7	114.7	102.1	97.6	97.2	99.1
厦门	Xiamen	100.1	101.0	101.5	116.1	101.4	96.7	98.5	101.8
南昌	Nanchang	100.0	100.8	99.9	109.1	102.4	103.0	96.9	93.3
济南	Jinan	99.8	100.0	98.4	110.4	102.1	99.4	89.1	82.4
青岛	Qingdao	100.0	100.1	100.2	108.3	103.1	99.6	97.9	85.9
郑州	Zhengzhou	99.9	100.0	100.0	104.2	103.6	98.5	94.5	88.4
武汉	Wuhan	99.4	99.3	100.0	94.2	100.5	103.3	92.7	93.6
长沙	Changsha	100.2	100.9	100.2	106.0	102.3	99.5	95.4	99.2
广州	Guangzhou	99.7	100.2	100.2	103.3	98.1	100.0	97.7	108.3
深圳	Shenzhen	99.9	100.5	100.9	108.7	100.2	100.7	92.8	97.3
南宁	Nanning	99.6	99.5	99.8	106.8	98.9	98.5	98.1	94.4
海口	Haikou	99.7	99.6	99.4	104.0	99.0	98.7	97.6	95.9
重庆	Chongqing	99.9	100.0	97.3	97.7	103.8	101.5	97.2	95.7
成都	Chengdu	100.2	100.8	99.0	104.3	103.7	98.8	99.2	91.9
贵阳	Guiyang	99.3	99.0	99.0	101.5	98.6	99.0	94.1	92.8
昆明	Kunming	99.4	98.6	100.6	96.7	97.3	99.0	97.4	96.4
拉萨	Lasa	100.7	100.8	99.8	99.9	104.2	102.0	104.6	97.4
西安	Xi'an	100.2	100.7	99.7	112.3	104.1	102.1	95.3	89.5
兰州	Lanzhou	100.0	99.9	101.2	94.2	101.9	100.5	95.9	103.2
西宁	Xining	100.3	100.0	98.4	100.1	102.8	100.0	95.6	87.5
银川	Yinchuan	99.7	98.9	100.8	97.3	99.1	100.5	98.4	94.0
乌鲁木齐	Urumqi	99.5	98.4	99.4	105.1	101.4	98.8	98.1	70.6

3-44 续表 continued

(上月=100) (preceding month=100)

城 市	City	衣着 Clothing	居住 Residence	生活用品及服务 Household Facilities, Articles and Services	交通通信 Transport and Communications	教育文化娱乐 Education, Cultural and Recreation	医疗保健 Health Care and Medical Services	其他用品及服务 Miscellaneous Goods and Services
平均指数	**Average Index**	**99.6**	**99.9**	**99.9**	**99.8**	**99.5**	**100.0**	**100.4**
北 京	Beijing	99.8	99.9	99.7	99.8	100.1	99.7	100.8
天 津	Tianjin	99.7	100.1	100.0	99.5	99.9	100.1	100.0
石家庄	Shijiazhuang	101.2	100.0	99.9	100.4	99.9	100.0	101.1
太 原	Taiyuan	98.3	100.0	100.1	99.2	100.2	100.0	100.3
呼和浩特	Hohhot	99.3	99.6	99.9	98.9	100.0	100.5	99.4
沈 阳	Shenyang	99.0	100.0	99.7	100.0	99.8	100.0	100.4
大 连	Dalian	100.8	100.0	100.0	99.9	100.1	100.0	100.1
长 春	Changchun	99.7	100.0	100.4	99.7	100.0	100.2	100.8
哈尔滨	Harbin	99.2	100.0	99.9	99.7	99.7	100.0	99.4
上 海	Shanghai	99.7	99.9	100.0	99.7	99.8	100.1	100.0
南 京	Nanjing	97.8	99.8	100.0	99.4	98.5	99.3	103.7
杭 州	Hangzhou	100.1	100.0	100.1	100.0	99.7	100.0	99.9
宁 波	Ningbo	99.6	100.0	100.4	99.3	99.3	100.0	100.1
合 肥	Hefei	101.2	100.1	99.7	99.5	100.0	100.0	100.0
福 州	Fuzhou	99.8	100.0	99.9	99.9	99.9	100.0	100.3
厦 门	Xiamen	99.9	99.8	100.4	99.2	99.7	99.2	99.9
南 昌	Nanchang	98.7	100.0	99.7	99.8	99.3	100.0	100.5
济 南	Jinan	99.0	99.7	99.0	99.7	99.7	100.1	100.9
青 岛	Qingdao	100.2	100.2	99.5	99.1	99.8	100.0	100.8
郑 州	Zhengzhou	99.9	99.9	100.2	99.4	99.6	100.5	99.6
武 汉	Wuhan	99.9	98.4	99.8	100.0	100.0	99.9	100.4
长 沙	Changsha	100.0	99.8	99.9	99.8	100.0	100.1	100.6
广 州	Guangzhou	99.6	100.2	99.2	100.4	96.6	100.0	100.3
深 圳	Shenzhen	99.3	100.1	99.7	100.2	98.0	99.7	100.4
南 宁	Nanning	99.7	99.9	99.7	99.0	99.8	99.9	100.2
海 口	Haikou	98.7	99.5	100.5	100.3	99.9	99.9	100.3
重 庆	Chongqing	99.7	99.9	100.1	100.0	99.0	100.0	100.3
成 都	Chengdu	100.0	99.7	100.2	99.6	100.5	100.0	99.9
贵 阳	Guiyang	98.9	99.9	100.6	99.7	98.0	100.3	100.1
昆 明	Kunming	98.2	99.8	100.0	99.6	99.9	100.0	101.2
拉 萨	Lasa	100.3	100.0	100.0	100.3	102.8	100.4	101.7
西 安	Xi'an	99.0	100.1	100.3	100.1	100.2	100.0	100.3
兰 州	Lanzhou	99.6	100.1	100.1	100.1	100.0	99.9	100.8
西 宁	Xining	100.9	100.0	99.7	100.6	101.1	100.0	99.8
银 川	Yinchuan	100.5	99.8	99.0	99.9	100.3	100.2	101.3
乌鲁木齐	Urumqi	98.9	100.2	99.6	100.1	101.0	100.0	100.6

3-45 36个大中城市居民消费价格分类指数(环比)
Consumer Price Indices by Category for 36 Major Large and Medium-sized Cities (2020年7月)

(上月=100) (preceding month=100)

城市	City	居民消费价格指数 Consumer Price Index	食品烟酒 Food, Tobacco and Liquor	粮食 Grain	鲜菜 Fresh Vegetables	畜肉 Meat	水产品 Aquatic Products	蛋 Eggs	鲜果 Fresh Fruits
平均指数	**Average Index**	**100.5**	**101.7**	**100.1**	**106.0**	**106.6**	**100.5**	**102.7**	**95.8**
北京	Beijing	100.1	100.5	100.6	98.2	105.1	100.2	103.1	94.8
天津	Tianjin	100.5	101.8	100.8	103.7	106.7	100.7	105.4	100.4
石家庄	Shijiazhuang	100.2	101.0	100.1	104.6	103.8	99.1	105.6	103.2
太原	Taiyuan	99.8	101.1	99.8	102.3	105.9	99.5	106.7	93.5
呼和浩特	Hohhot	100.2	100.7	100.0	97.6	106.0	101.6	104.3	92.8
沈阳	Shenyang	100.6	101.8	100.5	108.1	106.9	98.9	103.5	97.5
大连	Dalian	100.5	101.8	100.4	108.9	109.6	99.6	109.3	93.8
长春	Changchun	100.4	100.9	100.3	100.6	106.6	100.5	102.7	91.0
哈尔滨	Harbin	99.7	101.5	99.8	98.3	109.2	99.7	97.8	95.2
上海	Shanghai	100.2	101.0	100.4	108.8	104.0	98.2	99.7	93.7
南京	Nanjing	100.8	102.8	100.2	108.1	108.5	106.7	102.6	97.0
杭州	Hangzhou	100.7	101.9	100.0	108.7	106.8	106.2	100.3	92.6
宁波	Ningbo	101.0	102.9	102.4	110.5	108.2	103.8	100.2	99.2
合肥	Hefei	100.7	102.9	100.5	111.6	107.7	104.0	108.7	96.2
福州	Fuzhou	100.8	102.5	99.9	114.2	107.1	100.0	99.9	100.6
厦门	Xiamen	100.6	101.7	99.0	103.1	108.3	98.8	98.8	97.0
南昌	Nanchang	101.0	102.7	101.3	115.6	106.2	98.7	102.8	100.7
济南	Jinan	100.6	101.8	100.0	103.6	108.0	99.1	107.9	82.7
青岛	Qingdao	100.6	101.6	97.9	107.9	107.7	100.8	104.7	87.4
郑州	Zhengzhou	100.4	101.4	100.0	104.0	106.5	98.8	105.0	93.6
武汉	Wuhan	101.1	103.3	100.0	124.1	107.0	103.1	98.3	97.5
长沙	Changsha	101.4	103.3	100.0	110.1	109.8	100.0	100.6	102.0
广州	Guangzhou	100.5	101.2	99.8	103.4	105.4	98.1	100.8	98.6
深圳	Shenzhen	100.4	100.9	101.0	102.5	104.2	99.1	102.1	99.8
南宁	Nanning	100.9	102.0	100.1	107.6	108.2	99.1	101.7	95.4
海口	Haikou	100.2	101.2	95.8	103.7	104.8	100.4	99.7	99.5
重庆	Chongqing	101.1	103.6	98.3	113.4	110.5	101.2	104.5	92.0
成都	Chengdu	100.2	101.8	98.6	101.0	107.2	101.1	102.0	99.1
贵阳	Guiyang	100.9	102.4	100.6	104.1	108.8	99.3	103.2	97.1
昆明	Kunming	100.7	101.9	99.9	101.7	108.7	99.5	99.6	97.4
拉萨	Lasa	100.8	100.4	100.0	96.4	102.7	102.0	102.6	98.4
西安	Xi'an	100.3	101.0	99.8	99.4	106.8	102.0	112.1	98.6
兰州	Lanzhou	100.2	100.7	100.2	101.1	104.6	100.2	102.4	96.0
西宁	Xining	100.2	100.6	100.9	99.7	104.3	100.5	104.7	89.9
银川	Yinchuan	100.4	100.9	99.7	104.4	105.5	99.8	100.9	97.5
乌鲁木齐	Urumqi	100.3	101.2	102.0	94.6	105.1	100.8	108.9	98.8

3-45 续表 continued

(上月=100) (preceding month=100)

城市	City	衣着 Clothing	居住 Residence	生活用品及服务 Household Facilities, Articles and Services	交通通信 Transport and Communications	教育文化娱乐 Education, Cultural and Recreation	医疗保健 Health Care and Medical Services	其他用品及服务 Miscellaneous Goods and Services
平均指数	**Average Index**	**99.5**	**100.0**	**100.0**	**100.4**	**99.4**	**100.1**	**101.2**
北京	Beijing	99.8	100.1	100.0	100.8	98.4	100.3	100.9
天津	Tianjin	99.5	100.0	99.9	100.1	99.9	99.9	101.7
石家庄	Shijiazhuang	99.1	100.0	100.1	99.8	99.9	100.0	101.3
太原	Taiyuan	96.4	99.0	99.9	100.2	99.9	100.0	100.0
呼和浩特	Hohhot	99.4	100.0	100.0	100.5	100.1	99.9	100.4
沈阳	Shenyang	99.3	100.0	100.1	100.9	99.9	100.0	100.8
大连	Dalian	99.9	99.8	100.0	101.0	98.0	100.0	102.5
长春	Changchun	99.8	100.0	100.0	99.8	101.2	100.0	101.3
哈尔滨	Harbin	99.9	95.9	100.0	100.3	99.5	100.0	100.5
上海	Shanghai	99.8	100.1	99.8	100.6	98.8	99.7	101.4
南京	Nanjing	98.4	100.1	99.5	100.5	99.5	100.0	102.6
杭州	Hangzhou	99.9	100.0	99.8	100.6	100.0	100.1	101.1
宁波	Ningbo	100.3	100.0	100.7	100.5	100.2	100.2	101.0
合肥	Hefei	98.0	100.0	100.0	100.2	99.1	99.9	100.7
福州	Fuzhou	99.9	100.0	100.0	100.3	99.6	100.0	101.2
厦门	Xiamen	99.6	100.1	100.2	100.2	100.3	99.8	101.1
南昌	Nanchang	99.9	99.8	99.9	100.7	100.3	100.0	100.7
济南	Jinan	99.2	100.3	99.9	100.3	100.0	100.0	101.1
青岛	Qingdao	99.3	100.2	99.6	100.7	99.3	100.6	101.8
郑州	Zhengzhou	100.0	99.9	99.9	100.4	99.4	100.0	101.6
武汉	Wuhan	99.6	99.7	99.9	100.7	100.0	100.0	100.8
长沙	Changsha	100.0	100.5	100.1	100.4	100.9	100.0	101.4
广州	Guangzhou	99.4	100.1	100.3	99.9	100.3	100.1	101.4
深圳	Shenzhen	98.6	100.1	100.6	100.1	100.4	99.9	101.1
南宁	Nanning	100.6	99.5	99.7	100.8	99.8	102.7	101.1
海口	Haikou	99.0	99.6	99.7	100.6	98.6	100.1	100.7
重庆	Chongqing	99.9	100.1	100.4	99.9	99.3	100.1	100.9
成都	Chengdu	99.0	100.3	100.5	99.4	97.0	100.3	100.8
贵阳	Guiyang	98.6	100.0	100.0	101.0	100.5	100.0	101.3
昆明	Kunming	100.0	100.0	100.0	100.7	100.0	100.0	100.0
拉萨	Lasa	100.1	100.0	100.3	100.5	104.4	100.0	105.9
西安	Xi'an	99.1	100.1	100.1	100.1	100.0	99.6	101.7
兰州	Lanzhou	99.8	99.9	100.0	100.1	99.3	100.0	100.9
西宁	Xining	98.9	99.9	99.5	101.1	100.3	99.9	101.9
银川	Yinchuan	99.2	100.0	99.7	101.2	100.0	100.0	102.6
乌鲁木齐	Urumqi	98.7	99.8	100.0	100.3	100.1	100.1	100.1

3-46 36个大中城市居民消费价格分类指数(环比)

Consumer Price Indices by Category for 36 Major Large and Medium-sized Cities (2020年8月)

(上月=100) (preceding month=100)

城市	City	居民消费价格指数 Consumer Price Index	食品烟酒 Food, Tobacco and Liquor	粮食 Grain	鲜菜 Fresh Vegetables	畜肉 Meat	水产品 Aquatic Products	蛋 Eggs	鲜果 Fresh Fruits
平均指数	**Average Index**	**100.3**	**100.7**	**100.2**	**105.2**	**101.1**	**99.2**	**108.1**	**99.0**
北京	Beijing	100.3	100.5	99.3	106.1	99.6	99.1	107.3	97.7
天津	Tianjin	100.4	100.7	99.8	108.9	100.5	99.2	111.9	97.0
石家庄	Shijiazhuang	100.2	100.1	99.0	105.5	101.5	100.7	107.5	84.2
太原	Taiyuan	100.2	102.4	100.7	110.3	103.4	100.3	130.0	105.7
呼和浩特	Hohhot	100.3	101.5	100.0	108.3	101.7	99.0	113.6	106.1
沈阳	Shenyang	100.4	101.0	101.1	108.9	101.5	98.0	107.4	98.5
大连	Dalian	100.1	100.2	100.0	108.9	100.9	95.7	114.0	95.5
长春	Changchun	100.1	100.9	100.0	106.2	101.5	100.9	110.8	101.1
哈尔滨	Harbin	100.5	100.3	100.2	103.7	100.3	99.3	119.2	97.6
上海	Shanghai	100.1	100.2	100.2	100.8	101.1	99.0	106.4	97.5
南京	Nanjing	100.5	101.2	100.0	109.3	100.1	103.0	108.2	102.0
杭州	Hangzhou	100.2	100.2	99.9	100.2	100.8	98.9	106.4	98.3
宁波	Ningbo	100.3	100.3	100.1	100.9	101.4	97.5	103.0	100.5
合肥	Hefei	100.1	100.9	100.0	103.1	101.6	99.1	109.8	101.6
福州	Fuzhou	100.3	100.2	100.1	99.5	100.7	98.3	109.6	104.0
厦门	Xiamen	100.3	100.3	100.9	103.1	100.2	98.3	106.9	107.3
南昌	Nanchang	99.9	100.0	99.9	99.4	99.4	101.9	104.5	98.7
济南	Jinan	100.6	101.7	98.8	112.9	101.4	100.2	103.7	111.1
青岛	Qingdao	100.6	101.2	100.8	114.2	100.1	95.4	106.0	106.8
郑州	Zhengzhou	100.4	101.1	100.0	106.2	101.2	100.5	109.1	101.5
武汉	Wuhan	100.1	100.5	100.0	103.7	99.8	100.7	110.5	99.2
长沙	Changsha	100.2	100.6	100.0	101.5	101.0	100.3	107.2	100.9
广州	Guangzhou	100.6	100.6	99.0	104.3	100.7	99.5	105.6	98.3
深圳	Shenzhen	100.3	100.4	99.7	102.0	100.9	99.6	104.3	101.3
南宁	Nanning	100.4	101.0	99.8	102.6	101.6	100.5	108.0	100.8
海口	Haikou	100.1	101.0	103.9	103.6	101.6	98.4	103.2	101.8
重庆	Chongqing	100.3	101.0	102.2	104.0	101.8	102.3	106.8	95.2
成都	Chengdu	100.9	102.5	102.3	117.1	102.5	100.7	103.5	100.3
贵阳	Guiyang	100.9	101.8	100.6	103.3	105.5	99.3	109.7	98.5
昆明	Kunming	100.8	101.6	99.7	103.8	105.5	99.3	102.4	97.5
拉萨	Lasa	100.4	100.6	100.0	100.7	100.2	100.6	104.6	100.2
西安	Xi'an	100.5	101.3	99.9	111.0	101.2	100.9	118.9	97.1
兰州	Lanzhou	100.5	101.1	99.9	108.4	101.0	99.9	116.6	98.9
西宁	Xining	100.3	101.1	100.0	108.6	102.2	99.7	114.5	99.8
银川	Yinchuan	100.4	101.6	99.9	113.6	101.1	99.6	112.1	102.2
乌鲁木齐	Urumqi	100.3	100.3	100.0	96.1	102.5	101.2	115.6	94.0

3-46 续表 continued

(上月=100) (preceding month=100)

城市	City	衣着 Clothing	居住 Residence	生活用品及服务 Household Facilities, Articles and Services	交通通信 Transport and Communications	教育文化娱乐 Education, Cultural and Recreation	医疗保健 Health Care and Medical Services	其他用品及服务 Miscellaneous Goods and Services
平均指数	**Average Index**	**99.9**	**100.1**	**100.0**	**100.4**	**99.6**	**100.1**	**102.8**
北京	Beijing	100.3	100.1	100.0	100.5	99.2	100.3	103.6
天津	Tianjin	99.9	100.4	100.1	100.3	99.6	100.2	103.1
石家庄	Shijiazhuang	101.9	100.2	100.1	100.2	99.0	99.9	102.8
太原	Taiyuan	97.3	99.6	99.9	100.5	98.4	99.4	101.0
呼和浩特	Hohhot	100.1	99.6	99.9	100.2	98.2	100.3	102.4
沈阳	Shenyang	99.8	100.0	99.9	100.1	100.1	100.0	101.8
大连	Dalian	100.1	100.1	100.0	100.4	98.4	100.0	103.4
长春	Changchun	99.8	100.0	100.3	101.1	95.9	100.0	104.0
哈尔滨	Harbin	101.6	100.1	100.5	101.1	98.9	101.2	104.7
上海	Shanghai	100.3	100.2	99.6	100.4	98.9	99.8	102.2
南京	Nanjing	98.6	100.9	101.3	100.1	99.0	100.1	103.1
杭州	Hangzhou	100.0	100.0	100.0	100.1	100.2	100.0	102.0
宁波	Ningbo	100.2	100.0	100.4	100.5	99.7	101.3	102.2
合肥	Hefei	97.5	100.4	100.4	99.8	98.8	100.0	101.2
福州	Fuzhou	100.4	99.4	100.0	100.3	101.2	100.0	103.5
厦门	Xiamen	99.7	100.2	99.7	100.2	100.5	100.0	102.3
南昌	Nanchang	99.4	99.9	100.6	100.1	98.9	100.1	102.3
济南	Jinan	99.9	100.0	99.7	100.2	98.7	100.0	104.3
青岛	Qingdao	99.7	100.1	100.2	100.1	99.8	100.0	104.8
郑州	Zhengzhou	100.1	100.0	99.9	100.1	98.6	100.4	104.6
武汉	Wuhan	99.5	100.2	99.6	100.3	98.7	100.0	102.9
长沙	Changsha	100.0	100.2	99.8	100.1	99.5	99.9	102.0
广州	Guangzhou	99.8	100.2	100.1	100.1	102.3	100.3	102.4
深圳	Shenzhen	99.1	100.0	100.1	100.9	100.2	99.5	103.1
南宁	Nanning	100.0	100.5	100.1	100.1	98.9	100.0	103.6
海口	Haikou	99.4	100.1	100.0	100.3	97.2	100.0	103.0
重庆	Chongqing	100.3	99.4	99.6	100.6	100.2	100.0	102.1
成都	Chengdu	100.1	100.1	99.7	100.8	99.7	99.8	101.4
贵阳	Guiyang	100.2	100.0	100.1	101.0	100.3	100.0	103.7
昆明	Kunming	100.6	100.0	100.0	100.5	100.0	100.3	103.0
拉萨	Lasa	100.0	100.0	100.0	100.5	100.0	99.8	104.1
西安	Xi'an	99.9	100.2	100.0	100.1	99.7	100.0	104.3
兰州	Lanzhou	99.9	100.1	100.1	100.8	99.3	100.0	104.0
西宁	Xining	99.1	99.8	99.9	100.8	99.3	100.1	103.2
银川	Yinchuan	98.6	100.2	100.2	99.4	99.4	100.0	101.9
乌鲁木齐	Urumqi	100.0	100.0	100.2	101.1	100.0	100.0	101.1

3-47　36个大中城市居民消费价格分类指数(环比)
Consumer Price Indices by Category for 36 Major Large and Medium-sized Cities
(2020年9月)

(上月=100)　(preceding month=100)

城市	City	居民消费价格指数 Consumer Price Index	食品烟酒 Food, Tobacco and Liquor	粮食 Grain	鲜菜 Fresh Vegetables	畜肉 Meat	水产品 Aquatic Products	蛋 Eggs	鲜果 Fresh Fruits
平均指数	**Average Index**	**100.2**	**100.4**	**99.9**	**102.8**	**99.3**	**99.3**	**100.5**	**109.1**
北京	Beijing	100.2	101.2	99.1	106.0	99.3	100.5	101.6	119.6
天津	Tianjin	100.1	100.3	99.9	105.0	99.1	98.6	100.9	105.2
石家庄	Shijiazhuang	100.9	101.8	99.6	106.0	100.0	99.4	102.2	137.6
太原	Taiyuan	100.8	100.7	99.5	107.3	99.4	99.5	99.3	107.2
呼和浩特	Hohhot	100.5	100.9	99.9	110.1	99.4	99.2	101.8	106.5
沈阳	Shenyang	100.6	101.4	100.6	110.7	99.8	99.1	99.6	107.9
大连	Dalian	100.2	100.7	100.2	108.9	98.4	96.1	106.6	109.1
长春	Changchun	101.1	102.7	99.7	117.4	100.7	98.9	100.4	121.7
哈尔滨	Harbin	100.6	101.3	99.4	118.7	99.7	100.6	100.8	103.9
上海	Shanghai	100.2	100.6	99.9	102.1	99.7	99.9	101.1	110.3
南京	Nanjing	99.9	99.6	100.4	98.3	97.9	92.3	100.2	114.0
杭州	Hangzhou	100.3	100.8	99.9	104.4	100.1	99.2	100.1	107.7
宁波	Ningbo	100.7	100.7	99.5	101.4	99.5	100.1	100.2	113.5
合肥	Hefei	100.1	100.0	100.3	97.4	97.9	96.2	98.4	116.7
福州	Fuzhou	99.8	99.6	100.1	103.6	96.7	99.0	101.0	101.3
厦门	Xiamen	100.3	100.5	99.5	104.5	99.6	100.2	100.7	103.4
南昌	Nanchang	100.2	100.3	98.4	104.6	100.0	96.4	100.2	101.9
济南	Jinan	99.9	99.9	101.9	97.2	98.4	101.2	102.0	113.9
青岛	Qingdao	100.5	101.5	99.1	101.6	99.8	105.4	101.6	117.2
郑州	Zhengzhou	100.6	100.4	100.2	101.4	99.5	99.7	101.8	111.4
武汉	Wuhan	99.9	99.6	100.0	97.1	99.6	95.1	98.8	108.1
长沙	Changsha	100.0	100.9	100.0	103.7	100.4	99.9	99.6	105.3
广州	'Guangzhou	99.8	99.8	99.6	99.3	99.1	101.5	99.7	102.5
深圳	Shenzhen	100.0	99.6	100.0	100.8	99.0	99.3	99.6	101.4
南宁	Nanning	100.2	100.1	100.8	100.1	99.6	101.4	97.8	104.3
海口	Haikou	100.0	100.1	99.7	99.2	100.3	98.4	99.2	102.6
重庆	Chongqing	100.3	100.0	99.1	102.6	99.5	99.0	99.7	108.2
成都	Chengdu	100.0	99.8	100.2	100.5	98.2	98.8	100.3	103.5
贵阳	Guiyang	100.2	100.8	100.9	105.1	100.5	101.5	100.3	104.2
昆明	Kunming	100.3	100.9	100.2	105.3	101.1	100.1	101.8	99.8
拉萨	Lasa	99.8	99.7	100.0	96.4	99.9	101.1	100.8	98.2
西安	Xi'an	100.3	99.8	99.8	99.3	99.5	96.0	96.8	106.6
兰州	Lanzhou	100.3	100.9	100.4	107.5	100.3	100.0	97.5	101.9
西宁	Xining	100.0	100.3	100.9	102.5	98.9	99.4	100.2	107.0
银川	Yinchuan	100.4	100.4	102.1	101.7	99.6	99.2	100.5	108.2
乌鲁木齐	Urumqi	99.4	98.7	99.8	97.6	96.5	99.0	91.8	107.7

3-47 续表 continued

(上月=100) (preceding month=100)

城市	City	衣着 Clothing	居住 Residence	生活用品及服务 Household Facilities, Articles and Services	交通通信 Transport and Communications	教育文化娱乐 Education, Cultural and Recreation	医疗保健 Health Care and Medical Services	其他用品及服务 Miscellaneous Goods and Services
平均指数	**Average Index**	**101.2**	**100.0**	**99.8**	**100.0**	**100.3**	**100.0**	**98.8**
北京	Beijing	101.5	100.0	99.5	100.5	98.2	99.6	99.0
天津	Tianjin	100.3	100.1	100.1	100.6	99.7	99.8	98.8
石家庄	Shijiazhuang	101.9	100.0	98.3	100.0	102.4	100.4	98.1
太原	Taiyuan	105.9	99.7	100.1	100.3	100.9	100.0	99.7
呼和浩特	Hohhot	100.3	100.1	99.9	99.9	101.7	100.1	99.3
沈阳	Shenyang	100.2	100.0	99.8	100.4	101.3	100.0	99.7
大连	Dalian	101.3	99.8	99.4	99.5	100.1	100.0	97.6
长春	Changchun	101.8	100.0	99.9	100.2	101.2	99.9	97.7
哈尔滨	Harbin	101.6	100.0	100.2	100.3	100.5	100.0	98.3
上海	Shanghai	101.3	100.2	99.5	99.9	100.1	99.9	98.6
南京	Nanjing	102.5	99.8	99.5	98.6	100.2	99.9	101.1
杭州	Hangzhou	100.3	99.9	100.2	99.8	100.7	100.4	98.9
宁波	Ningbo	100.5	99.9	100.0	99.9	103.8	99.9	99.1
合肥	Hefei	101.7	99.9	99.7	100.0	100.9	99.8	98.0
福州	Fuzhou	100.2	99.9	100.0	99.6	101.0	100.0	97.7
厦门	Xiamen	101.4	100.2	100.4	100.2	99.7	100.0	98.7
南昌	Nanchang	100.5	100.0	100.3	99.8	101.0	100.0	99.1
济南	Jinan	101.5	100.2	100.2	99.6	99.2	99.9	98.1
青岛	Qingdao	100.2	99.8	99.7	100.4	100.7	100.0	96.8
郑州	Zhengzhou	100.4	99.9	99.9	99.7	104.6	100.0	97.7
武汉	Wuhan	100.0	100.6	100.1	99.8	100.0	100.0	98.2
长沙	Changsha	100.3	98.6	100.0	100.0	99.7	99.9	99.7
广州	Guangzhou	101.2	99.9	99.5	100.2	99.0	100.0	98.6
深圳	Shenzhen	102.3	99.9	100.2	99.6	100.5	100.1	98.3
南宁	Nanning	101.2	100.3	100.5	100.4	100.5	100.0	97.8
海口	Haikou	101.3	99.8	100.2	99.3	100.5	99.9	99.0
重庆	Chongqing	102.6	100.1	99.6	100.1	100.9	100.0	98.3
成都	Chengdu	100.1	100.3	100.1	100.3	99.7	100.2	101.0
贵阳	Guiyang	100.4	100.0	99.7	99.4	99.8	100.0	98.7
昆明	Kunming	100.8	100.0	100.1	99.6	99.9	100.0	99.3
拉萨	Lasa	100.3	100.0	100.0	99.8	100.0	100.0	97.6
西安	Xi'an	102.3	100.4	100.1	99.9	101.8	100.0	97.5
兰州	Lanzhou	100.9	99.9	100.1	100.4	100.2	100.1	97.4
西宁	Xining	100.2	100.0	99.1	99.0	101.0	99.9	96.5
银川	Yinchuan	100.4	99.9	100.4	101.3	101.0	100.1	100.2
乌鲁木齐	Urumqi	100.3	99.1	98.6	100.1	100.0	100.0	99.5

3-48 36个大中城市居民消费价格分类指数(环比)
Consumer Price Indices by Category for 36 Major Large and Medium-sized Cities
(2020年10月)

(上月=100) (preceding month=100)

城市	City	居民消费价格指数 Consumer Price Index	食品烟酒 Food, Tobacco and Liquor	粮食 Grain	鲜菜 Fresh Vegetables	畜肉 Meat	水产品 Aquatic Products	蛋 Eggs	鲜果 Fresh Fruits
平均指数	**Average Index**	**99.8**	**98.9**	**100.1**	**96.4**	**95.9**	**98.7**	**98.0**	**101.8**
北京	Beijing	100.3	99.5	100.5	95.3	96.5	99.7	97.3	104.4
天津	Tianjin	99.3	98.0	99.7	93.9	94.6	95.4	97.7	98.9
石家庄	Shijiazhuang	99.5	99.6	101.6	101.1	98.1	97.5	96.2	97.7
太原	Taiyuan	99.4	98.4	98.0	90.2	94.6	98.8	92.9	113.5
呼和浩特	Hohhot	99.5	98.6	99.9	97.0	95.9	96.7	96.4	97.2
沈阳	Shenyang	99.2	97.6	99.8	86.9	93.8	100.8	96.7	101.5
大连	Dalian	99.4	97.9	100.2	90.4	93.7	98.3	92.0	103.6
长春	Changchun	99.5	98.4	99.9	94.4	96.1	96.4	97.3	99.1
哈尔滨	Harbin	99.6	98.7	100.2	95.2	93.5	100.2	95.7	108.2
上海	Shanghai	99.7	99.0	99.8	91.0	98.2	98.7	97.4	105.4
南京	Nanjing	99.5	98.2	100.0	91.0	95.9	96.4	100.3	102.9
杭州	Hangzhou	99.6	98.5	100.0	91.4	96.2	97.3	99.8	104.0
宁波	Ningbo	99.9	98.5	99.6	93.6	96.3	97.4	99.1	98.2
合肥	Hefei	99.8	98.2	99.6	96.6	96.1	95.4	98.3	88.0
福州	Fuzhou	99.5	98.5	100.0	95.7	94.9	100.2	99.6	98.7
厦门	Xiamen	99.4	97.9	100.2	95.1	92.2	100.1	101.0	100.8
南昌	Nanchang	99.7	99.1	100.7	100.2	98.1	95.2	100.8	93.0
济南	Jinan	99.3	97.8	98.9	96.6	93.3	98.5	96.8	103.2
青岛	Qingdao	99.5	98.1	100.2	90.3	94.7	101.6	96.2	101.6
郑州	Zhengzhou	99.6	99.1	100.0	98.2	95.9	100.6	98.7	105.6
武汉	Wuhan	99.8	99.0	100.0	102.0	95.1	95.7	100.4	102.2
长沙	Changsha	99.9	99.4	101.7	103.6	95.9	99.9	99.2	98.9
广州	Guangzhou	100.5	99.9	102.4	103.2	97.6	100.8	99.0	94.5
深圳	Shenzhen	99.7	99.6	98.5	101.4	97.2	99.8	99.3	100.1
南宁	Nanning	100.0	99.4	98.2	102.0	97.8	102.1	99.7	92.6
海口	Haikou	100.5	101.0	102.0	110.2	100.3	100.3	98.7	101.1
重庆	Chongqing	99.8	98.7	100.6	101.4	93.7	97.5	98.3	98.3
成都	Chengdu	99.6	98.6	100.9	97.8	94.5	97.3	100.0	100.7
贵阳	Guiyang	99.8	99.3	99.3	100.7	96.2	100.1	98.3	101.6
昆明	Kunming	99.9	99.9	100.0	107.9	96.2	100.4	100.2	98.8
拉萨	Lasa	99.9	99.8	100.0	97.6	98.6	100.1	100.0	98.6
西安	Xi'an	99.8	99.4	100.2	99.4	95.7	96.6	98.5	105.3
兰州	Lanzhou	99.7	99.4	100.1	98.6	98.2	100.2	99.2	99.6
西宁	Xining	99.9	98.9	99.6	95.0	96.9	98.2	98.7	101.2
银川	Yinchuan	100.1	100.6	99.4	100.3	98.9	99.8	100.0	112.0
乌鲁木齐	Urumqi	100.7	100.8	100.4	113.9	97.9	99.1	98.3	108.4

3-48 续表 continued

(上月=100) (preceding month=100)

城市	City	衣着 Clothing	居住 Residence	生活用品及服务 Household Facilities, Articles and Services	交通通信 Transport and Communications	教育文化娱乐 Education, Cultural and Recreation	医疗保健 Health Care and Medical Services	其他用品及服务 Miscellaneous Goods and Services
平均指数	**Average Index**	**100.4**	**100.0**	**100.2**	**99.8**	**101.1**	**100.0**	**98.6**
北京	Beijing	101.0	100.1	100.3	99.6	103.4	100.3	99.8
天津	Tianjin	100.0	99.8	99.9	98.9	101.2	99.9	98.2
石家庄	Shijiazhuang	98.6	99.7	101.3	99.7	99.6	99.7	93.8
太原	Taiyuan	98.6	99.7	99.8	100.4	101.5	100.0	95.1
呼和浩特	Hohhot	99.9	99.9	100.0	99.6	100.5	99.9	97.9
沈阳	Shenyang	100.4	99.9	99.9	99.7	100.0	100.0	99.0
大连	Dalian	100.6	99.6	100.4	100.2	100.0	100.0	99.4
长春	Changchun	99.1	100.0	100.3	100.1	101.8	100.0	97.1
哈尔滨	Harbin	99.7	100.0	99.7	100.8	100.4	100.0	97.8
上海	Shanghai	100.0	99.9	100.8	99.4	100.8	99.7	99.8
南京	Nanjing	100.8	100.1	100.3	99.8	100.3	100.5	95.1
杭州	Hangzhou	99.8	100.1	100.1	99.8	101.6	100.0	96.1
宁波	Ningbo	101.1	100.3	100.6	100.5	101.3	100.1	96.8
合肥	Hefei	103.8	99.7	99.5	100.4	101.5	100.0	97.5
福州	Fuzhou	100.3	100.1	99.9	100.1	100.3	100.0	95.7
厦门	Xiamen	101.8	100.1	100.1	100.1	100.4	99.8	95.6
南昌	Nanchang	100.2	100.2	100.0	99.3	101.0	100.1	98.1
济南	Jinan	100.0	100.4	99.7	99.5	100.1	100.1	100.7
青岛	Qingdao	100.4	100.2	99.8	99.2	101.8	100.0	100.1
郑州	Zhengzhou	100.0	99.9	99.8	99.5	100.5	100.5	94.9
武汉	Wuhan	100.3	100.2	100.9	100.1	100.0	100.0	98.5
长沙	Changsha	99.9	100.4	100.2	99.9	100.3	100.0	98.3
广州	Guangzhou	102.7	100.6	99.3	100.4	102.4	100.1	98.2
深圳	Shenzhen	99.0	99.7	100.1	99.8	100.5	100.1	98.6
南宁	Nanning	100.5	100.8	100.0	99.4	101.1	100.0	99.2
海口	Haikou	101.2	100.4	100.3	100.1	100.0	100.0	98.4
重庆	Chongqing	100.9	100.1	100.2	99.7	101.4	100.0	99.3
成都	Chengdu	99.4	100.0	100.2	99.8	100.9	99.9	99.4
贵阳	Guiyang	99.7	100.0	100.2	99.8	100.3	100.0	100.3
昆明	Kunming	100.7	99.9	99.9	100.2	99.2	100.0	98.5
拉萨	Lasa	100.3	100.0	100.1	99.7	100.0	100.0	98.8
西安	Xi'an	101.3	99.6	99.8	100.3	99.7	99.8	101.0
兰州	Lanzhou	100.3	100.0	100.0	99.7	99.6	100.0	98.4
西宁	Xining	101.1	100.8	100.3	99.7	100.3	100.0	98.9
银川	Yinchuan	99.9	100.0	99.7	100.7	98.6	100.0	100.5
乌鲁木齐	Urumqi	102.1	101.5	102.7	99.4	99.3	100.0	99.9

3-49 36个大中城市居民消费价格分类指数(环比)
Consumer Price Indices by Category for 36 Major Large and Medium-sized Cities (2020年11月)

(上月=100) (preceding month=100)

城市	City	居民消费价格指数 Consumer Price Index	食品烟酒 Food, Tobacco and Liquor	粮食 Grain	鲜菜 Fresh Vegetables	畜肉 Meat	水产品 Aquatic Products	蛋 Eggs	鲜果 Fresh Fruits
平均指数	**Average Index**	**99.4**	**98.7**	**100.0**	**93.9**	**95.9**	**98.2**	**98.6**	**100.8**
北京	Beijing	99.4	98.8	99.8	98.0	97.4	97.2	99.6	90.9
天津	Tianjin	99.4	99.0	99.7	95.3	96.5	97.9	99.4	99.3
石家庄	Shijiazhuang	99.6	98.4	99.2	96.9	94.8	98.7	98.2	98.6
太原	Taiyuan	99.9	99.2	99.6	100.9	96.1	100.3	95.7	98.0
呼和浩特	Hohhot	99.3	99.3	100.0	100.2	97.0	97.1	99.9	97.6
沈阳	Shenyang	99.8	99.7	100.1	100.6	96.3	99.7	98.2	104.9
大连	Dalian	99.7	99.6	100.2	102.0	96.4	100.0	97.4	102.0
长春	Changchun	99.5	99.3	99.7	102.6	95.1	98.6	99.8	101.6
哈尔滨	Harbin	100.0	100.8	100.6	111.3	96.1	101.1	98.5	107.2
上海	Shanghai	99.8	99.3	100.8	92.4	97.1	98.7	99.3	104.2
南京	Nanjing	99.7	98.4	100.5	89.4	96.2	97.0	98.0	103.5
杭州	Hangzhou	99.2	98.1	100.5	85.6	95.2	98.4	99.6	101.5
宁波	Ningbo	99.4	98.5	101.5	88.4	96.0	97.2	100.5	105.1
合肥	Hefei	99.1	98.3	100.2	91.2	95.9	95.4	98.2	104.5
福州	Fuzhou	98.5	96.2	100.1	81.3	90.4	98.3	97.9	99.1
厦门	Xiamen	99.3	97.9	100.9	91.4	94.2	99.2	97.9	94.0
南昌	Nanchang	98.9	96.8	98.0	84.2	94.6	96.0	99.2	99.6
济南	Jinan	99.3	98.7	94.5	93.7	94.7	98.4	97.6	113.4
青岛	Qingdao	98.9	98.5	98.1	93.8	96.2	96.4	99.1	102.2
郑州	Zhengzhou	99.5	98.7	100.0	96.3	96.2	98.4	97.5	101.7
武汉	Wuhan	99.2	97.7	100.0	90.6	93.5	96.5	98.1	101.9
长沙	Changsha	98.8	97.1	100.3	89.3	93.2	97.4	99.1	97.5
广州	Guangzhou	99.0	98.2	99.5	93.1	95.7	98.4	98.8	99.4
深圳	Shenzhen	99.3	98.6	101.0	91.2	95.7	99.0	99.6	100.5
南宁	Nanning	99.4	98.1	102.4	89.8	95.8	98.9	98.6	103.2
海口	Haikou	99.6	99.0	101.4	96.4	96.9	97.5	99.2	99.8
重庆	Chongqing	99.0	97.9	99.0	93.6	94.1	97.8	97.2	102.8
成都	Chengdu	99.0	98.4	99.3	91.9	97.2	98.5	96.6	99.5
贵阳	Guiyang	98.9	97.6	95.2	94.5	93.8	94.8	99.2	102.9
昆明	Kunming	99.8	99.7	101.9	101.6	95.3	99.8	100.4	104.8
拉萨	Lasa	99.7	100.2	99.9	106.9	98.6	93.9	98.7	100.7
西安	Xi'an	99.4	98.6	100.2	94.2	95.7	95.9	94.7	96.7
兰州	Lanzhou	100.0	99.9	100.1	104.4	97.4	100.0	100.0	98.9
西宁	Xining	99.8	100.0	99.8	108.6	97.3	97.8	97.9	113.9
银川	Yinchuan	99.7	100.0	100.5	102.5	98.0	99.2	99.4	98.2
乌鲁木齐	Urumqi	100.4	101.6	100.0	112.8	98.2	99.6	96.8	113.5

3-49 续表 continued

(上月=100) (preceding month=100)

城 市	City	衣着 Clothing	居住 Residence	生活用品及服务 Household Facilities, Articles and Services	交通通信 Transport and Communications	教育文化娱乐 Education, Cultural and Recreation	医疗保健 Health Care and Medical Services	其他用品及服务 Miscellaneous Goods and Services
平均指数	**Average Index**	**100.1**	**100.0**	**100.0**	**99.5**	**98.7**	**100.0**	**99.4**
北 京	Beijing	99.6	99.8	100.4	99.2	98.6	99.8	99.1
天 津	Tianjin	98.6	99.9	100.1	99.5	98.9	99.9	98.6
石家庄	Shijiazhuang	103.6	99.8	99.4	99.8	99.2	99.9	98.5
太 原	Taiyuan	103.7	99.7	100.1	99.4	99.0	99.7	99.8
呼和浩特	Hohhot	99.3	100.0	99.8	98.8	98.2	100.0	98.9
沈 阳	Shenyang	99.9	100.0	100.1	100.0	99.3	100.0	99.8
大 连	Dalian	100.3	100.0	100.2	99.3	99.3	100.0	98.0
长 春	Changchun	102.8	100.0	99.2	99.2	96.8	100.1	99.0
哈尔滨	Harbin	100.8	100.0	100.4	98.3	98.7	100.0	99.4
上 海	Shanghai	99.4	100.1	100.2	99.7	99.3	100.3	100.6
南 京	Nanjing	100.8	99.8	99.8	101.5	99.4	100.0	100.8
杭 州	Hangzhou	100.5	100.0	99.8	99.6	98.4	99.8	99.7
宁 波	Ningbo	100.0	100.0	100.2	100.3	99.0	100.2	98.6
合 肥	Hefei	100.1	100.0	99.8	99.8	97.0	101.2	99.5
福 州	Fuzhou	100.2	100.0	99.5	99.5	98.4	100.0	99.2
厦 门	Xiamen	101.6	99.9	99.7	100.2	99.0	100.0	99.7
南 昌	Nanchang	99.8	100.1	99.7	99.8	100.1	100.0	100.2
济 南	Jinan	100.9	100.0	99.2	99.3	99.0	100.1	97.9
青 岛	Qingdao	99.6	100.2	98.9	99.2	96.6	100.1	95.7
郑 州	Zhengzhou	100.1	100.0	99.9	99.7	99.6	100.0	99.9
武 汉	Wuhan	100.3	99.9	100.2	99.7	100.1	100.0	99.2
长 沙	Changsha	99.9	100.0	100.0	99.7	98.6	99.9	98.8
广 州	Guangzhou	100.1	99.9	99.8	99.0	97.8	100.1	99.2
深 圳	Shenzhen	99.5	99.7	99.9	99.5	99.4	99.7	100.1
南 宁	Nanning	101.5	100.4	99.7	99.2	98.9	100.1	100.9
海 口	Haikou	100.4	100.6	100.0	98.7	99.1	100.3	100.2
重 庆	Chongqing	100.1	99.9	100.3	99.2	97.9	100.0	98.5
成 都	Chengdu	99.4	99.9	100.0	99.4	97.2	100.1	99.3
贵 阳	Guiyang	100.3	100.0	99.5	99.4	98.5	100.0	97.9
昆 明	Kunming	100.0	100.0	99.9	99.7	99.2	100.0	100.1
拉 萨	Lasa	100.2	100.0	100.0	100.0	96.7	100.0	98.2
西 安	Xi'an	100.8	99.6	100.0	99.8	99.4	100.0	99.1
兰 州	Lanzhou	101.8	100.0	100.1	98.7	99.7	100.0	99.8
西 宁	Xining	100.8	100.0	99.7	98.7	98.3	100.1	99.9
银 川	Yinchuan	99.8	99.9	100.2	99.1	99.4	100.0	98.0
乌鲁木齐	Urumqi	101.5	100.3	99.7	99.3	98.6	100.0	99.9

3-50 36个大中城市居民消费价格分类指数(环比)
Consumer Price Indices by Category for 36 Major Large and Medium-sized Cities (2020年12月)

(上月=100) (preceding month=100)

城市	City	居民消费价格指数 Consumer Price Index	食品烟酒 Food, Tobacco and Liquor	粮食 Grain	鲜菜 Fresh Vegetables	畜肉 Meat	水产品 Aquatic Products	蛋 Eggs	鲜果 Fresh Fruits
平均指数	**Average Index**	**100.6**	**101.8**	**99.7**	**108.4**	**103.6**	**100.8**	**102.1**	**104.9**
北京	Beijing	100.3	101.8	98.4	114.5	102.5	99.3	100.9	103.5
天津	Tianjin	100.5	102.3	99.3	112.8	104.6	102.8	104.0	104.4
石家庄	Shijiazhuang	101.0	102.8	101.0	115.6	102.5	100.8	102.7	113.0
太原	Taiyuan	100.5	102.9	102.8	111.8	105.2	98.1	104.2	109.0
呼和浩特	Hohhot	101.1	103.4	100.0	117.4	107.6	100.3	100.6	105.5
沈阳	Shenyang	101.3	103.8	100.5	122.1	107.3	100.1	102.2	103.3
大连	Dalian	100.9	102.7	100.2	119.4	104.5	102.3	110.5	99.4
长春	Changchun	101.0	102.0	100.5	109.0	102.6	99.9	102.3	107.3
哈尔滨	Harbin	101.0	102.8	99.4	111.8	105.2	99.1	102.5	109.9
上海	Shanghai	100.6	101.9	98.8	106.5	101.5	103.0	101.9	111.1
南京	Nanjing	100.6	101.9	100.5	107.7	103.7	100.9	102.8	103.0
杭州	Hangzhou	100.6	101.7	99.6	104.7	104.0	100.7	99.5	113.0
宁波	Ningbo	100.7	101.8	100.0	105.9	102.3	102.5	100.1	111.9
合肥	Hefei	100.8	102.6	99.7	116.2	104.9	100.9	104.3	97.9
福州	Fuzhou	100.6	101.9	100.0	107.8	105.8	100.0	99.9	101.1
厦门	Xiamen	100.7	101.8	100.0	104.0	105.3	102.2	101.7	101.0
南昌	Nanchang	100.7	101.6	103.4	106.4	103.2	99.0	100.8	100.4
济南	Jinan	101.2	103.3	104.8	116.5	104.7	97.9	104.4	113.5
青岛	Qingdao	101.1	103.0	99.3	115.7	104.7	100.7	103.9	109.3
郑州	Zhengzhou	100.9	102.7	100.0	110.8	105.4	100.8	106.4	104.2
武汉	Wuhan	100.7	102.0	100.0	108.8	105.9	100.0	101.4	100.0
长沙	Changsha	100.7	101.5	100.0	106.2	103.4	100.1	98.4	100.0
广州	Guangzhou	99.9	100.0	99.4	102.8	99.3	99.9	100.0	99.9
深圳	Shenzhen	100.5	101.1	98.6	103.7	103.2	99.6	100.5	102.4
南宁	Nanning	100.4	100.5	99.9	103.0	101.3	100.0	101.2	101.3
海口	Haikou	100.4	100.4	97.3	98.3	100.7	99.3	99.9	99.2
重庆	Chongqing	100.3	101.4	99.1	104.0	105.8	97.2	103.6	95.2
成都	Chengdu	100.8	102.0	100.0	103.4	107.0	101.1	99.5	98.2
贵阳	Guiyang	100.4	101.0	99.8	101.8	103.7	99.6	99.4	100.9
昆明	Kunming	100.2	100.1	98.6	99.2	99.7	99.7	101.5	101.4
拉萨	Lasa	100.6	101.9	101.6	105.7	105.0	99.7	99.5	103.5
西安	Xi'an	100.5	102.0	100.1	112.2	104.4	99.9	103.3	101.2
兰州	Lanzhou	100.5	101.1	99.8	108.4	101.2	99.7	99.5	101.6
西宁	Xining	100.9	102.9	101.0	112.7	102.3	100.1	100.7	117.3
银川	Yinchuan	100.6	102.0	99.6	114.0	101.9	99.7	99.4	103.6
乌鲁木齐	Urumqi	101.0	102.5	99.5	116.2	103.3	102.6	101.0	111.1

3-50 续表 continued

(上月=100) (preceding month=100)

城市	City	衣着 Clothing	居住 Residence	生活用品及服务 Household Facilities, Articles and Services	交通通信 Transport and Communications	教育文化娱乐 Education, Cultural and Recreation	医疗保健 Health Care and Medical Services	其他用品及服务 Miscellaneous Goods and Services
平均指数	**Average Index**	**99.6**	**99.9**	**100.2**	**101.1**	**99.8**	**99.9**	**99.5**
北京	Beijing	98.6	99.8	100.1	101.4	98.7	99.8	99.0
天津	Tianjin	97.6	99.9	99.6	100.9	100.3	99.9	98.4
石家庄	Shijiazhuang	100.4	99.8	100.4	100.4	100.4	100.1	100.0
太原	Taiyuan	96.5	100.3	100.0	100.7	99.5	99.7	99.7
呼和浩特	Hohhot	99.8	100.0	99.9	100.4	100.0	99.9	100.7
沈阳	Shenyang	100.8	99.8	100.6	100.7	100.2	100.0	99.3
大连	Dalian	99.0	100.0	100.1	100.9	100.6	100.0	99.1
长春	Changchun	99.8	100.0	100.2	101.4	102.3	100.0	99.1
哈尔滨	Harbin	99.3	100.0	100.0	101.3	100.1	100.0	99.2
上海	Shanghai	99.8	99.9	100.4	101.6	99.9	99.5	99.8
南京	Nanjing	101.0	99.9	100.6	100.6	99.5	100.0	101.0
杭州	Hangzhou	100.7	100.0	99.9	101.1	99.7	100.1	99.5
宁波	Ningbo	99.3	100.2	100.8	101.2	100.0	99.9	99.7
合肥	Hefei	98.9	100.1	100.2	101.5	99.3	99.9	99.7
福州	Fuzhou	100.1	99.9	100.6	100.8	99.9	100.0	99.2
厦门	Xiamen	99.7	100.2	100.4	100.9	99.8	101.0	99.4
南昌	Nanchang	100.1	100.2	99.7	101.0	100.1	100.2	99.0
济南	Jinan	100.2	100.0	100.7	100.8	99.7	100.1	100.0
青岛	Qingdao	99.8	99.9	100.7	101.3	100.5	99.9	99.6
郑州	Zhengzhou	100.1	100.0	100.7	101.0	99.7	100.1	98.3
武汉	Wuhan	100.3	100.0	99.9	100.8	100.0	99.8	100.4
长沙	Changsha	100.2	100.4	100.1	100.6	100.1	100.0	99.4
广州	Guangzhou	98.8	100.0	99.6	100.7	99.6	100.2	100.2
深圳	Shenzhen	100.8	99.9	100.0	101.3	99.9	99.8	99.9
南宁	Nanning	100.2	100.6	100.0	100.9	100.0	99.8	100.7
海口	Haikou	100.0	100.9	100.0	101.2	99.9	100.0	99.5
重庆	Chongqing	99.2	99.4	100.2	101.1	99.6	100.0	99.1
成都	Chengdu	100.1	99.8	100.4	101.2	100.5	99.9	99.4
贵阳	Guiyang	98.8	100.3	100.8	100.7	100.4	100.0	98.7
昆明	Kunming	100.0	100.2	99.9	101.2	100.2	100.0	98.9
拉萨	Lasa	100.0	99.7	100.0	100.6	100.0	100.0	99.3
西安	Xi'an	98.9	100.1	99.7	100.8	99.7	99.9	99.3
兰州	Lanzhou	100.2	100.0	100.0	100.8	100.2	100.0	100.0
西宁	Xining	100.4	99.7	100.0	100.6	99.8	100.1	98.6
银川	Yinchuan	100.6	100.0	100.4	99.3	100.0	100.0	98.2
乌鲁木齐	Urumqi	100.8	100.4	100.1	100.4	100.2	100.0	99.4

3-51 36个大中城市居民消费价格分类指数(同比)
Consumer Price Indices by Category for 36 Major Large and Medium-sized Cities
(2020年1月)

(上年同月=100) (same month of preceding year=100)

城市	City	居民消费价格指数 Consumer Price Index	食品烟酒 Food, Tobacco and Liquor	粮食 Grain	鲜菜 Fresh Vegetables	畜肉 Meat	水产品 Aquatic Products	蛋 Eggs	鲜果 Fresh Fruits
平均指数	**Average Index**	**104.9**	**113.4**	**100.2**	**118.6**	**168.7**	**104.5**	**102.1**	**96.5**
北京	Beijing	104.5	110.3	99.5	123.8	150.7	99.6	99.6	93.5
天津	Tianjin	104.6	111.8	100.7	129.1	158.1	105.0	100.6	95.6
石家庄	Shijiazhuang	105.2	113.0	98.7	130.3	161.8	100.0	101.0	87.9
太原	Taiyuan	105.4	113.2	98.3	121.6	179.1	99.3	100.7	83.1
呼和浩特	Hohhot	104.9	107.9	100.8	116.3	132.3	98.7	104.6	93.7
沈阳	Shenyang	106.1	117.6	101.7	131.2	181.1	107.1	100.4	108.0
大连	Dalian	104.5	113.0	101.3	130.8	172.5	106.9	106.7	93.5
长春	Changchun	105.0	115.0	100.6	124.2	167.2	105.6	97.0	101.6
哈尔滨	Harbin	104.5	116.7	102.6	120.6	180.0	103.7	99.8	105.1
上海	Shanghai	104.3	110.9	99.8	122.0	153.0	105.2	104.4	104.3
南京	Nanjing	105.3	114.8	99.7	119.8	173.5	104.4	103.7	101.1
杭州	Hangzhou	105.6	112.4	98.8	112.3	173.1	107.0	104.4	94.0
宁波	Ningbo	104.5	110.7	100.6	111.0	168.7	101.2	99.3	100.3
合肥	Hefei	105.8	115.4	99.5	117.9	189.9	98.8	96.4	94.7
福州	Fuzhou	104.8	113.0	97.4	107.2	181.0	106.0	99.1	93.5
厦门	Xiamen	105.5	114.9	98.8	109.4	175.2	109.8	102.3	94.1
南昌	Nanchang	104.8	111.2	100.6	102.2	176.6	103.3	96.2	90.5
济南	Jinan	106.1	119.2	102.8	125.2	195.5	104.7	103.9	93.5
青岛	Qingdao	105.8	116.0	98.1	127.3	184.7	104.5	101.7	93.5
郑州	Zhengzhou	105.6	115.5	100.3	122.3	177.1	97.7	104.4	93.4
武汉	Wuhan	104.9	112.4	100.4	99.2	178.6	102.9	105.2	96.2
长沙	Changsha	104.1	112.3	100.8	101.1	182.6	100.2	99.8	86.5
广州	Guangzhou	104.6	115.5	100.4	111.1	182.0	105.5	109.7	87.1
深圳	Shenzhen	106.7	117.2	102.5	116.4	183.1	105.3	104.1	100.2
南宁	Nanning	105.5	118.5	100.5	102.3	199.8	112.1	102.2	101.1
海口	Haikou	105.3	114.5	101.0	97.3	170.9	103.2	102.9	113.4
重庆	Chongqing	104.9	113.3	93.3	113.6	175.8	105.0	99.3	80.3
成都	Chengdu	105.4	117.0	105.8	117.6	164.5	106.0	98.9	104.1
贵阳	Guiyang	105.1	115.5	101.2	110.9	164.8	111.0	103.4	98.8
昆明	Kunming	105.4	115.1	98.7	127.7	163.9	98.2	103.8	111.3
拉萨	Lasa	102.3	103.6	101.0	95.4	119.7	100.0	92.9	94.5
西安	Xi'an	104.2	110.8	101.6	132.8	162.6	103.0	99.6	80.7
兰州	Lanzhou	103.4	108.4	101.7	119.8	134.2	104.8	106.4	90.4
西宁	Xining	104.3	109.7	100.9	119.8	138.9	98.9	96.9	91.8
银川	Yinchuan	103.1	109.7	102.0	126.8	135.6	100.3	102.1	89.5
乌鲁木齐	Urumqi	103.4	108.8	101.0	124.0	129.5	99.8	98.3	96.0

3-51 续表 continued

(上年同月=100) (same month of preceding year=100)

城 市	City	衣着 Clothing	居住 Residence	生活用品及服务 Household Facilities, Articles and Services	交通通信 Transport and Communications	教育文化娱乐 Education, Cultural and Recreation	医疗保健 Health Care and Medical Services	其他用品及服务 Miscellaneous Goods and Services
平均指数	**Average Index**	**100.6**	**100.6**	**100.0**	**100.9**	**103.5**	**103.2**	**105.3**
北 京	Beijing	100.7	100.7	97.8	101.9	103.4	112.9	107.3
天 津	Tianjin	100.1	101.5	100.3	101.7	104.5	101.0	107.7
石家庄	Shijiazhuang	103.1	101.7	101.0	101.2	100.5	104.7	102.7
太 原	Taiyuan	98.5	101.8	101.4	102.0	104.2	106.7	101.5
呼和浩特	Hohhot	100.7	101.2	99.8	102.6	105.2	116.5	100.8
沈 阳	Shenyang	101.3	101.5	100.9	99.0	102.0	103.6	103.5
大 连	Dalian	99.3	100.2	100.9	100.7	101.2	102.3	106.1
长 春	Changchun	98.9	99.8	101.3	100.2	103.4	101.0	107.5
哈尔滨	Harbin	98.6	93.3	98.8	98.9	104.2	104.9	107.3
上 海	Shanghai	103.1	101.6	99.9	101.5	102.1	103.0	104.2
南 京	Nanjing	100.1	101.0	100.2	100.8	106.0	100.1	107.3
杭 州	Hangzhou	102.5	100.1	103.2	101.1	108.5	106.9	104.0
宁 波	Ningbo	102.1	102.2	100.7	99.6	105.4	99.5	105.0
合 肥	Hefei	101.6	101.4	100.6	100.4	104.2	101.4	105.8
福 州	Fuzhou	98.2	100.9	101.3	101.5	102.8	100.9	105.2
厦 门	Xiamen	99.2	102.0	102.5	102.7	100.8	100.6	103.6
南 昌	Nanchang	102.7	101.2	99.6	100.7	105.0	101.4	106.1
济 南	Jinan	101.1	100.2	99.1	99.3	102.0	99.8	106.9
青 岛	Qingdao	99.6	100.8	100.2	99.0	105.4	102.0	104.7
郑 州	Zhengzhou	101.8	100.6	101.1	95.7	102.8	106.1	110.0
武 汉	Wuhan	102.8	102.0	98.8	100.9	101.0	101.1	109.3
长 沙	Changsha	99.8	101.3	99.8	99.9	99.9	101.4	105.9
广 州	Guangzhou	96.5	98.2	98.4	100.2	102.6	100.1	103.9
深 圳	Shenzhen	102.3	101.2	100.5	101.5	104.7	100.7	105.3
南 宁	Nanning	94.0	100.3	99.6	102.1	101.0	102.7	104.9
海 口	Haikou	98.1	99.4	98.6	99.5	104.7	101.3	106.5
重 庆	Chongqing	99.2	100.7	100.0	102.5	102.5	102.3	103.4
成 都	Chengdu	100.5	97.7	101.1	100.6	103.3	101.8	103.4
贵 阳	Guiyang	97.3	97.7	99.1	100.3	106.5	102.8	104.2
昆 明	Kunming	100.3	99.5	98.9	101.4	107.3	100.4	104.0
拉 萨	Lasa	105.5	99.0	100.4	100.4	100.0	107.4	104.7
西 安	Xi'an	101.4	100.8	100.3	100.8	102.8	101.0	107.0
兰 州	Lanzhou	100.6	100.5	101.1	100.1	102.8	101.4	106.0
西 宁	Xining	99.5	102.1	100.2	101.7	101.2	103.9	108.1
银 川	Yinchuan	98.2	101.6	100.1	99.6	100.6	99.9	101.3
乌鲁木齐	Urumqi	100.5	101.5	99.2	100.7	102.3	100.2	102.0

3-52　36个大中城市居民消费价格分类指数(同比)

Consumer Price Indices by Category for 36 Major Large and Medium-sized Cities (2020年2月)

(上年同月=100)　(same month of preceding year=100)

城　市	City	居民消费价格指数 Consumer Price Index	食品烟酒 Food, Tobacco and Liquor	粮食 Grain	鲜菜 Fresh Vegetables	畜肉 Meat	水产品 Aquatic Products	蛋 Eggs	鲜果 Fresh Fruits
平均指数	**Average Index**	**104.4**	**113.8**	**100.8**	**111.0**	**179.2**	**102.6**	**101.3**	**94.8**
北　京	Beijing	103.6	109.8	100.2	111.2	154.9	99.2	99.6	89.0
天　津	Tianjin	103.8	111.3	100.8	117.5	162.4	101.7	97.9	95.1
石家庄	Shijiazhuang	104.4	111.5	100.7	110.8	165.8	99.5	96.1	83.8
太　原	Taiyuan	105.1	113.8	99.6	107.7	184.3	100.9	91.4	94.8
呼和浩特	Hohhot	104.2	108.1	100.8	112.8	134.4	98.0	96.7	95.5
沈　阳	Shenyang	105.0	116.0	101.7	125.9	176.6	105.4	101.7	102.5
大　连	Dalian	103.8	112.2	100.2	127.0	176.7	101.7	97.2	90.5
长　春	Changchun	104.3	113.9	100.4	116.2	165.5	108.8	95.9	98.0
哈尔滨	Harbin	104.3	116.8	103.5	116.7	180.6	106.0	101.0	103.8
上　海	Shanghai	103.0	109.4	100.7	111.1	157.2	99.8	103.4	96.0
南　京	Nanjing	104.7	115.8	98.3	105.9	185.6	110.3	104.2	105.5
杭　州	Hangzhou	105.1	113.0	102.3	105.5	184.3	100.9	104.4	91.3
宁　波	Ningbo	103.4	111.3	100.1	102.0	184.4	100.8	98.4	98.0
合　肥	Hefei	104.9	115.2	101.3	103.8	192.3	103.5	94.7	96.6
福　州	Fuzhou	104.9	113.0	97.5	101.1	193.9	97.0	105.6	97.3
厦　门	Xiamen	105.5	116.4	98.5	109.7	195.0	103.5	102.8	95.4
南　昌	Nanchang	105.2	113.4	102.4	100.7	189.5	107.1	95.6	94.8
济　南	Jinan	104.7	115.5	101.4	96.6	191.2	104.6	106.3	89.9
青　岛	Qingdao	104.6	114.0	98.7	107.6	188.7	99.6	97.1	92.0
郑　州	Zhengzhou	105.6	116.4	100.3	113.5	187.3	96.0	100.2	95.3
武　汉	Wuhan	106.3	117.5	100.3	104.0	211.8	105.7	112.4	99.5
长　沙	Changsha	104.2	114.5	100.8	94.5	202.9	100.9	100.3	88.6
广　州	Guangzhou	104.3	116.4	101.6	108.0	196.3	105.1	113.8	86.3
深　圳	Shenzhen	105.2	115.1	102.1	103.9	186.0	102.1	103.8	98.4
南　宁	Nanning	105.3	119.9	101.0	106.7	208.5	111.3	102.8	98.3
海　口	Haikou	104.5	113.7	98.7	91.7	173.1	104.1	102.4	111.8
重　庆	Chongqing	105.8	118.6	96.8	116.0	203.6	109.5	98.7	85.2
成　都	Chengdu	106.0	121.5	106.4	115.6	191.8	106.1	97.4	109.9
贵　阳	Guiyang	105.2	118.3	102.1	110.0	179.3	109.4	104.3	102.1
昆　明	Kunming	105.8	118.2	98.9	124.9	186.7	99.7	101.7	107.4
拉　萨	Lasa	102.0	105.4	101.2	105.0	122.9	99.5	93.0	98.8
西　安	Xi'an	104.9	113.8	101.6	132.5	175.3	105.6	94.2	92.7
兰　州	Lanzhou	103.8	110.3	101.7	130.0	139.5	105.6	102.7	89.2
西　宁	Xining	104.8	111.7	101.4	117.0	151.1	99.5	91.8	94.9
银　川	Yinchuan	103.5	110.2	102.8	126.4	136.9	101.2	99.8	89.0
乌鲁木齐	Urumqi	102.2	106.0	101.7	97.7	130.5	99.8	97.9	93.0

3-52 续表 continued

(上年同月=100) (same month of preceding year=100)

城 市	City	衣着 Clothing	居住 Residence	生活用品及服务 Household Facilities, Articles and Services	交通通信 Transport and Communications	教育文化娱乐 Education, Cultural and Recreation	医疗保健 Health Care and Medical Services	其他用品及服务 Miscellaneous Goods and Services
平均指数	**Average Index**	**100.3**	**100.3**	**100.0**	**98.0**	**101.5**	**103.1**	**105.0**
北 京	Beijing	100.1	99.5	100.0	97.6	102.0	113.0	108.1
天 津	Tianjin	100.3	100.9	100.1	99.1	102.2	101.3	107.8
石家庄	Shijiazhuang	102.6	101.7	100.0	99.2	100.8	103.8	103.0
太 原	Taiyuan	99.9	101.5	101.9	99.8	101.4	106.7	102.0
呼和浩特	Hohhot	100.6	101.3	99.8	100.1	101.6	116.5	101.3
沈 阳	Shenyang	101.3	101.2	99.7	96.5	99.7	103.6	102.8
大 连	Dalian	98.6	100.3	100.5	98.6	99.4	102.5	105.7
长 春	Changchun	99.1	99.5	101.6	98.5	102.3	100.2	107.6
哈尔滨	Harbin	97.0	93.3	98.5	98.8	103.6	104.6	106.7
上 海	Shanghai	101.6	101.5	99.8	97.4	98.7	102.8	103.8
南 京	Nanjing	99.4	100.5	100.6	97.8	102.9	100.1	105.6
杭 州	Hangzhou	103.1	99.8	102.6	98.4	107.4	105.2	104.0
宁 波	Ningbo	98.6	101.8	99.7	96.3	102.5	99.1	103.3
合 肥	Hefei	101.3	100.9	100.3	98.2	100.8	101.2	104.4
福 州	Fuzhou	97.2	100.9	101.1	99.7	106.0	100.4	105.3
厦 门	Xiamen	100.7	101.9	102.4	100.2	98.3	100.6	102.0
南 昌	Nanchang	103.7	100.8	99.7	98.6	104.0	101.4	106.2
济 南	Jinan	101.5	100.5	99.4	96.5	99.3	100.5	107.5
青 岛	Qingdao	99.9	100.7	99.9	96.3	102.1	101.7	104.7
郑 州	Zhengzhou	101.7	100.6	101.4	93.8	101.0	106.1	110.6
武 汉	Wuhan	102.6	102.0	99.1	98.6	100.7	101.1	110.0
长 沙	Changsha	99.9	100.4	99.5	97.8	99.2	100.8	105.9
广 州	Guangzhou	95.9	98.1	98.1	98.2	100.0	100.3	102.7
深 圳	Shenzhen	103.5	100.1	98.3	98.0	103.2	100.7	104.3
南 宁	Nanning	93.8	100.1	99.2	99.3	99.5	102.6	103.8
海 口	Haikou	100.0	99.3	99.8	96.5	102.1	101.1	104.7
重 庆	Chongqing	98.9	100.7	99.6	98.5	100.7	102.3	102.6
成 都	Chengdu	101.8	97.4	101.3	97.7	100.8	100.9	101.9
贵 阳	Guiyang	97.5	97.2	99.2	97.9	103.1	102.9	103.7
昆 明	Kunming	100.4	99.5	99.0	98.9	106.3	100.5	104.0
拉 萨	Lasa	100.1	99.0	100.4	99.5	100.0	105.1	104.6
西 安	Xi'an	102.2	100.3	100.9	98.9	102.8	100.8	107.0
兰 州	Lanzhou	100.6	100.4	100.8	98.2	102.7	101.1	106.9
西 宁	Xining	98.7	102.4	101.2	100.2	101.1	104.2	108.6
银 川	Yinchuan	100.0	101.5	100.4	98.9	100.1	100.0	104.0
乌鲁木齐	Urumqi	99.0	101.6	99.3	98.8	102.2	100.1	102.6

3-53 36个大中城市居民消费价格分类指数(同比)

Consumer Price Indices by Category for 36 Major Large and Medium-sized Cities (2020年3月)

(上年同月=100) (same month of preceding year=100)

城市	City	居民消费价格指数 Consumer Price Index	食品烟酒 Food, Tobacco and Liquor	粮食 Grain	鲜菜 Fresh Vegetables	畜肉 Meat	水产品 Aquatic Products	蛋 Eggs	鲜果 Fresh Fruits
平均指数	**Average Index**	**103.7**	**111.6**	**100.9**	**100.3**	**171.8**	**102.3**	**102.0**	**93.6**
北京	Beijing	103.2	109.0	101.6	101.3	154.2	100.9	100.5	88.4
天津	Tianjin	103.5	110.3	100.5	106.4	161.0	101.5	102.0	95.6
石家庄	Shijiazhuang	103.6	110.6	101.3	102.4	161.2	107.8	96.3	84.3
太原	Taiyuan	104.1	112.9	100.1	105.3	177.9	99.8	97.1	93.0
呼和浩特	Hohhot	103.5	106.8	100.8	102.3	134.3	99.1	97.3	95.6
沈阳	Shenyang	103.9	112.9	101.8	113.3	165.8	100.8	101.2	102.0
大连	Dalian	103.5	111.0	99.8	119.0	169.5	102.5	96.8	93.2
长春	Changchun	103.6	111.8	100.2	105.3	159.3	104.3	98.0	98.1
哈尔滨	Harbin	104.3	116.2	103.8	114.1	174.8	104.3	100.3	106.1
上海	Shanghai	102.8	107.6	101.3	99.9	154.2	100.6	102.4	92.6
南京	Nanjing	103.8	112.2	98.0	98.6	170.2	100.4	105.5	102.7
杭州	Hangzhou	104.1	110.3	103.3	92.0	174.7	98.1	104.6	90.0
宁波	Ningbo	102.8	109.6	100.9	98.0	177.5	98.3	101.4	96.4
合肥	Hefei	103.5	111.5	102.8	96.6	172.1	101.2	98.5	93.9
福州	Fuzhou	104.1	111.8	97.5	90.3	191.4	101.6	111.9	88.6
厦门	Xiamen	104.4	112.9	97.7	87.3	187.2	106.0	106.8	92.9
南昌	Nanchang	103.8	110.9	102.1	89.4	179.2	107.9	95.5	96.1
济南	Jinan	103.9	114.4	103.6	102.2	174.8	103.8	111.1	89.6
青岛	Qingdao	104.2	112.5	97.0	101.7	178.2	100.6	97.5	91.9
郑州	Zhengzhou	104.3	113.6	100.6	101.7	174.4	99.9	99.5	94.0
武汉	Wuhan	106.8	119.9	100.2	113.1	213.5	118.7	120.2	97.1
长沙	Changsha	103.0	111.3	100.8	90.1	184.0	99.1	99.4	89.2
广州	Guangzhou	103.5	114.2	101.9	90.4	193.2	103.8	119.9	89.7
深圳	Shenzhen	104.5	113.7	101.2	94.9	181.2	102.6	103.0	98.3
南宁	Nanning	104.0	115.4	100.1	91.5	198.3	110.0	101.7	87.8
海口	Haikou	104.3	113.5	101.3	88.3	179.4	101.9	103.9	107.2
重庆	Chongqing	104.2	113.6	97.7	102.6	184.0	108.0	94.3	83.2
成都	Chengdu	104.5	115.9	102.4	98.2	175.7	106.5	98.1	106.5
贵阳	Guiyang	104.7	115.5	102.1	100.2	173.6	110.7	103.6	103.1
昆明	Kunming	104.8	116.1	99.1	112.6	182.5	100.5	102.8	102.2
拉萨	Lasa	101.6	104.6	101.2	99.9	120.2	101.0	93.0	105.2
西安	Xi'an	103.3	109.1	102.0	102.4	161.5	107.9	98.1	88.5
兰州	Lanzhou	102.5	107.2	101.7	104.5	138.6	102.8	101.1	90.5
西宁	Xining	103.8	110.2	101.2	101.4	148.3	102.8	92.0	98.9
银川	Yinchuan	103.3	108.6	103.3	109.6	138.2	102.4	94.9	93.8
乌鲁木齐	Urumqi	101.4	103.9	101.3	86.6	129.2	101.6	94.6	90.1

3-53 续表 continued

(上年同月=100) (same month of preceding year=100)

城 市	City	衣着 Clothing	居住 Residence	生活用品及服务 Household Facilities, Articles and Services	交通通信 Transport and Communications	教育文化娱乐 Education, Cultural and Recreation	医疗保健 Health Care and Medical Services	其他用品及服务 Miscellaneous Goods and Services
平均指数	**Average Index**	**99.7**	**99.9**	**100.5**	**95.4**	**104.0**	**103.1**	**105.7**
北 京	Beijing	99.9	99.4	100.6	93.3	104.8	113.4	109.5
天 津	Tianjin	99.6	100.7	99.8	97.0	104.9	101.3	108.5
石家庄	Shijiazhuang	98.0	101.4	100.6	96.6	102.7	103.7	104.6
太 原	Taiyuan	96.5	100.2	102.0	95.9	104.4	106.7	102.2
呼和浩特	Hohhot	99.6	100.6	99.8	97.4	103.9	116.6	102.6
沈 阳	Shenyang	99.7	101.3	99.1	96.0	99.6	103.6	102.5
大 连	Dalian	98.4	100.8	100.4	95.6	102.8	102.6	107.0
长 春	Changchun	99.0	99.5	101.1	95.9	105.2	100.2	107.5
哈尔滨	Harbin	94.5	93.4	98.7	98.5	106.5	104.6	107.4
上 海	Shanghai	101.2	101.0	101.0	95.3	104.0	103.1	103.2
南 京	Nanjing	100.4	100.0	99.6	96.0	106.1	100.1	106.4
杭 州	Hangzhou	102.1	99.3	103.3	95.9	108.6	105.3	106.0
宁 波	Ningbo	97.0	101.7	99.8	93.9	104.5	99.2	106.8
合 肥	Hefei	97.9	100.7	100.4	95.8	102.7	101.3	106.3
福 州	Fuzhou	97.9	100.9	100.5	97.1	105.1	100.4	106.1
厦 门	Xiamen	100.7	100.9	102.5	98.6	101.1	100.1	103.9
南 昌	Nanchang	102.5	99.9	99.9	96.0	105.1	99.6	105.9
济 南	Jinan	100.6	99.1	99.8	94.5	100.7	100.3	109.4
青 岛	Qingdao	99.7	100.6	101.0	93.9	105.1	101.8	105.2
郑 州	Zhengzhou	100.5	99.7	101.4	91.4	102.5	105.9	111.1
武 汉	Wuhan	102.4	101.7	99.0	97.8	100.9	101.1	110.3
长 沙	Changsha	100.3	99.5	99.7	96.7	99.6	101.0	106.1
广 州	Guangzhou	95.2	98.0	99.2	94.2	102.6	100.5	103.6
深 圳	Shenzhen	104.5	99.4	100.0	94.4	105.2	100.3	105.3
南 宁	Nanning	94.1	99.3	99.9	96.9	100.6	103.8	103.5
海 口	Haikou	103.9	97.8	101.3	93.1	104.3	100.9	105.9
重 庆	Chongqing	97.4	99.9	100.2	96.6	103.4	102.3	104.2
成 都	Chengdu	101.9	97.6	101.9	94.5	104.1	100.7	101.8
贵 阳	Guiyang	98.5	97.4	99.9	95.8	106.5	102.7	105.2
昆 明	Kunming	100.2	99.4	99.2	95.8	106.6	100.5	103.9
拉 萨	Lasa	100.2	99.0	101.1	97.6	100.0	105.9	105.1
西 安	Xi'an	100.2	99.6	101.4	97.8	103.9	100.7	107.6
兰 州	Lanzhou	99.1	100.1	100.7	98.1	102.4	100.2	107.0
西 宁	Xining	98.2	100.4	100.8	98.9	101.3	103.8	109.7
银 川	Yinchuan	102.5	102.8	101.0	96.2	101.8	100.0	101.3
乌鲁木齐	Urumqi	99.1	101.8	99.1	96.9	102.9	100.1	103.1

3-54 36个大中城市居民消费价格分类指数(同比)
Consumer Price Indices by Category for 36 Major Large and Medium-sized Cities (2020年4月)

(上年同月=100) (same month of preceding year=100)

城市	City	居民消费价格指数 Consumer Price Index	食品烟酒 Food, Tobacco and Liquor	粮食 Grain	鲜菜 Fresh Vegetables	畜肉 Meat	水产品 Aquatic Products	蛋 Eggs	鲜果 Fresh Fruits
平均指数	**Average Index**	**102.8**	**109.8**	**101.6**	**96.4**	**162.6**	**101.5**	**97.5**	**89.9**
北京	Beijing	102.4	106.9	101.8	92.2	147.0	100.7	94.7	84.6
天津	Tianjin	102.6	108.4	102.3	95.0	153.7	103.1	93.1	92.9
石家庄	Shijiazhuang	102.3	108.0	102.5	94.9	151.6	107.6	91.2	76.3
太原	Taiyuan	102.8	108.6	100.9	91.7	162.6	99.2	89.4	83.9
呼和浩特	Hohhot	102.7	104.4	101.0	94.0	128.3	100.6	90.9	89.8
沈阳	Shenyang	102.5	109.2	102.0	100.2	152.8	97.1	95.7	98.2
大连	Dalian	102.3	108.3	100.1	103.7	159.4	100.5	90.1	92.4
长春	Changchun	102.7	110.4	101.0	101.4	152.2	103.8	94.6	96.9
哈尔滨	Harbin	103.1	112.5	104.3	102.8	157.9	101.8	92.7	103.2
上海	Shanghai	102.5	107.2	102.2	100.2	151.4	99.7	100.0	92.0
南京	Nanjing	102.9	110.6	95.5	97.5	160.4	103.4	103.2	96.9
杭州	Hangzhou	102.7	109.3	105.6	93.3	165.3	97.6	101.6	91.7
宁波	Ningbo	102.1	107.7	101.4	96.7	162.7	98.4	101.7	94.6
合肥	Hefei	102.5	109.6	102.1	96.6	160.4	101.8	91.0	84.6
福州	Fuzhou	103.5	110.7	98.7	94.6	182.2	103.3	105.2	84.0
厦门	Xiamen	103.6	111.4	98.2	92.8	174.1	105.3	105.5	89.9
南昌	Nanchang	102.8	108.6	101.9	91.6	164.5	108.0	92.5	84.3
济南	Jinan	103.3	113.0	104.0	95.3	174.3	104.8	104.7	84.9
青岛	Qingdao	103.2	110.4	104.8	97.6	166.5	101.4	94.8	85.0
郑州	Zhengzhou	102.9	110.1	101.8	91.8	162.7	97.8	92.2	82.9
武汉	Wuhan	104.7	114.3	100.0	103.1	190.4	113.0	110.2	85.8
长沙	Changsha	102.0	108.1	101.1	88.1	168.2	98.1	96.4	85.0
广州	Guangzhou	103.6	114.2	101.3	95.0	187.1	101.8	114.1	87.1
深圳	Shenzhen	103.7	111.8	99.7	98.4	169.8	102.9	100.8	96.2
南宁	Nanning	103.3	114.3	98.9	101.4	186.3	107.8	99.2	86.2
海口	Haikou	103.7	113.1	103.8	93.1	174.8	103.1	105.2	103.0
重庆	Chongqing	102.7	110.4	98.6	94.9	167.9	102.8	90.9	76.6
成都	Chengdu	103.3	113.8	104.6	94.2	170.4	103.3	96.9	95.0
贵阳	Guiyang	103.8	113.7	102.4	98.0	167.1	109.0	100.1	94.9
昆明	Kunming	103.6	112.9	98.8	102.1	174.7	97.5	102.9	95.9
拉萨	Lasa	101.3	104.0	101.2	98.8	117.7	101.4	91.4	101.8
西安	Xi'an	102.2	107.1	102.4	94.0	152.3	108.1	88.4	84.3
兰州	Lanzhou	102.0	106.4	101.9	100.9	137.3	102.2	99.1	86.4
西宁	Xining	103.1	107.8	100.7	93.7	143.0	101.4	87.0	94.4
银川	Yinchuan	102.7	107.3	104.8	104.3	136.2	101.5	90.0	87.3
乌鲁木齐	Urumqi	100.8	103.4	103.1	87.9	125.2	104.6	90.7	87.6

3-54 续表 continued

(上年同月=100) (same month of preceding year=100)

城市	City	衣着 Clothing	居住 Residence	生活用品及服务 Household Facilities, Articles and Services	交通通信 Transport and Communications	教育文化娱乐 Education, Cultural and Recreation	医疗保健 Health Care and Medical Services	其他用品及服务 Miscellaneous Goods and Services
平均指数	**Average Index**	**99.5**	**99.8**	**100.2**	**94.4**	**102.9**	**103.1**	**105.0**
北京	Beijing	99.7	99.1	100.3	92.6	104.3	113.6	108.3
天津	Tianjin	99.3	100.3	100.3	95.8	103.1	101.4	109.9
石家庄	Shijiazhuang	97.5	100.9	100.2	95.8	101.4	103.1	103.0
太原	Taiyuan	98.1	100.4	100.7	94.4	103.7	106.7	101.7
呼和浩特	Hohhot	98.9	100.6	99.9	95.7	105.2	116.6	103.3
沈阳	Shenyang	99.5	101.1	98.0	94.8	99.9	103.4	102.3
大连	Dalian	98.0	100.8	100.3	93.5	102.6	102.5	105.7
长春	Changchun	96.8	99.4	100.6	94.9	104.9	100.0	105.1
哈尔滨	Harbin	95.6	94.7	98.1	96.2	106.3	103.5	106.9
上海	Shanghai	101.2	100.9	99.6	95.0	103.1	103.3	103.2
南京	Nanjing	98.9	100.1	99.8	94.7	104.6	100.1	105.0
杭州	Hangzhou	100.1	99.4	103.6	94.3	102.0	105.3	106.0
宁波	Ningbo	99.2	101.7	100.2	92.1	103.5	98.7	107.2
合肥	Hefei	99.6	100.1	100.1	94.6	101.3	101.1	104.9
福州	Fuzhou	98.3	100.9	100.6	95.5	104.5	100.5	105.1
厦门	Xiamen	99.2	101.3	102.6	95.9	100.9	100.3	103.4
南昌	Nanchang	101.8	99.5	100.2	95.3	104.5	99.5	105.7
济南	Jinan	99.4	99.4	100.2	93.4	101.6	99.6	108.0
青岛	Qingdao	100.5	100.5	100.1	92.6	104.0	102.7	102.7
郑州	Zhengzhou	99.1	98.8	100.9	90.5	102.9	105.6	111.1
武汉	Wuhan	101.6	101.5	99.7	96.6	100.7	101.3	104.4
长沙	Changsha	100.3	100.5	99.8	96.0	98.6	100.8	105.7
广州	Guangzhou	95.8	98.9	99.4	93.4	102.5	100.5	102.2
深圳	Shenzhen	105.1	98.8	100.8	93.9	105.0	100.3	104.7
南宁	Nanning	93.5	99.1	100.3	94.9	100.6	104.8	101.1
海口	Haikou	107.0	96.9	100.2	91.3	104.1	100.6	105.8
重庆	Chongqing	96.4	99.3	99.8	95.7	102.1	101.7	103.8
成都	Chengdu	101.6	97.6	101.6	93.7	101.1	100.3	101.8
贵阳	Guiyang	98.4	98.0	99.8	93.7	105.4	101.9	103.7
昆明	Kunming	100.5	99.4	99.2	94.3	105.8	100.4	104.1
拉萨	Lasa	100.3	99.0	101.1	96.8	100.0	105.9	104.3
西安	Xi'an	98.3	99.8	100.6	97.1	103.8	100.0	103.8
兰州	Lanzhou	98.6	99.9	100.8	97.2	103.3	100.3	103.5
西宁	Xining	100.1	100.3	100.7	98.1	100.9	104.3	108.1
银川	Yinchuan	103.9	102.6	100.3	95.4	101.4	99.7	99.2
乌鲁木齐	Urumqi	99.2	101.2	99.0	95.0	101.8	100.2	102.4

3-55 36个大中城市居民消费价格分类指数(同比)
Consumer Price Indices by Category for 36 Major Large and Medium-sized Cities
(2020年5月)

(上年同月=100) (same month of preceding year=100)

城市	City	居民消费价格指数 Consumer Price Index	食品烟酒 Food, Tobacco and Liquor	粮食 Grain	鲜菜 Fresh Vegetables	畜肉 Meat	水产品 Aquatic Products	蛋 Eggs	鲜果 Fresh Fruits
平均指数	**Average Index**	**102.1**	**107.1**	**101.8**	**91.8**	**153.9**	**102.7**	**89.2**	**80.5**
北京	Beijing	101.9	104.2	101.7	90.4	140.8	102.9	86.9	74.8
天津	Tianjin	102.2	106.4	102.4	94.7	146.9	103.1	82.5	84.1
石家庄	Shijiazhuang	102.2	107.0	104.0	91.5	147.3	109.9	83.1	70.2
太原	Taiyuan	103.1	106.6	100.8	91.6	154.8	102.7	73.2	78.2
呼和浩特	Hohhot	101.8	102.0	101.0	89.8	123.4	101.2	83.4	76.9
沈阳	Shenyang	102.1	107.6	103.7	98.0	150.1	97.6	88.6	89.1
大连	Dalian	102.1	106.7	101.0	103.5	151.2	106.2	78.1	86.0
长春	Changchun	102.0	107.3	101.9	96.6	147.9	106.0	85.4	82.6
哈尔滨	Harbin	102.1	108.6	103.6	96.1	149.1	100.5	83.7	88.7
上海	Shanghai	102.0	105.3	102.4	94.0	145.0	100.9	95.7	87.2
南京	Nanjing	102.2	108.6	98.9	92.0	152.2	108.7	93.2	83.5
杭州	Hangzhou	101.6	106.0	102.8	90.6	155.1	100.3	96.4	72.8
宁波	Ningbo	101.5	105.9	100.8	91.7	156.3	101.7	96.3	77.8
合肥	Hefei	101.8	105.9	103.9	87.1	152.1	107.0	78.6	75.1
福州	Fuzhou	102.3	106.8	100.8	88.4	167.9	101.0	90.2	72.2
厦门	Xiamen	102.5	108.6	100.0	86.3	163.6	106.5	96.8	79.4
南昌	Nanchang	102.1	106.3	102.6	83.9	157.4	115.9	87.8	74.3
济南	Jinan	103.0	111.5	103.5	94.1	169.6	106.4	99.9	76.8
青岛	Qingdao	102.7	108.3	104.5	96.9	158.6	101.4	86.0	76.6
郑州	Zhengzhou	101.8	107.4	101.6	90.6	151.6	99.7	81.3	78.6
武汉	Wuhan	102.0	107.7	100.4	88.4	165.6	108.2	94.6	75.5
长沙	Changsha	100.8	104.9	101.0	82.5	158.1	99.0	91.1	76.3
广州	Guangzhou	102.7	111.0	101.8	88.5	176.6	102.1	99.2	74.4
深圳	Shenzhen	102.7	108.7	99.6	90.3	160.5	102.6	96.5	88.6
南宁	Nanning	102.3	111.7	101.5	89.5	185.9	108.4	92.3	77.4
海口	Haikou	101.9	107.1	100.4	87.2	152.6	99.3	98.5	91.2
重庆	Chongqing	102.1	107.0	97.6	90.4	155.3	102.7	83.3	76.7
成都	Chengdu	103.2	111.5	106.1	93.6	159.0	102.5	93.4	84.4
贵阳	Guiyang	102.3	110.2	99.6	93.4	155.9	109.5	94.0	86.1
昆明	Kunming	102.8	109.6	98.6	95.7	167.3	98.5	97.6	79.8
拉萨	Lasa	101.4	104.4	102.2	106.0	114.2	100.7	92.2	99.4
西安	Xi'an	101.7	105.2	101.7	94.0	145.0	107.5	73.8	77.9
兰州	Lanzhou	101.5	104.7	103.0	97.8	132.7	101.9	85.5	75.8
西宁	Xining	102.6	106.5	102.1	91.5	141.0	103.0	78.3	81.6
银川	Yinchuan	101.8	104.2	105.4	96.0	127.9	102.0	83.4	78.0
乌鲁木齐	Urumqi	100.0	100.6	103.9	81.4	120.1	102.3	80.4	76.8

3-55 续表 continued

(上年同月=100) (same month of preceding year=100)

城 市	City	衣着 Clothing	居住 Residence	生活用品及服务 Household Facilities, Articles and Services	交通通信 Transport and Communications	教育文化娱乐 Education, Cultural and Recreation	医疗保健 Health Care and Medical Services	其他用品及服务 Miscellaneous Goods and Services
平均指数	**Average Index**	**99.6**	**99.8**	**100.3**	**94.5**	**103.5**	**102.5**	**105.3**
北 京	Beijing	99.3	99.4	100.1	93.8	104.5	112.1	108.9
天 津	Tianjin	99.2	100.7	100.2	96.3	104.1	99.8	110.9
石家庄	Shijiazhuang	97.1	101.2	99.5	95.7	103.4	102.6	103.0
太 原	Taiyuan	106.5	100.6	100.9	93.5	103.8	108.4	101.9
呼和浩特	Hohhot	98.5	100.6	99.7	94.5	105.9	115.4	102.6
沈 阳	Shenyang	99.6	101.0	97.2	95.3	100.2	103.2	103.0
大 连	Dalian	98.6	101.4	100.5	93.2	103.2	102.4	106.0
长 春	Changchun	97.2	99.3	101.1	95.8	105.3	99.5	105.7
哈尔滨	Harbin	98.1	96.1	98.9	93.6	106.6	101.9	107.8
上 海	Shanghai	100.9	101.0	99.6	95.1	104.2	101.8	102.5
南 京	Nanjing	98.4	100.2	99.7	94.3	104.0	99.9	105.1
杭 州	Hangzhou	99.2	99.6	103.9	94.3	101.2	105.3	106.2
宁 波	Ningbo	99.9	101.2	100.8	92.1	103.2	97.8	107.9
合 肥	Hefei	97.7	99.6	100.1	96.7	104.0	100.9	106.0
福 州	Fuzhou	98.8	100.8	100.3	94.9	105.2	99.7	106.3
厦 门	Xiamen	98.8	100.9	102.3	96.0	101.2	99.0	104.2
南 昌	Nanchang	101.4	99.9	100.4	95.3	103.4	99.4	107.8
济 南	Jinan	100.3	98.8	100.4	94.8	101.0	100.5	109.2
青 岛	Qingdao	100.7	100.6	100.1	93.5	104.2	102.3	102.2
郑 州	Zhengzhou	98.6	98.4	100.4	90.6	102.1	104.7	112.0
武 汉	Wuhan	101.7	99.0	99.9	94.8	100.6	101.6	104.6
长 沙	Changsha	100.2	99.6	99.9	95.7	98.3	100.9	106.6
广 州	Guangzhou	96.0	99.0	99.4	93.5	103.0	100.4	103.1
深 圳	Shenzhen	102.9	98.8	100.8	94.1	105.4	100.2	104.9
南 宁	Nanning	96.1	97.6	100.6	93.1	101.0	103.5	101.6
海 口	Haikou	105.9	96.4	100.6	92.6	105.3	99.8	106.0
重 庆	Chongqing	97.1	99.8	100.3	96.4	103.2	101.8	103.3
成 都	Chengdu	100.9	97.8	101.4	93.7	106.0	100.1	101.8
贵 阳	Guiyang	98.7	97.7	99.1	92.9	103.6	101.8	103.5
昆 明	Kunming	101.2	99.4	98.7	94.3	106.5	100.8	104.3
拉 萨	Lasa	100.3	99.0	101.1	95.6	100.0	105.9	107.1
西 安	Xi'an	99.6	99.3	100.7	97.3	103.9	100.1	104.6
兰 州	Lanzhou	99.0	99.7	100.7	96.9	103.5	100.4	104.0
西 宁	Xining	99.6	100.2	100.5	96.6	100.7	104.2	111.4
银 川	Yinchuan	102.6	103.0	99.9	94.9	102.1	100.4	99.7
乌鲁木齐	Urumqi	100.2	99.9	99.3	95.7	102.7	100.2	102.5

3-56 36个大中城市居民消费价格分类指数(同比)
Consumer Price Indices by Category for 36 Major Large and Medium-sized Cities
(2020年6月)

(上年同月=100) (same month of preceding year=100)

城市	City	居民消费价格指数 Consumer Price Index	食品烟酒 Food, Tobacco and Liquor	粮食 Grain	鲜菜 Fresh Vegetables	畜肉 Meat	水产品 Aquatic Products	蛋 Eggs	鲜果 Fresh Fruits
平均指数	**Average Index**	**102.0**	**107.3**	**101.7**	**105.4**	**152.9**	**103.4**	**88.0**	**71.1**
北京	Beijing	101.4	105.3	102.9	116.9	138.8	103.3	87.0	66.6
天津	Tianjin	102.2	106.2	102.0	108.7	143.6	101.2	82.3	73.7
石家庄	Shijiazhuang	102.5	107.4	102.8	112.7	146.0	110.3	82.5	58.0
太原	Taiyuan	103.4	107.1	104.2	105.2	152.6	104.2	73.8	66.8
呼和浩特	Hohhot	102.0	103.2	100.9	103.6	127.7	103.6	82.8	66.7
沈阳	Shenyang	101.4	106.1	104.5	95.8	143.6	98.9	88.8	81.1
大连	Dalian	102.3	106.0	100.7	103.3	147.2	106.6	77.2	79.0
长春	Changchun	101.2	104.8	101.8	94.4	141.1	108.2	85.9	66.9
哈尔滨	Harbin	101.3	106.4	105.0	91.6	144.1	101.5	82.8	75.8
上海	Shanghai	101.7	105.0	102.1	108.0	144.3	101.3	96.0	75.7
南京	Nanjing	102.2	110.0	98.8	119.1	153.2	111.8	92.8	69.1
杭州	Hangzhou	102.1	107.3	100.2	106.3	152.1	101.3	94.3	74.2
宁波	Ningbo	101.7	106.7	100.6	107.5	154.5	103.6	99.7	67.1
合肥	Hefei	102.9	109.0	102.5	123.2	158.8	113.8	79.4	61.0
福州	Fuzhou	102.3	107.4	99.6	111.7	168.2	101.0	91.6	61.1
厦门	Xiamen	102.6	108.6	101.1	105.3	163.9	105.9	94.1	66.7
南昌	Nanchang	102.5	107.8	102.7	109.1	161.6	119.7	86.0	60.1
济南	Jinan	102.6	111.5	103.5	108.9	166.2	105.1	92.6	66.5
青岛	Qingdao	102.6	108.3	105.8	110.5	156.2	101.2	88.4	65.8
郑州	Zhengzhou	101.7	107.5	101.8	98.9	154.6	104.1	79.3	67.2
武汉	Wuhan	101.5	106.5	100.4	92.5	161.6	110.1	87.5	64.2
长沙	Changsha	101.7	107.5	101.3	101.1	162.3	99.7	87.2	75.1
广州	Guangzhou	102.4	110.3	101.0	98.1	170.6	102.6	96.4	69.0
深圳	Shenzhen	102.3	108.1	100.3	100.7	158.2	104.5	88.8	75.3
南宁	Nanning	102.2	110.7	100.0	101.1	184.9	106.9	89.6	68.2
海口	Haikou	101.6	106.1	101.1	89.7	155.4	98.9	95.0	74.6
重庆	Chongqing	102.4	108.2	97.4	100.4	161.9	103.5	81.9	71.2
成都	Chengdu	103.7	113.2	104.4	110.6	164.1	101.0	93.5	74.4
贵阳	Guiyang	101.9	109.1	98.2	99.9	152.9	109.3	87.6	75.7
昆明	Kunming	102.2	107.8	99.4	94.8	162.4	98.0	92.4	70.1
拉萨	Lasa	101.9	105.2	102.7	106.5	119.4	104.8	100.6	92.8
西安	Xi'an	102.0	105.8	101.2	112.4	146.1	107.8	74.8	67.4
兰州	Lanzhou	101.4	104.5	104.0	105.9	135.0	101.0	82.8	66.1
西宁	Xining	102.8	107.2	101.6	105.5	139.3	102.5	76.5	72.8
银川	Yinchuan	101.3	103.4	105.1	108.4	125.2	102.4	81.8	67.3
乌鲁木齐	Urumqi	100.9	102.9	103.2	108.3	122.7	100.7	80.3	72.8

3-56 续表 continued

(上年同月=100) (same month of preceding year=100)

城市	City	衣着 Clothing	居住 Residence	生活用品及服务 Household Facilities, Articles and Services	交通通信 Transport and Communications	教育文化娱乐 Education, Cultural and Recreation	医疗保健 Health Care and Medical Services	其他用品及服务 Miscellaneous Goods and Services
平均指数	**Average Index**	**99.5**	**99.6**	**100.3**	**95.0**	**102.9**	**101.6**	**105.0**
北京	Beijing	99.5	98.6	99.8	94.1	104.4	104.7	108.6
天津	Tianjin	98.8	101.2	100.5	96.0	104.3	99.8	108.9
石家庄	Shijiazhuang	98.7	101.0	100.2	96.4	103.2	102.6	103.6
太原	Taiyuan	107.5	100.4	100.5	93.9	103.9	108.3	102.2
呼和浩特	Hohhot	97.7	100.1	99.6	93.9	106.5	115.4	102.1
沈阳	Shenyang	97.8	100.2	97.4	95.7	100.3	103.2	103.4
大连	Dalian	100.5	101.2	102.9	93.9	103.9	102.3	105.3
长春	Changchun	96.8	99.4	101.5	95.0	105.6	99.2	105.6
哈尔滨	Harbin	99.4	96.1	99.2	93.5	106.2	99.8	107.7
上海	Shanghai	100.7	100.7	99.9	95.6	103.1	101.3	102.1
南京	Nanjing	96.2	99.7	99.7	94.9	102.2	99.2	108.0
杭州	Hangzhou	99.2	99.7	104.6	95.2	100.8	105.3	105.2
宁波	Ningbo	100.7	100.8	101.1	92.3	103.3	98.1	106.7
合肥	Hefei	99.2	99.7	100.1	98.4	102.9	100.9	105.1
福州	Fuzhou	98.4	100.8	100.2	95.3	103.1	99.8	105.7
厦门	Xiamen	99.7	100.9	102.5	95.9	101.5	98.2	103.6
南昌	Nanchang	100.2	100.1	100.7	95.9	102.5	99.4	107.5
济南	Jinan	99.2	97.9	100.0	95.1	100.2	99.9	109.1
青岛	Qingdao	100.6	100.5	100.2	93.5	103.5	102.3	102.4
郑州	Zhengzhou	98.4	98.2	100.5	90.8	101.7	104.8	108.9
武汉	Wuhan	101.8	97.5	99.8	95.9	100.5	101.5	104.8
长沙	Changsha	100.2	99.7	99.8	96.0	98.6	101.1	106.2
广州	Guangzhou	96.6	99.3	98.5	94.7	99.8	100.2	103.5
深圳	Shenzhen	100.6	98.9	100.5	95.1	103.2	100.0	104.8
南宁	Nanning	97.6	97.7	99.6	92.8	101.1	103.5	102.0
海口	Haikou	104.4	96.0	100.9	94.4	105.4	99.7	105.9
重庆	Chongqing	97.2	99.7	100.4	97.0	102.7	101.7	103.0
成都	Chengdu	100.6	97.3	101.7	94.3	106.5	100.1	101.4
贵阳	Guiyang	97.7	97.6	99.8	93.8	102.4	101.8	103.7
昆明	Kunming	100.4	99.2	98.3	95.1	105.2	100.8	106.3
拉萨	Lasa	100.6	99.0	101.1	96.8	102.8	102.4	107.2
西安	Xi'an	99.7	99.3	100.8	97.6	103.9	100.0	105.3
兰州	Lanzhou	99.0	99.7	100.7	97.0	103.5	100.2	103.2
西宁	Xining	101.0	100.1	100.6	96.3	100.9	104.1	109.1
银川	Yinchuan	102.2	102.7	98.7	94.9	101.6	100.6	99.4
乌鲁木齐	Urumqi	100.8	100.6	98.9	96.0	102.8	100.1	102.3

3-57 36个大中城市居民消费价格分类指数(同比)
Consumer Price Indices by Category for 36 Major Large and Medium-sized Cities (2020年7月)

(上年同月=100) (same month of preceding year=100)

城市	City	居民消费价格指数 Consumer Price Index	食品烟酒 Food, Tobacco and Liquor	粮食 Grain	鲜菜 Fresh Vegetables	畜肉 Meat	水产品 Aquatic Products	蛋 Eggs	鲜果 Fresh Fruits
平均指数	**Average Index**	**102.0**	**108.7**	**101.9**	**108.4**	**156.6**	**103.8**	**87.3**	**73.2**
北京	Beijing	100.7	106.0	103.8	109.5	141.9	103.8	86.1	69.9
天津	Tianjin	102.2	107.3	102.9	108.0	147.0	101.1	81.3	78.4
石家庄	Shijiazhuang	102.5	109.5	102.1	109.6	148.0	108.9	83.0	78.3
太原	Taiyuan	102.8	106.9	101.8	102.1	155.0	103.1	69.4	65.0
呼和浩特	Hohhot	102.0	103.7	100.7	102.6	130.2	104.3	83.9	65.9
沈阳	Shenyang	102.0	108.0	104.5	104.8	144.4	101.6	89.0	83.6
大连	Dalian	102.2	107.6	100.4	110.0	154.3	105.9	81.4	82.1
长春	Changchun	101.6	106.4	102.0	102.5	141.8	107.9	86.5	68.2
哈尔滨	Harbin	100.2	106.8	104.5	96.2	146.8	101.6	80.1	70.8
上海	Shanghai	101.6	106.8	102.4	113.0	146.2	100.8	93.7	81.3
南京	Nanjing	102.7	113.7	99.6	132.3	162.0	114.5	90.7	78.5
杭州	Hangzhou	102.4	108.4	100.5	108.3	157.3	104.8	93.2	73.8
宁波	Ningbo	102.0	108.5	103.9	110.6	157.9	104.8	95.7	74.6
合肥	Hefei	103.1	111.6	104.4	128.7	166.2	115.9	82.1	63.1
福州	Fuzhou	102.6	108.8	99.8	115.9	166.6	105.5	84.9	63.5
厦门	Xiamen	102.8	109.4	100.2	101.4	169.0	105.5	90.0	64.9
南昌	Nanchang	103.2	110.1	104.8	122.5	166.6	116.7	87.3	63.9
济南	Jinan	102.8	112.9	101.8	103.1	171.9	106.4	92.6	62.3
青岛	Qingdao	102.3	108.5	103.3	106.7	158.5	103.0	87.4	63.0
郑州	Zhengzhou	102.2	107.8	101.8	100.3	157.5	103.9	78.6	64.7
武汉	Wuhan	102.4	110.1	100.4	116.4	168.0	112.5	85.0	65.2
长沙	Changsha	102.8	110.7	100.9	110.2	175.8	100.2	86.2	75.5
广州	Guangzhou	102.4	110.8	102.5	101.6	171.6	101.0	94.1	69.9
深圳	Shenzhen	102.1	108.4	101.4	101.3	157.0	103.8	90.0	77.1
南宁	Nanning	102.1	109.5	99.8	102.7	165.3	102.8	90.5	67.9
海口	Haikou	101.3	106.2	97.2	93.0	150.0	100.1	95.2	74.4
重庆	Chongqing	102.8	111.0	96.8	109.5	170.4	103.4	83.9	69.1
成都	Chengdu	103.0	114.1	101.3	108.4	173.6	101.1	93.7	73.6
贵阳	Guiyang	102.1	111.9	98.8	105.9	166.2	109.6	89.2	73.8
昆明	Kunming	102.8	109.6	101.0	95.9	173.4	99.1	92.2	69.1
拉萨	Lasa	102.6	105.8	103.3	105.1	122.7	107.1	114.0	82.6
西安	Xi'an	101.7	105.6	100.7	108.1	149.6	107.5	77.0	64.6
兰州	Lanzhou	101.6	105.1	103.8	105.8	140.3	100.4	83.1	63.9
西宁	Xining	102.5	107.8	102.7	101.3	140.4	103.3	78.0	75.1
银川	Yinchuan	101.5	104.0	105.7	108.2	128.8	102.5	81.0	69.8
乌鲁木齐	Urumqi	100.9	104.4	105.2	101.4	126.2	101.3	86.9	79.8

3-57 续表 continued

(上年同月=100) (same month of preceding year=100)

城市	City	衣着 Clothing	居住 Residence	生活用品及服务 Household Facilities, Articles and Services	交通通信 Transport and Communications	教育文化娱乐 Education, Cultural and Recreation	医疗保健 Health Care and Medical Services	其他用品及服务 Miscellaneous Goods and Services
平均指数	**Average Index**	**99.4**	**99.4**	**100.2**	**95.2**	**100.1**	**100.8**	**105.3**
北京	Beijing	99.3	98.4	100.1	94.4	100.7	98.8	107.8
天津	Tianjin	98.5	100.8	100.4	96.2	102.9	99.4	109.2
石家庄	Shijiazhuang	98.2	101.0	100.0	96.7	98.6	102.1	104.9
太原	Taiyuan	107.1	99.5	100.0	93.8	101.6	108.3	101.8
呼和浩特	Hohhot	98.1	100.2	99.6	94.7	104.3	114.6	102.2
沈阳	Shenyang	97.7	99.5	97.3	97.0	100.0	103.1	104.0
大连	Dalian	100.7	100.8	101.2	94.9	99.0	102.3	104.4
长春	Changchun	97.0	99.4	101.2	95.5	104.9	99.0	105.8
哈尔滨	Harbin	99.7	92.2	98.6	93.0	102.8	99.1	108.8
上海	Shanghai	101.2	100.6	99.7	96.2	97.5	100.4	102.8
南京	Nanjing	95.4	99.7	99.5	95.0	99.1	99.3	110.1
杭州	Hangzhou	98.8	99.8	103.4	95.9	99.8	105.4	105.2
宁波	Ningbo	101.7	100.7	101.7	92.6	100.7	98.0	106.4
合肥	Hefei	99.5	99.2	99.6	97.3	101.0	100.6	104.6
福州	Fuzhou	99.4	100.8	100.0	95.8	100.9	99.9	106.6
厦门	Xiamen	98.9	100.9	102.5	96.3	101.2	98.0	104.1
南昌	Nanchang	100.7	100.0	100.2	96.6	101.9	99.4	106.6
济南	Jinan	98.5	97.3	99.6	95.8	99.4	99.8	109.3
青岛	Qingdao	100.2	100.4	99.6	93.9	100.7	103.0	101.3
郑州	Zhengzhou	98.4	98.7	100.4	94.5	101.1	104.7	109.3
武汉	Wuhan	101.5	96.5	100.1	96.6	100.6	101.5	105.2
长沙	Changsha	100.2	100.3	99.8	95.9	98.5	101.1	106.5
广州	Guangzhou	96.1	99.7	99.3	94.1	97.5	100.5	104.4
深圳	Shenzhen	100.0	98.7	100.9	94.8	101.6	99.9	105.6
南宁	Nanning	98.6	97.2	99.4	93.6	100.1	106.3	103.2
海口	Haikou	103.5	95.6	100.6	94.3	103.1	99.8	105.5
重庆	Chongqing	97.5	99.8	99.8	95.5	99.7	101.9	103.7
成都	Chengdu	99.3	97.4	101.6	93.7	99.9	100.4	101.2
贵阳	Guiyang	96.4	97.6	99.5	93.8	99.2	101.3	103.0
昆明	Kunming	101.7	99.2	98.4	95.6	103.9	100.7	104.7
拉萨	Lasa	100.7	99.0	100.3	97.4	107.3	102.9	109.1
西安	Xi'an	99.3	99.3	100.6	98.0	102.0	99.4	105.7
兰州	Lanzhou	99.1	99.6	100.7	96.5	103.4	100.1	105.2
西宁	Xining	99.8	100.3	99.3	96.0	99.6	104.1	106.5
银川	Yinchuan	102.8	101.9	98.7	96.2	100.7	100.8	100.2
乌鲁木齐	Urumqi	100.8	99.7	99.1	95.5	101.3	100.0	100.3

3-58 36个大中城市居民消费价格分类指数(同比)
Consumer Price Indices by Category for 36 Major Large and Medium-sized Cities (2020年8月)

(上年同月=100) (same month of preceding year=100)

城市	City	居民消费价格指数 Consumer Price Index	食品烟酒 Food, Tobacco and Liquor	粮食 Grain	鲜菜 Fresh Vegetables	畜肉 Meat	水产品 Aquatic Products	蛋 Eggs	鲜果 Fresh Fruits
平均指数	**Average Index**	**101.8**	**107.8**	**101.7**	**111.2**	**139.6**	**102.9**	**90.4**	**80.9**
北京	Beijing	100.9	106.2	101.9	109.4	132.8	102.8	88.1	77.8
天津	Tianjin	102.1	106.6	102.5	111.7	136.5	100.9	84.9	82.9
石家庄	Shijiazhuang	102.7	109.4	100.6	107.7	139.5	108.6	85.5	88.7
太原	Taiyuan	102.8	109.4	103.0	111.9	150.3	104.2	86.1	80.7
呼和浩特	Hohhot	102.4	105.9	100.7	116.4	124.5	103.9	88.0	82.8
沈阳	Shenyang	101.4	106.8	105.0	97.8	135.5	99.5	90.3	87.6
大连	Dalian	101.5	106.3	100.4	97.6	143.2	105.9	85.0	86.6
长春	Changchun	101.2	106.7	102.4	101.3	135.6	109.2	92.3	77.0
哈尔滨	Harbin	99.7	105.6	104.8	90.4	137.3	100.5	89.1	73.1
上海	Shanghai	101.4	105.8	101.9	107.0	136.8	100.0	97.0	87.1
南京	Nanjing	102.6	111.9	99.4	131.4	142.5	109.6	91.2	91.3
杭州	Hangzhou	101.6	107.3	101.0	105.5	140.1	104.1	96.6	80.4
宁波	Ningbo	101.5	106.2	103.0	104.4	139.7	100.0	96.9	78.5
合肥	Hefei	102.3	108.5	104.8	124.6	139.7	110.3	85.8	70.0
福州	Fuzhou	102.9	108.7	98.9	122.9	149.4	106.9	86.8	77.0
厦门	Xiamen	102.1	107.4	101.8	109.1	143.9	104.4	93.5	72.8
南昌	Nanchang	102.3	107.3	103.8	118.2	138.5	112.2	88.1	69.9
济南	Jinan	103.0	112.9	101.4	110.7	155.8	108.3	91.8	82.0
青岛	Qingdao	102.4	108.7	103.6	110.8	143.9	103.9	87.5	78.6
郑州	Zhengzhou	102.1	107.3	102.1	107.5	141.3	104.1	81.5	72.4
武汉	Wuhan	101.9	109.2	100.4	120.0	145.1	108.7	91.5	77.1
长沙	Changsha	101.6	106.0	100.9	110.0	135.0	99.7	89.7	76.4
广州	Guangzhou	102.6	109.8	101.2	108.8	148.6	101.2	93.4	77.1
深圳	Shenzhen	102.1	107.3	101.2	106.4	136.4	103.7	91.2	89.2
南宁	Nanning	101.2	105.9	99.4	109.8	121.7	102.4	95.1	88.0
海口	Haikou	100.2	103.7	100.6	94.5	126.5	98.2	98.1	79.1
重庆	Chongqing	102.4	109.6	99.3	122.4	144.4	103.4	87.0	74.0
成都	Chengdu	102.3	111.4	101.1	128.3	137.2	99.4	95.7	83.4
贵阳	Guiyang	102.5	112.6	99.6	112.7	158.6	105.5	96.2	76.8
昆明	Kunming	103.6	111.5	100.2	101.2	176.4	100.4	92.5	71.1
拉萨	Lasa	102.9	106.5	103.1	108.3	119.9	104.0	116.8	89.8
西安	Xi'an	102.2	107.1	101.0	123.9	137.4	104.2	86.4	72.8
兰州	Lanzhou	102.2	106.9	103.0	119.8	134.2	100.3	95.0	73.3
西宁	Xining	102.8	108.8	102.0	117.3	134.0	102.2	88.1	90.2
银川	Yinchuan	102.1	106.7	105.0	134.2	124.8	102.7	89.2	82.4
乌鲁木齐	Urumqi	100.8	104.9	104.6	102.9	122.8	103.1	96.5	83.6

3-58 续表 continued

(上年同月=100) (same month of preceding year=100)

城 市	City	衣着 Clothing	居住 Residence	生活用品及服务 Household Facilities, Articles and Services	交通通信 Transport and Communications	教育文化娱乐 Education, Cultural and Recreation	医疗保健 Health Care and Medical Services	其他用品及服务 Miscellaneous Goods and Services
平均指数	**Average Index**	**99.3**	**99.4**	**100.2**	**95.9**	**99.7**	**100.6**	**106.3**
北 京	Beijing	99.2	98.3	100.2	95.3	100.1	99.2	109.5
天 津	Tianjin	98.5	100.8	100.5	96.6	102.3	99.4	110.5
石家庄	Shijiazhuang	100.1	100.7	99.6	97.3	98.7	102.0	105.6
太 原	Taiyuan	105.3	98.4	99.9	94.5	99.1	107.7	102.3
呼和浩特	Hohhot	98.3	99.8	99.7	95.7	102.4	113.1	104.6
沈 阳	Shenyang	97.5	99.3	97.2	96.6	99.1	103.0	104.5
大 连	Dalian	99.9	100.6	101.1	95.4	97.0	102.3	105.3
长 春	Changchun	97.1	99.2	101.7	96.0	99.7	98.9	107.7
哈尔滨	Harbin	96.8	92.3	99.3	93.6	101.6	100.2	107.7
上 海	Shanghai	100.9	100.6	99.4	97.4	97.4	100.3	103.3
南 京	Nanjing	95.1	100.6	101.4	95.8	98.1	99.3	111.1
杭 州	Hangzhou	99.0	99.8	103.0	96.0	99.5	99.4	106.4
宁 波	Ningbo	101.3	100.5	102.1	93.3	100.0	99.2	107.9
合 肥	Hefei	99.1	99.8	99.7	97.3	99.8	100.1	105.6
福 州	Fuzhou	101.6	100.3	100.0	96.2	102.7	99.8	108.3
厦 门	Xiamen	97.9	101.1	102.1	95.6	100.7	97.8	105.5
南 昌	Nanchang	100.4	100.0	100.9	96.9	100.9	99.4	107.9
济 南	Jinan	98.8	97.4	98.7	96.8	98.6	99.6	111.6
青 岛	Qingdao	100.2	100.4	99.6	93.1	100.8	102.5	104.0
郑 州	Zhengzhou	98.5	98.7	100.4	95.8	99.5	105.0	111.8
武 汉	Wuhan	101.0	96.0	99.7	97.2	98.9	101.5	106.3
长 沙	Changsha	100.5	100.8	99.5	96.6	97.9	101.0	107.5
广 州	Guangzhou	96.9	99.9	100.0	94.8	100.0	100.8	105.2
深 圳	Shenzhen	100.4	98.9	101.2	96.2	102.1	99.3	106.7
南 宁	Nanning	100.6	98.0	99.7	93.7	98.2	105.1	104.5
海 口	Haikou	102.4	95.6	100.1	95.6	100.1	99.8	106.9
重 庆	Chongqing	97.9	99.2	99.5	96.4	99.7	101.8	104.7
成 都	Chengdu	99.2	97.2	101.4	95.2	98.8	100.2	101.2
贵 阳	Guiyang	96.8	97.6	99.1	94.4	98.8	101.3	105.8
昆 明	Kunming	102.9	99.2	98.6	96.3	103.5	101.0	107.2
拉 萨	Lasa	100.7	100.0	100.3	97.8	107.3	100.6	111.1
西 安	Xi'an	99.5	99.3	100.6	98.3	102.0	99.3	107.5
兰 州	Lanzhou	99.3	99.7	100.7	97.2	102.6	100.1	107.4
西 宁	Xining	100.9	99.8	100.0	95.9	98.7	104.2	106.4
银 川	Yinchuan	102.6	102.1	98.9	95.1	100.2	100.7	100.1
乌鲁木齐	Urumqi	98.9	99.8	99.4	96.1	100.7	100.0	97.5

3-59 36个大中城市居民消费价格分类指数(同比)

Consumer Price Indices by Category for 36 Major Large and Medium-sized Cities

(2020年9月)

(上年同月=100) (same month of preceding year=100)

城市	City	居民消费价格指数 Consumer Price Index	食品烟酒 Food, Tobacco and Liquor	粮食 Grain	鲜菜 Fresh Vegetables	畜肉 Meat	水产品 Aquatic Products	蛋 Eggs	鲜果 Fresh Fruits
平均指数	**Average Index**	**101.4**	**106.1**	**101.9**	**117.6**	**121.5**	**102.4**	**85.7**	**94.4**
北京	Beijing	101.0	106.5	102.8	124.7	119.1	102.2	84.5	98.7
天津	Tianjin	101.5	106.1	102.3	125.8	121.1	103.4	80.6	93.5
石家庄	Shijiazhuang	102.4	107.2	102.7	113.6	121.7	107.8	81.9	103.7
太原	Taiyuan	101.7	108.0	101.1	125.7	129.1	103.1	76.8	93.6
呼和浩特	Hohhot	101.4	104.9	100.3	127.4	110.7	103.2	85.3	97.6
沈阳	Shenyang	102.0	107.4	105.1	118.1	121.9	100.1	84.9	98.7
大连	Dalian	102.1	107.5	100.9	120.3	123.7	107.7	84.2	107.6
长春	Changchun	101.7	107.4	101.9	125.0	123.7	108.9	86.7	90.4
哈尔滨	Harbin	99.8	105.1	103.2	109.8	123.1	102.6	84.3	80.7
上海	Shanghai	101.3	104.5	102.1	110.1	122.3	99.3	94.2	94.5
南京	Nanjing	101.5	108.4	100.7	130.3	119.8	102.4	85.5	106.1
杭州	Hangzhou	101.1	106.1	102.4	112.8	121.9	104.8	94.0	88.6
宁波	Ningbo	101.3	104.7	101.9	110.6	118.0	101.8	95.3	89.0
合肥	Hefei	101.6	106.8	105.1	130.9	118.6	105.8	79.2	91.7
福州	Fuzhou	102.0	106.2	102.2	130.2	123.1	102.6	78.0	92.0
厦门	Xiamen	101.6	105.4	100.5	110.2	123.4	105.4	88.2	85.2
南昌	Nanchang	101.6	106.3	102.0	126.6	120.4	107.3	83.1	83.9
济南	Jinan	101.9	109.1	101.8	117.8	125.2	107.6	87.8	112.3
青岛	Qingdao	102.0	108.2	102.3	124.7	124.4	107.3	84.7	97.4
郑州	Zhengzhou	102.0	105.4	101.9	112.3	120.4	102.2	77.1	94.7
武汉	Wuhan	100.8	105.8	100.4	120.1	121.9	103.2	86.5	90.7
长沙	Changsha	101.6	106.2	100.9	118.6	118.8	100.4	86.8	102.1
广州	Guangzhou	101.8	106.8	101.0	109.5	126.0	101.8	85.4	91.3
深圳	Shenzhen	101.0	104.3	101.5	108.5	119.5	102.1	86.9	96.3
南宁	Nanning	101.3	105.7	101.1	111.3	118.3	103.3	89.2	98.0
海口	Haikou	100.2	103.9	101.7	94.4	122.4	99.7	94.5	86.8
重庆	Chongqing	101.6	105.7	99.8	126.2	120.5	100.1	81.7	89.1
成都	Chengdu	101.4	106.5	102.0	125.9	114.3	97.4	92.8	91.3
贵阳	Guiyang	101.7	108.9	100.5	118.4	130.4	105.8	89.7	90.2
昆明	Kunming	103.2	110.3	100.9	108.1	155.5	97.8	90.1	76.1
拉萨	Lasa	102.4	104.9	102.7	106.6	111.9	104.5	110.7	95.4
西安	Xi'an	101.7	105.4	98.9	121.3	122.0	102.3	72.9	95.0
兰州	Lanzhou	102.2	107.1	102.9	128.5	123.4	99.5	85.5	87.9
西宁	Xining	103.0	109.1	102.8	125.1	129.7	101.8	79.5	102.8
银川	Yinchuan	102.0	105.7	106.0	141.2	110.8	100.8	82.3	103.3
乌鲁木齐	Urumqi	99.9	102.8	104.4	101.8	113.3	101.8	83.6	95.3

3-59 续表 continued

(上年同月=100) (same month of preceding year=100)

城 市	City	衣着 Clothing	居住 Residence	生活用品及服务 Household Facilities, Articles and Services	交通通信 Transport and Communications	教育文化娱乐 Education, Cultural and Recreation	医疗保健 Health Care and Medical Services	其他用品及服务 Miscellaneous Goods and Services
平均指数	**Average Index**	**99.5**	**99.4**	**100.0**	**96.4**	**100.3**	**100.6**	**104.3**
北 京	Beijing	100.1	98.5	99.8	96.6	99.4	98.7	107.9
天 津	Tianjin	98.0	100.6	100.3	97.3	99.5	99.3	107.5
石家庄	Shijiazhuang	100.3	100.7	98.2	97.1	102.3	102.3	103.2
太 原	Taiyuan	97.8	97.9	99.9	95.8	99.2	107.7	101.6
呼和浩特	Hohhot	97.7	98.6	98.9	95.4	100.0	113.2	103.2
沈 阳	Shenyang	97.8	99.5	97.2	97.5	101.0	103.0	103.4
大 连	Dalian	100.4	100.4	100.6	95.8	98.8	102.3	104.6
长 春	Changchun	97.7	99.1	101.7	97.6	100.2	98.8	104.1
哈尔滨	Harbin	99.2	92.1	99.3	95.1	101.5	100.2	104.4
上 海	Shanghai	100.6	100.8	98.9	97.5	99.6	100.4	101.7
南 京	Nanjing	96.2	100.2	100.7	95.0	97.7	99.2	111.3
杭 州	Hangzhou	98.9	99.6	102.9	96.2	98.4	99.8	103.9
宁 波	Ningbo	98.8	100.2	102.2	94.3	103.0	99.5	106.0
合 肥	Hefei	99.3	99.6	99.2	96.1	101.3	99.9	101.4
福 州	Fuzhou	101.3	100.1	99.9	95.9	103.2	99.8	104.2
厦 门	Xiamen	98.4	101.1	102.2	96.0	101.5	97.8	103.2
南 昌	Nanchang	99.9	99.5	100.6	97.1	99.4	99.3	105.7
济 南	Jinan	100.0	97.7	99.2	96.3	98.7	99.5	108.1
青 岛	Qingdao	99.7	99.7	98.8	94.3	99.6	101.9	102.5
郑 州	Zhengzhou	98.2	98.6	100.4	95.7	104.5	104.8	107.9
武 汉	Wuhan	100.9	96.5	99.3	96.5	98.7	101.4	103.1
长 沙	Changsha	100.8	99.7	99.7	97.1	98.8	100.9	105.7
广 州	Guangzhou	100.0	99.9	99.3	95.4	100.1	100.8	101.9
深 圳	Shenzhen	100.3	98.8	101.6	96.2	101.2	99.2	103.9
南 宁	Nanning	101.6	98.0	99.9	94.7	99.0	105.1	100.5
海 口	Haikou	102.0	95.2	100.3	96.2	100.7	99.7	102.5
重 庆	Chongqing	99.1	99.0	99.6	97.3	102.1	101.9	102.3
成 都	Chengdu	99.4	97.3	101.3	95.9	101.4	100.4	102.0
贵 阳	Guiyang	96.1	98.1	98.4	95.4	100.3	101.3	105.2
昆 明	Kunming	102.5	99.2	98.9	96.5	104.0	101.0	104.0
拉 萨	Lasa	100.9	100.0	100.3	97.9	107.3	100.6	109.8
西 安	Xi'an	100.5	99.6	100.7	98.3	101.7	99.3	103.7
兰 州	Lanzhou	100.0	99.7	100.8	98.1	101.3	100.1	102.9
西 宁	Xining	101.2	100.1	98.7	96.8	99.3	104.1	105.5
银 川	Yinchuan	100.0	102.3	99.7	97.3	100.8	100.8	100.1
乌鲁木齐	Urumqi	95.8	98.9	98.6	96.9	101.1	99.9	98.4

3-60 36个大中城市居民消费价格分类指数(同比)
Consumer Price Indices by Category for 36 Major Large and Medium-sized Cities
(2020年10月)

(上年同月=100) (same month of preceding year=100)

城市	City	居民消费价格指数 Consumer Price Index	食品烟酒 Food, Tobacco and Liquor	粮食 Grain	鲜菜 Fresh Vegetables	畜肉 Meat	水产品 Aquatic Products	蛋 Eggs	鲜果 Fresh Fruits
平均指数	**Average Index**	**100.5**	**102.8**	**101.7**	**115.8**	**102.8**	**102.1**	**85.1**	**101.2**
北京	Beijing	100.9	103.8	102.9	115.0	102.0	102.6	83.7	105.4
天津	Tianjin	100.5	102.6	102.8	117.5	102.2	103.6	80.4	98.3
石家庄	Shijiazhuang	100.8	103.1	104.1	110.4	105.6	103.5	80.6	102.6
太原	Taiyuan	100.4	102.7	100.1	116.8	104.2	101.9	73.1	107.1
呼和浩特	Hohhot	100.4	101.4	100.2	122.8	97.1	100.9	82.5	101.4
沈阳	Shenyang	100.6	103.0	104.6	113.7	98.6	99.8	84.0	108.0
大连	Dalian	100.8	102.5	101.1	114.0	99.4	107.6	82.7	107.0
长春	Changchun	100.3	102.9	101.6	111.7	104.0	106.8	85.1	99.1
哈尔滨	Harbin	99.2	101.4	103.3	106.8	98.5	104.6	82.6	100.2
上海	Shanghai	100.3	101.9	101.2	107.1	107.4	99.2	91.4	97.7
南京	Nanjing	100.3	104.3	100.3	121.7	100.2	103.8	88.0	110.8
杭州	Hangzhou	100.3	102.6	101.1	108.0	102.1	104.4	93.7	100.3
宁波	Ningbo	100.7	102.3	101.0	110.5	104.7	98.1	94.5	94.8
合肥	Hefei	100.4	102.7	103.5	125.6	97.9	104.3	81.3	98.2
福州	Fuzhou	101.2	102.6	100.9	127.7	100.1	101.3	80.2	117.7
厦门	Xiamen	100.2	100.8	100.7	109.9	97.0	104.5	89.5	101.8
南昌	Nanchang	101.0	104.6	102.6	130.3	105.6	103.9	85.1	95.6
济南	Jinan	100.0	102.7	100.4	116.2	101.2	106.8	86.8	114.6
青岛	Qingdao	100.4	102.9	103.7	115.3	100.3	109.0	84.1	100.2
郑州	Zhengzhou	100.4	101.2	101.7	109.0	99.2	101.9	77.4	109.8
武汉	Wuhan	99.6	102.0	100.4	123.1	100.8	100.2	84.0	93.2
长沙	Changsha	100.6	102.4	102.5	124.2	98.5	101.0	85.0	105.9
广州	Guangzhou	101.6	105.2	103.0	112.4	109.2	102.7	87.2	109.3
深圳	Shenzhen	99.9	102.1	99.5	114.7	104.3	102.6	85.7	100.8
南宁	Nanning	100.7	103.0	99.1	118.4	106.5	105.0	88.2	95.8
海口	Haikou	100.5	104.7	105.0	110.0	116.3	101.2	91.9	93.6
重庆	Chongqing	100.5	101.8	98.2	128.9	99.4	98.4	81.1	95.9
成都	Chengdu	99.8	101.8	102.6	122.6	96.5	95.0	93.9	94.8
贵阳	Guiyang	100.4	104.6	100.2	120.1	107.7	105.8	86.9	97.6
昆明	Kunming	102.3	106.8	100.4	120.2	121.2	100.9	87.3	82.1
拉萨	Lasa	102.0	103.6	102.5	103.3	105.2	105.2	108.2	96.5
西安	Xi'an	100.6	102.0	99.3	122.4	102.1	101.2	75.3	98.9
兰州	Lanzhou	101.3	104.6	103.2	123.2	108.4	99.7	84.4	95.1
西宁	Xining	101.7	103.7	102.0	114.7	107.4	100.2	80.5	108.7
银川	Yinchuan	101.1	103.0	104.6	129.3	101.8	100.3	83.3	107.6
乌鲁木齐	Urumqi	100.1	101.2	104.2	109.5	103.8	100.6	80.6	94.1

3-60 续表 continued

(上年同月=100) (same month of preceding year=100)

城市	City	衣着 Clothing	居住 Residence	生活用品及服务 Household Facilities, Articles and Services	交通通信 Transport and Communications	教育文化娱乐 Education, Cultural and Recreation	医疗保健 Health Care and Medical Services	其他用品及服务 Miscellaneous Goods and Services
平均指数	**Average Index**	**99.7**	**99.5**	**100.1**	**96.1**	**101.2**	**100.6**	**102.7**
北京	Beijing	100.2	99.0	100.0	96.3	102.8	99.3	107.8
天津	Tianjin	97.8	100.6	100.0	96.4	100.8	99.2	105.1
石家庄	Shijiazhuang	98.3	99.9	99.8	96.8	101.9	102.3	97.2
太原	Taiyuan	99.7	97.9	99.5	95.1	100.8	107.7	96.4
呼和浩特	Hohhot	97.7	98.6	98.9	95.5	100.7	113.1	101.6
沈阳	Shenyang	97.9	99.5	97.0	96.8	101.6	103.0	101.8
大连	Dalian	102.2	100.0	100.6	95.7	99.4	102.3	103.8
长春	Changchun	97.0	99.4	101.3	97.8	101.1	98.7	101.1
哈尔滨	Harbin	102.5	92.1	98.7	96.5	102.2	100.2	103.0
上海	Shanghai	100.0	100.5	99.7	95.6	100.8	99.9	101.1
南京	Nanjing	96.6	100.4	100.8	94.6	97.7	99.7	106.5
杭州	Hangzhou	98.5	100.0	102.6	97.2	99.2	100.1	100.1
宁波	Ningbo	99.4	100.2	102.6	95.4	103.3	99.4	102.5
合肥	Hefei	100.1	99.2	98.8	96.8	101.5	100.0	98.6
福州	Fuzhou	101.6	100.2	100.3	96.2	105.8	99.8	100.4
厦门	Xiamen	102.7	100.9	101.8	95.6	101.2	97.5	98.8
南昌	Nanchang	99.2	99.5	100.2	96.4	100.1	99.3	104.0
济南	Jinan	99.4	97.9	98.8	95.9	98.1	100.1	109.0
青岛	Qingdao	99.3	100.3	98.3	93.9	100.5	101.4	102.6
郑州	Zhengzhou	98.2	98.6	99.9	95.4	104.1	105.3	101.4
武汉	Wuhan	100.8	96.6	100.1	96.4	98.7	101.4	102.4
长沙	Changsha	100.7	100.1	99.8	97.0	99.9	100.9	104.4
广州	Guangzhou	102.5	100.5	98.5	95.7	101.4	100.9	99.5
深圳	Shenzhen	98.8	98.4	101.9	96.0	100.1	99.2	102.4
南宁	Nanning	102.7	98.8	100.1	93.9	99.7	105.1	100.2
海口	Haikou	102.4	95.7	100.9	96.2	100.1	99.7	101.1
重庆	Chongqing	99.6	99.1	99.6	97.1	103.1	101.8	100.9
成都	Chengdu	98.0	97.5	101.3	95.4	101.5	100.3	101.2
贵阳	Guiyang	95.5	98.1	98.7	95.5	100.4	101.2	106.0
昆明	Kunming	102.6	99.1	98.9	97.0	104.8	101.0	102.4
拉萨	Lasa	101.3	100.0	100.3	97.8	107.3	100.6	108.8
西安	Xi'an	100.7	99.1	100.9	98.4	101.3	99.0	103.7
兰州	Lanzhou	99.6	99.7	100.8	97.9	100.6	100.2	102.4
西宁	Xining	100.7	100.9	98.9	96.7	101.0	104.3	104.5
银川	Yinchuan	97.8	102.6	98.9	97.8	99.6	100.9	104.6
乌鲁木齐	Urumqi	99.1	99.8	101.2	96.9	100.9	99.9	100.5

3-61 36个大中城市居民消费价格分类指数(同比)
Consumer Price Indices by Category for 36 Major Large and Medium-sized Cities
(2020年11月)

(上年同月=100) (same month of preceding year=100)

城市	City	居民消费价格指数 Consumer Price Index	食品烟酒 Food, Tobacco and Liquor	粮食 Grain	鲜菜 Fresh Vegetables	畜肉 Meat	水产品 Aquatic Products	蛋 Eggs	鲜果 Fresh Fruits
平均指数	**Average Index**	**99.6**	**99.8**	**101.2**	**107.3**	**93.3**	**100.6**	**83.8**	**104.4**
北京	Beijing	100.2	100.5	102.0	105.2	92.3	99.1	82.5	104.7
天津	Tianjin	99.6	99.9	101.0	106.2	92.4	103.6	80.3	102.1
石家庄	Shijiazhuang	99.4	98.5	103.6	101.3	91.6	101.8	79.6	105.1
太原	Taiyuan	99.7	100.3	98.9	109.7	91.8	103.0	71.3	122.0
呼和浩特	Hohhot	99.5	99.3	100.2	111.7	91.8	97.6	82.4	103.7
沈阳	Shenyang	99.8	99.9	104.6	102.1	93.2	97.9	81.6	108.7
大连	Dalian	99.8	99.2	101.2	107.0	89.7	102.9	79.2	105.3
长春	Changchun	99.0	99.1	100.7	100.6	94.6	103.3	84.1	97.9
哈尔滨	Harbin	98.8	100.1	102.4	103.2	93.0	104.8	79.9	109.7
上海	Shanghai	99.9	99.9	101.6	104.4	97.3	99.3	90.4	101.7
南京	Nanjing	99.7	100.8	101.0	113.8	90.5	102.2	85.7	117.7
杭州	Hangzhou	99.3	99.7	100.6	94.3	92.1	104.2	92.4	110.3
宁波	Ningbo	100.3	99.7	102.0	100.7	95.5	96.7	94.9	102.7
合肥	Hefei	99.3	99.3	103.5	108.2	91.8	99.6	80.6	101.3
福州	Fuzhou	99.2	97.0	101.1	103.6	84.0	99.5	77.1	123.7
厦门	Xiamen	99.2	97.0	101.3	100.3	84.8	102.8	87.8	106.3
南昌	Nanchang	99.9	100.8	102.1	113.8	95.4	101.1	86.9	105.4
济南	Jinan	98.4	98.3	97.2	104.5	89.5	103.1	84.3	125.2
青岛	Qingdao	98.9	98.6	98.4	105.6	91.3	102.1	82.6	100.4
郑州	Zhengzhou	99.4	97.9	101.0	102.9	91.7	100.7	76.9	114.9
武汉	Wuhan	98.8	98.9	100.4	110.9	91.4	99.8	83.6	96.6
长沙	Changsha	99.4	99.1	102.9	113.4	89.5	98.0	83.9	107.6
广州	Guangzhou	100.8	102.2	102.9	108.8	97.7	101.4	85.4	109.8
深圳	Shenzhen	98.7	99.2	100.6	106.1	93.7	101.4	85.4	102.7
南宁	Nanning	99.8	98.8	102.6	105.9	92.8	104.2	86.4	100.6
海口	Haikou	98.0	98.6	104.7	103.7	93.3	98.5	89.3	97.3
重庆	Chongqing	99.4	98.7	95.4	117.6	93.3	97.9	79.3	99.3
成都	Chengdu	98.7	99.0	100.3	112.6	91.6	94.0	91.1	97.3
贵阳	Guiyang	99.2	100.6	95.0	113.4	96.3	101.1	86.2	105.3
昆明	Kunming	100.5	102.6	101.6	121.9	102.7	101.1	85.9	87.2
拉萨	Lasa	101.5	102.6	102.2	111.9	98.8	98.8	105.5	96.3
西安	Xi'an	100.1	100.3	100.7	113.8	94.7	101.1	72.3	99.5
兰州	Lanzhou	100.5	101.7	103.3	116.4	97.2	99.1	85.6	97.1
西宁	Xining	100.6	99.8	102.0	115.3	97.7	98.8	79.6	97.0
银川	Yinchuan	99.6	100.4	104.6	115.8	93.9	99.6	82.5	111.6
乌鲁木齐	Urumqi	99.8	99.8	103.9	104.3	99.8	99.6	80.6	93.4

3-61 续表 continued

(上年同月=100) (same month of preceding year=100)

城市	City	衣着 Clothing	居住 Residence	生活用品及服务 Household Facilities, Articles and Services	交通通信 Transport and Communications	教育文化娱乐 Education, Cultural and Recreation	医疗保健 Health Care and Medical Services	其他用品及服务 Miscellaneous Goods and Services
平均指数	**Average Index**	**99.5**	**99.5**	**100.3**	**96.0**	**101.0**	**100.5**	**103.3**
北京	Beijing	100.2	99.2	100.7	96.3	103.1	98.8	108.2
天津	Tianjin	96.2	100.5	100.2	96.2	100.9	98.6	105.6
石家庄	Shijiazhuang	100.1	99.8	98.5	96.2	102.9	102.1	96.2
太原	Taiyuan	98.4	97.9	99.7	95.1	101.8	107.4	96.4
呼和浩特	Hohhot	97.0	98.6	98.7	94.7	99.5	113.2	100.8
沈阳	Shenyang	97.7	99.5	96.8	97.9	101.3	103.0	102.2
大连	Dalian	102.7	100.0	100.9	95.6	99.7	102.3	103.7
长春	Changchun	98.1	99.4	100.6	96.9	99.8	98.8	101.1
哈尔滨	Harbin	101.5	93.1	99.1	96.4	101.4	100.1	103.3
上海	Shanghai	99.1	100.6	99.9	95.5	101.7	99.3	102.7
南京	Nanjing	96.9	100.3	100.8	95.5	99.5	99.8	107.1
杭州	Hangzhou	99.4	99.8	102.5	96.9	98.3	99.8	100.1
宁波	Ningbo	100.2	100.2	103.1	96.4	104.1	99.4	102.1
合肥	Hefei	100.8	99.3	99.2	96.0	100.1	101.0	99.7
福州	Fuzhou	101.7	100.2	99.8	95.6	104.5	99.5	99.7
厦门	Xiamen	104.5	100.8	101.8	96.2	101.7	97.3	99.1
南昌	Nanchang	99.3	99.6	100.3	96.6	100.4	99.2	104.2
济南	Jinan	100.2	97.9	98.6	94.9	97.9	100.2	107.7
青岛	Qingdao	99.3	100.7	97.5	94.1	99.4	101.5	100.6
郑州	Zhengzhou	98.2	98.8	99.8	95.1	103.9	105.7	102.3
武汉	Wuhan	100.7	96.7	100.8	97.0	98.8	101.3	101.9
长沙	Changsha	100.9	100.3	99.8	96.8	99.2	100.9	103.7
广州	Guangzhou	101.7	100.9	100.0	95.1	100.8	103.1	100.2
深圳	Shenzhen	96.9	98.0	101.3	95.6	100.1	98.9	103.4
南宁	Nanning	107.5	99.1	99.7	93.4	99.3	105.2	102.1
海口	Haikou	102.5	96.0	100.8	95.9	97.2	99.2	101.8
重庆	Chongqing	100.2	99.0	100.3	96.5	101.4	101.8	101.0
成都	Chengdu	96.7	97.9	101.2	95.3	99.9	100.4	101.8
贵阳	Guiyang	98.3	98.1	98.2	95.3	99.7	101.3	104.1
昆明	Kunming	98.3	99.1	98.7	96.9	103.2	100.9	102.5
拉萨	Lasa	101.5	100.0	100.4	97.9	104.8	100.6	107.4
西安	Xi'an	102.1	99.2	100.1	98.0	101.1	99.0	105.9
兰州	Lanzhou	100.8	100.1	100.9	97.4	100.3	100.0	103.3
西宁	Xining	105.1	99.5	98.6	97.1	99.8	104.2	106.3
银川	Yinchuan	96.7	99.8	99.0	97.5	99.6	100.6	104.7
乌鲁木齐	Urumqi	101.0	100.0	101.1	96.9	100.6	100.0	101.9

3-62 36个大中城市居民消费价格分类指数(同比)
Consumer Price Indices by Category for 36 Major Large and Medium-sized Cities (2020年12月)

(上年同月=100) (same month of preceding year=100)

城市	City	居民消费价格指数 Consumer Price Index	食品烟酒 Food, Tobacco and Liquor	粮食 Grain	鲜菜 Fresh Vegetables	畜肉 Meat	水产品 Aquatic Products	蛋 Eggs	鲜果 Fresh Fruits
平均指数	**Average Index**	**100.2**	**101.3**	**101.2**	**104.6**	**99.9**	**101.0**	**89.6**	**108.0**
北京	Beijing	100.2	101.0	100.6	97.4	97.5	99.0	89.1	106.6
天津	Tianjin	99.8	101.6	100.0	98.9	100.4	105.2	89.8	106.9
石家庄	Shijiazhuang	100.1	100.3	104.2	95.8	99.8	102.7	86.2	110.9
太原	Taiyuan	100.5	102.6	102.4	107.8	101.3	101.0	84.7	125.6
呼和浩特	Hohhot	99.1	101.3	100.2	105.9	103.5	98.7	88.6	97.9
沈阳	Shenyang	100.7	102.4	105.1	100.4	103.6	98.7	90.3	110.6
大连	Dalian	100.2	100.9	101.4	105.5	99.6	100.5	88.4	104.0
长春	Changchun	99.9	100.5	101.1	96.6	100.8	101.3	92.0	100.8
哈尔滨	Harbin	100.2	102.9	100.9	103.3	102.2	103.3	88.3	116.4
上海	Shanghai	100.1	100.5	100.7	99.8	99.5	100.8	93.9	108.6
南京	Nanjing	100.6	103.2	101.2	113.6	98.2	104.2	91.4	118.6
杭州	Hangzhou	99.9	101.4	102.2	96.6	98.5	104.5	94.8	114.8
宁波	Ningbo	101.0	101.8	103.8	102.9	102.3	98.9	95.2	110.6
合肥	Hefei	100.2	101.8	102.2	109.3	100.9	100.4	87.0	101.1
福州	Fuzhou	99.4	97.9	100.4	96.9	90.6	97.9	82.9	120.8
厦门	Xiamen	100.2	99.6	101.0	99.7	94.9	103.2	93.0	110.8
南昌	Nanchang	100.5	103.1	103.8	116.2	102.6	102.2	89.9	106.0
济南	Jinan	99.3	100.9	99.0	100.9	98.9	98.7	92.7	128.3
青岛	Qingdao	100.0	101.4	98.5	103.3	100.9	101.2	91.0	108.8
郑州	Zhengzhou	100.2	100.5	100.9	103.9	101.2	101.6	85.1	106.9
武汉	Wuhan	99.7	101.9	100.4	113.6	101.9	100.3	88.1	100.7
长沙	Changsha	100.4	102.0	102.9	115.9	98.5	98.6	86.4	110.2
广州	Guangzhou	101.4	103.9	102.9	115.5	100.8	102.5	91.3	117.0
深圳	Shenzhen	99.4	100.8	98.9	105.5	99.4	101.1	87.4	104.7
南宁	Nanning	100.4	100.2	100.8	107.1	99.7	103.8	89.3	99.2
海口	Haikou	98.5	99.6	102.5	102.4	96.3	97.7	90.2	98.9
重庆	Chongqing	99.5	99.5	98.2	108.0	99.5	95.9	84.6	99.3
成都	Chengdu	99.5	100.9	101.8	108.8	99.1	95.4	92.4	98.3
贵阳	Guiyang	99.8	101.4	95.1	106.8	102.0	101.7	87.2	102.6
昆明	Kunming	100.2	102.7	100.7	110.4	104.7	100.9	90.0	90.2
拉萨	Lasa	102.0	104.5	103.8	111.4	106.8	99.0	104.9	100.0
西安	Xi'an	100.7	102.1	99.9	111.1	104.1	102.2	84.3	102.5
兰州	Lanzhou	101.0	103.0	103.1	110.2	104.3	98.9	90.0	101.8
西宁	Xining	100.9	101.9	102.2	111.3	103.4	99.7	87.0	103.2
银川	Yinchuan	99.9	101.3	104.8	110.7	98.6	98.2	86.2	114.3
乌鲁木齐	Urumqi	100.6	101.1	103.6	104.5	104.2	103.7	84.0	96.5

3-62 续表 continued

(上年同月=100) (same month of preceding year=100)

城市	City	衣着 Clothing	居住 Residence	生活用品及服务 Household Facilities, Articles and Services	交通通信 Transport and Communications	教育文化娱乐 Education, Cultural and Recreation	医疗保健 Health Care and Medical Services	其他用品及服务 Miscellaneous Goods and Services
平均指数	**Average Index**	**99.7**	**99.5**	**100.2**	**96.9**	**100.7**	**100.3**	**103.1**
北京	Beijing	99.5	99.6	100.5	97.4	101.1	98.8	107.2
天津	Tianjin	95.3	99.9	99.8	96.5	101.4	98.3	103.7
石家庄	Shijiazhuang	102.4	99.4	99.0	95.7	103.1	102.2	96.3
太原	Taiyuan	99.4	98.3	99.4	95.7	101.3	107.0	96.3
呼和浩特	Hohhot	96.8	98.6	99.4	94.5	98.7	100.9	101.5
沈阳	Shenyang	98.4	99.7	96.9	98.5	101.5	103.0	101.6
大连	Dalian	100.5	100.0	100.3	96.6	100.1	102.2	102.6
长春	Changchun	99.0	99.5	100.8	98.1	101.8	98.8	100.1
哈尔滨	Harbin	101.6	96.3	99.5	97.0	100.4	100.2	101.1
上海	Shanghai	100.1	100.4	99.8	96.8	101.3	98.9	103.7
南京	Nanjing	98.0	100.2	101.1	96.5	98.7	99.8	111.5
杭州	Hangzhou	100.1	99.9	102.1	97.4	98.0	99.8	99.4
宁波	Ningbo	99.4	100.3	103.7	97.7	104.1	99.1	101.8
合肥	Hefei	100.7	99.5	99.3	97.3	100.0	100.9	99.4
福州	Fuzhou	100.7	100.1	99.9	96.5	103.9	99.5	99.5
厦门	Xiamen	105.0	101.0	102.1	96.8	101.2	98.3	98.7
南昌	Nanchang	98.8	99.3	100.3	97.1	100.3	99.4	103.1
济南	Jinan	100.6	98.0	98.8	95.3	97.3	99.9	107.6
青岛	Qingdao	98.6	100.6	97.6	95.7	99.8	101.3	100.2
郑州	Zhengzhou	98.2	98.4	100.0	95.7	103.9	105.8	100.6
武汉	Wuhan	100.1	96.6	100.9	97.9	98.5	100.2	102.4
长沙	Changsha	100.8	100.2	99.9	97.3	99.4	100.9	102.5
广州	Guangzhou	102.0	100.7	99.1	95.9	100.7	103.3	101.1
深圳	Shenzhen	99.0	98.0	101.2	96.4	100.1	98.9	103.3
南宁	Nanning	108.0	99.0	100.2	94.1	99.4	104.9	102.9
海口	Haikou	103.7	96.6	100.3	96.2	96.4	99.2	101.0
重庆	Chongqing	99.7	98.4	100.3	97.8	101.4	101.3	100.2
成都	Chengdu	97.6	98.4	101.4	96.2	99.9	100.3	101.2
贵阳	Guiyang	97.2	99.8	99.6	96.1	99.7	100.8	103.1
昆明	Kunming	98.7	99.3	99.4	96.6	100.1	100.9	101.4
拉萨	Lasa	101.5	99.7	100.4	97.9	104.8	100.6	107.5
西安	Xi'an	101.5	99.3	99.6	98.8	101.5	98.6	106.3
兰州	Lanzhou	101.0	100.1	100.7	98.3	100.3	100.0	103.2
西宁	Xining	103.4	99.2	97.9	97.2	99.3	104.3	104.6
银川	Yinchuan	96.5	99.9	99.0	97.4	99.9	100.5	103.5
乌鲁木齐	Urumqi	103.0	100.5	100.9	97.5	100.5	100.0	101.6

3-63 36个大中城市居民消费价格分类指数(累计比)
Consumer Price Indices by Category for 36 Major Large and Medium-sized Cities (2020年1月)

(上年同期=100) (same period of preceding year=100)

城市	City	居民消费价格指数 Consumer Price Index	食品烟酒 Food, Tobacco and Liquor	粮食 Grain	鲜菜 Fresh Vegetables	畜肉 Meat	水产品 Aquatic Products	蛋 Eggs	鲜果 Fresh Fruits
平均指数	**Average Index**	**104.9**	**113.4**	**100.2**	**118.6**	**168.7**	**104.5**	**102.1**	**96.5**
北京	Beijing	104.5	110.3	99.5	123.8	150.7	99.6	99.6	93.5
天津	Tianjin	104.6	111.8	100.7	129.1	158.1	105.0	100.6	95.6
石家庄	Shijiazhuang	105.2	113.0	98.7	130.3	161.8	100.0	101.0	87.9
太原	Taiyuan	105.4	113.2	98.3	121.6	179.1	99.3	100.7	83.1
呼和浩特	Hohhot	104.9	107.9	100.8	116.3	132.3	98.7	104.6	93.7
沈阳	Shenyang	106.1	117.6	101.7	131.2	181.1	107.1	100.4	108.0
大连	Dalian	104.5	113.0	101.3	130.8	172.5	106.9	106.7	93.5
长春	Changchun	105.0	115.0	100.6	124.2	167.2	105.6	97.0	101.6
哈尔滨	Harbin	104.5	116.7	102.6	120.6	180.0	103.7	99.8	105.1
上海	Shanghai	104.3	110.9	99.8	122.0	153.0	105.2	104.4	104.3
南京	Nanjing	105.3	114.8	99.7	119.8	173.5	104.4	103.7	101.1
杭州	Hangzhou	105.6	112.4	98.8	112.3	173.1	107.0	104.4	94.0
宁波	Ningbo	104.5	110.7	100.6	111.0	168.7	101.2	99.3	100.3
合肥	Hefei	105.8	115.4	99.5	117.9	189.9	98.8	96.4	94.7
福州	Fuzhou	104.8	113.0	97.4	107.2	181.0	106.0	99.1	93.5
厦门	Xiamen	105.5	114.9	98.8	109.4	175.2	109.8	102.3	94.1
南昌	Nanchang	104.8	111.2	100.6	102.2	176.6	103.3	96.2	90.5
济南	Jinan	106.1	119.2	102.8	125.2	195.5	104.7	103.9	93.5
青岛	Qingdao	105.8	116.0	98.1	127.3	184.7	104.5	101.7	93.5
郑州	Zhengzhou	105.6	115.5	100.3	122.3	177.1	97.7	104.4	93.4
武汉	Wuhan	104.9	112.4	100.4	99.2	178.6	102.9	105.2	96.2
长沙	Changsha	104.1	112.3	100.8	101.1	182.6	100.2	99.8	86.5
广州	Guangzhou	104.6	115.5	100.4	111.1	182.0	105.5	109.7	87.1
深圳	Shenzhen	106.7	117.2	102.5	116.4	183.1	105.3	104.1	100.2
南宁	Nanning	105.5	118.5	100.5	102.3	199.8	112.1	102.2	101.1
海口	Haikou	105.3	114.5	101.0	97.3	170.9	103.2	102.9	113.4
重庆	Chongqing	104.9	113.3	93.3	113.6	175.8	105.0	99.3	80.3
成都	Chengdu	105.4	117.0	105.8	117.6	164.5	106.0	98.9	104.1
贵阳	Guiyang	105.1	115.5	101.2	110.9	164.8	111.0	103.4	98.8
昆明	Kunming	105.4	115.1	98.7	127.7	163.9	98.2	103.8	111.3
拉萨	Lasa	102.3	103.6	101.0	95.4	119.7	100.0	92.9	94.5
西安	Xi'an	104.2	110.8	101.6	132.8	162.6	103.0	99.6	80.7
兰州	Lanzhou	103.4	108.4	101.7	119.8	134.2	104.8	106.4	90.4
西宁	Xining	104.3	109.7	100.9	119.8	138.9	98.9	96.9	91.8
银川	Yinchuan	103.1	109.7	102.0	126.8	135.6	100.3	102.1	89.5
乌鲁木齐	Urumqi	103.4	108.8	101.0	124.0	129.5	99.8	98.3	96.0

3-63 续表 continued

(上年同期=100) (same period of preceding year=100)

城 市	City	衣着 Clothing	居住 Residence	生活用品及服务 Household Facilities, Articles and Services	交通通信 Transport and Communications	教育文化娱乐 Education, Cultural and Recreation	医疗保健 Health Care and Medical Services	其他用品及服务 Miscellaneous Goods and Services
平均指数	**Average Index**	**100.6**	**100.6**	**100.0**	**100.9**	**103.5**	**103.2**	**105.3**
北 京	Beijing	100.7	100.7	97.8	101.9	103.4	112.9	107.3
天 津	Tianjin	100.1	101.5	100.3	101.7	104.5	101.0	107.7
石家庄	Shijiazhuang	103.1	101.7	101.0	101.2	100.5	104.7	102.7
太 原	Taiyuan	98.5	101.8	101.4	102.0	104.2	106.7	101.5
呼和浩特	Hohhot	100.7	101.2	99.8	102.6	105.2	116.5	100.8
沈 阳	Shenyang	101.3	101.5	100.9	99.0	102.0	103.6	103.5
大 连	Dalian	99.3	100.2	100.9	100.7	101.2	102.3	106.1
长 春	Changchun	98.9	99.8	101.3	100.2	103.4	101.0	107.5
哈尔滨	Harbin	98.6	93.3	98.8	98.9	104.2	104.9	107.3
上 海	Shanghai	103.1	101.6	99.9	101.5	102.1	103.0	104.2
南 京	Nanjing	100.1	101.0	100.2	100.8	106.0	100.1	107.3
杭 州	Hangzhou	102.5	100.1	103.2	101.1	108.5	106.9	104.0
宁 波	Ningbo	102.1	102.2	100.7	99.6	105.4	99.5	105.0
合 肥	Hefei	101.6	101.4	100.6	100.4	104.2	101.4	105.8
福 州	Fuzhou	98.2	100.9	101.3	101.5	102.8	100.9	105.2
厦 门	Xiamen	99.2	102.0	102.5	102.7	100.8	100.6	103.6
南 昌	Nanchang	102.7	101.2	99.6	100.7	105.0	101.4	106.1
济 南	Jinan	101.1	100.2	99.1	99.3	102.0	99.8	106.9
青 岛	Qingdao	99.6	100.8	100.2	99.0	105.4	102.0	104.7
郑 州	Zhengzhou	101.8	100.6	101.1	95.7	102.8	106.1	110.0
武 汉	Wuhan	102.8	102.0	98.8	100.9	101.0	101.1	109.3
长 沙	Changsha	99.8	101.3	99.8	99.9	99.9	101.4	105.9
广 州	Guangzhou	96.5	98.2	98.4	100.2	102.6	100.1	103.9
深 圳	Shenzhen	102.3	101.2	100.5	101.5	104.7	100.7	105.3
南 宁	Nanning	94.0	100.3	99.6	102.1	101.0	102.7	104.9
海 口	Haikou	98.1	99.4	98.6	99.5	104.7	101.3	106.5
重 庆	Chongqing	99.2	100.7	100.0	102.5	102.5	102.3	103.4
成 都	Chengdu	100.5	97.7	101.1	100.6	103.3	101.8	103.4
贵 阳	Guiyang	97.3	97.7	99.1	100.3	106.5	102.8	104.2
昆 明	Kunming	100.3	99.5	98.9	101.4	107.3	100.4	104.0
拉 萨	Lasa	105.5	99.0	100.4	100.4	100.0	107.4	104.7
西 安	Xi'an	101.4	100.8	100.3	100.8	102.8	101.0	107.0
兰 州	Lanzhou	100.6	100.5	101.1	100.1	102.8	101.4	106.0
西 宁	Xining	99.5	102.1	100.2	101.7	101.2	103.9	108.1
银 川	Yinchuan	98.2	101.6	100.1	99.6	100.6	99.9	101.3
乌鲁木齐	Urumqi	100.5	101.5	99.2	100.7	102.3	100.2	102.0

3-64 36个大中城市居民消费价格分类指数(累计比)
Consumer Price Indices by Category for 36 Major Large and Medium-sized Cities
(2020年1-2月)

(上年同期=100) (same period of preceding year=100)

城市	City	居民消费价格指数 Consumer Price Index	食品烟酒 Food, Tobacco and Liquor	粮食 Grain	鲜菜 Fresh Vegetables	畜肉 Meat	水产品 Aquatic Products	蛋 Eggs	鲜果 Fresh Fruits
平均指数	**Average Index**	**104.7**	**113.6**	**100.5**	**114.5**	**174.0**	**103.5**	**101.7**	**95.6**
北京	Beijing	104.0	110.0	99.9	116.8	152.8	99.4	99.6	91.2
天津	Tianjin	104.2	111.6	100.7	122.7	160.2	103.3	99.2	95.3
石家庄	Shijiazhuang	104.8	112.2	99.7	119.3	163.8	99.8	98.6	85.7
太原	Taiyuan	105.2	113.5	99.0	113.9	181.7	100.1	96.2	89.0
呼和浩特	Hohhot	104.5	108.0	100.8	114.5	133.3	98.3	100.7	94.6
沈阳	Shenyang	105.6	116.8	101.7	128.4	178.8	106.2	101.0	105.1
大连	Dalian	104.1	112.6	100.7	128.7	174.6	104.2	102.1	91.9
长春	Changchun	104.6	114.5	100.5	119.9	166.3	107.2	96.4	99.7
哈尔滨	Harbin	104.4	116.7	103.1	118.5	180.3	104.8	100.4	104.4
上海	Shanghai	103.7	110.1	100.3	116.1	155.1	102.4	103.9	99.9
南京	Nanjing	105.0	115.3	99.0	112.0	179.6	107.4	103.9	103.4
杭州	Hangzhou	105.4	112.7	100.6	108.6	178.8	103.8	104.4	92.6
宁波	Ningbo	103.9	111.0	100.4	106.2	176.7	101.0	98.8	99.1
合肥	Hefei	105.4	115.3	100.4	109.9	191.1	101.2	95.6	95.7
福州	Fuzhou	104.8	113.0	97.4	104.0	187.4	101.2	102.2	95.4
厦门	Xiamen	105.5	115.7	98.6	109.5	185.0	106.6	102.5	94.8
南昌	Nanchang	105.0	112.3	101.5	101.4	183.1	105.2	95.9	92.7
济南	Jinan	105.4	117.4	102.1	109.3	193.3	104.6	105.1	91.6
青岛	Qingdao	105.2	115.0	98.4	116.4	186.7	102.0	99.5	92.7
郑州	Zhengzhou	105.6	115.9	100.3	117.6	182.2	96.8	102.4	94.4
武汉	Wuhan	105.6	115.0	100.3	101.9	195.5	104.3	108.8	97.9
长沙	Changsha	104.2	113.4	100.8	97.6	192.8	100.5	100.0	87.6
广州	Guangzhou	104.5	116.0	101.0	109.5	189.2	105.3	111.7	86.7
深圳	Shenzhen	106.0	116.1	102.3	109.8	184.6	103.7	104.0	99.3
南宁	Nanning	105.4	119.2	100.7	104.5	204.2	111.7	102.5	99.7
海口	Haikou	104.9	114.1	99.8	94.6	172.0	103.7	102.6	112.6
重庆	Chongqing	105.3	115.9	95.0	114.9	189.6	107.2	99.0	82.8
成都	Chengdu	105.7	119.3	106.1	116.5	177.7	106.1	98.2	107.0
贵阳	Guiyang	105.1	116.9	101.6	110.4	172.0	110.1	103.8	100.5
昆明	Kunming	105.6	116.6	98.8	126.3	175.2	98.9	102.7	109.3
拉萨	Lasa	102.2	104.5	101.1	100.2	121.3	99.7	92.9	96.6
西安	Xi'an	104.5	112.3	101.6	132.6	169.0	104.3	97.0	86.8
兰州	Lanzhou	103.6	109.4	101.7	125.2	136.8	105.2	104.5	89.8
西宁	Xining	104.6	110.7	101.1	118.3	144.9	99.2	94.4	93.4
银川	Yinchuan	103.3	109.9	102.4	126.6	136.3	100.7	100.9	89.2
乌鲁木齐	Urumqi	102.8	107.4	101.3	109.5	130.0	99.8	98.1	94.5

3-64 续表 continued

(上年同期=100) (same period of preceding year=100)

城市	City	衣着 Clothing	居住 Residence	生活用品及服务 Household Facilities, Articles and Services	交通通信 Transport and Communications	教育文化娱乐 Education, Cultural and Recreation	医疗保健 Health Care and Medical Services	其他用品及服务 Miscellaneous Goods and Services
平均指数	**Average Index**	**100.5**	**100.4**	**100.0**	**99.4**	**102.4**	**103.2**	**105.1**
北京	Beijing	100.4	100.1	98.9	99.8	102.7	113.0	107.7
天津	Tianjin	100.2	101.2	100.2	100.4	103.4	101.2	107.8
石家庄	Shijiazhuang	102.9	101.7	100.5	100.2	100.6	104.2	102.9
太原	Taiyuan	99.2	101.7	101.7	100.9	102.8	106.7	101.7
呼和浩特	Hohhot	100.6	101.2	99.8	101.3	103.4	116.5	101.1
沈阳	Shenyang	101.3	101.4	100.3	97.7	100.8	103.6	103.2
大连	Dalian	99.0	100.2	100.7	99.6	100.3	102.4	105.9
长春	Changchun	99.0	99.7	101.5	99.4	102.8	100.6	107.5
哈尔滨	Harbin	97.8	93.3	98.7	98.9	103.9	104.7	107.0
上海	Shanghai	102.3	101.6	99.8	99.4	100.4	102.9	104.0
南京	Nanjing	99.7	100.7	100.4	99.3	104.4	100.1	106.5
杭州	Hangzhou	102.8	100.0	102.9	99.7	107.9	106.1	104.0
宁波	Ningbo	100.3	102.0	100.2	97.9	103.9	99.3	104.2
合肥	Hefei	101.4	101.2	100.5	99.3	102.5	101.3	105.1
福州	Fuzhou	97.7	100.9	101.2	100.6	104.3	100.7	105.3
厦门	Xiamen	99.9	102.0	102.5	101.5	99.6	100.6	102.8
南昌	Nanchang	103.2	101.0	99.6	99.7	104.5	101.4	106.1
济南	Jinan	101.3	100.4	99.3	97.9	100.6	100.2	107.2
青岛	Qingdao	99.8	100.7	100.0	97.7	103.7	101.9	104.7
郑州	Zhengzhou	101.8	100.6	101.2	94.8	101.9	106.1	110.3
武汉	Wuhan	102.7	102.0	98.9	99.7	100.8	101.1	109.7
长沙	Changsha	99.9	100.8	99.7	98.9	99.5	101.1	105.9
广州	Guangzhou	96.2	98.2	98.3	99.2	101.3	100.2	103.3
深圳	Shenzhen	102.9	100.7	99.4	99.7	104.0	100.7	104.8
南宁	Nanning	93.9	100.2	99.4	100.7	100.2	102.6	104.3
海口	Haikou	99.1	99.3	99.2	97.9	103.4	101.2	105.6
重庆	Chongqing	99.0	100.7	99.8	100.5	101.6	102.3	103.0
成都	Chengdu	101.1	97.6	101.2	99.1	102.0	101.3	102.6
贵阳	Guiyang	97.4	97.5	99.2	99.1	104.8	102.9	103.9
昆明	Kunming	100.4	99.5	99.0	100.1	106.8	100.5	104.0
拉萨	Lasa	102.7	99.0	100.4	99.9	100.0	106.2	104.6
西安	Xi'an	101.8	100.5	100.6	99.9	102.8	100.9	107.0
兰州	Lanzhou	100.6	100.5	101.0	99.1	102.8	101.2	106.4
西宁	Xining	99.1	102.3	100.7	100.9	101.1	104.0	108.4
银川	Yinchuan	99.1	101.6	100.2	99.2	100.3	99.9	102.6
乌鲁木齐	Urumqi	99.7	101.5	99.3	99.7	102.2	100.1	102.3

3-65 36个大中城市居民消费价格分类指数(累计比)
Consumer Price Indices by Category for 36 Major Large and Medium-sized Cities
(2020年1-3月)

(上年同期=100) (same period of preceding year=100)

城市	City	居民消费价格指数 Consumer Price Index	食品烟酒 Food, Tobacco and Liquor	粮食 Grain	鲜菜 Fresh Vegetables	畜肉 Meat	水产品 Aquatic Products	蛋 Eggs	鲜果 Fresh Fruits
平均指数	**Average Index**	**104.3**	**112.9**	**100.6**	**109.6**	**173.3**	**103.1**	**101.8**	**94.9**
北京	Beijing	103.8	109.7	100.4	111.6	153.3	99.9	99.9	90.2
天津	Tianjin	104.0	111.1	100.6	117.2	160.5	102.7	100.1	95.4
石家庄	Shijiazhuang	104.4	111.7	100.2	113.6	163.0	102.3	97.9	85.2
太原	Taiyuan	104.9	113.3	99.3	111.0	180.4	100.0	96.5	90.3
呼和浩特	Hohhot	104.2	107.6	100.8	110.3	133.7	98.6	99.6	95.0
沈阳	Shenyang	105.0	115.5	101.7	123.3	174.4	104.4	101.1	104.1
大连	Dalian	103.9	112.1	100.4	125.6	172.9	103.7	100.4	92.3
长春	Changchun	104.3	113.5	100.4	115.0	163.9	106.2	96.9	99.2
哈尔滨	Harbin	104.4	116.5	103.3	117.0	178.4	104.7	100.4	105.0
上海	Shanghai	103.4	109.3	100.6	110.5	154.8	101.8	103.4	97.4
南京	Nanjing	104.6	114.3	98.7	107.5	176.4	105.1	104.4	103.1
杭州	Hangzhou	104.9	111.9	101.5	102.9	177.4	101.9	104.5	91.7
宁波	Ningbo	103.5	110.5	100.5	103.4	176.9	100.1	99.7	98.2
合肥	Hefei	104.8	114.0	101.2	105.3	184.7	101.2	96.5	95.0
福州	Fuzhou	104.6	112.6	97.4	99.3	188.7	101.3	105.2	93.1
厦门	Xiamen	105.1	114.7	98.3	101.5	185.7	106.4	103.9	94.1
南昌	Nanchang	104.6	111.8	101.7	97.1	181.8	106.1	95.8	93.8
济南	Jinan	104.9	116.4	102.6	107.0	186.9	104.4	107.0	90.9
青岛	Qingdao	104.9	114.2	97.9	111.5	183.8	101.5	98.8	92.4
郑州	Zhengzhou	105.2	115.1	100.4	112.1	179.5	97.9	101.5	94.3
武汉	Wuhan	106.0	116.6	100.3	105.6	201.5	109.0	112.5	97.6
长沙	Changsha	103.8	112.7	100.8	95.0	189.9	100.1	99.8	88.1
广州	Guangzhou	104.1	115.4	101.3	102.7	190.6	104.8	114.2	87.7
深圳	Shenzhen	105.5	115.3	101.9	104.6	183.5	103.3	103.7	98.9
南宁	Nanning	104.9	117.9	100.5	100.0	202.2	111.1	102.2	95.6
海口	Haikou	104.7	113.9	100.3	92.5	174.4	103.1	103.0	110.8
重庆	Chongqing	105.0	115.1	95.9	110.6	187.8	107.5	97.5	82.9
成都	Chengdu	105.3	118.2	104.8	110.1	177.1	106.2	98.1	106.8
贵阳	Guiyang	105.0	116.4	101.8	107.0	172.5	110.3	103.7	101.3
昆明	Kunming	105.3	116.4	98.9	121.6	177.6	99.5	102.8	106.9
拉萨	Lasa	102.0	104.5	101.2	100.1	120.9	100.1	93.0	99.4
西安	Xi'an	104.1	111.3	101.7	122.2	166.4	105.5	97.3	87.4
兰州	Lanzhou	103.2	108.6	101.7	117.8	137.4	104.4	103.5	90.0
西宁	Xining	104.3	110.5	101.1	112.6	146.0	100.4	93.6	95.2
银川	Yinchuan	103.3	109.5	102.7	120.7	136.9	101.3	99.0	90.8
乌鲁木齐	Urumqi	102.4	106.2	101.3	101.6	129.8	100.4	97.0	93.0

3-65 续表 continued

(上年同期=100) (same period of preceding year=100)

城市	City	衣着 Clothing	居住 Residence	生活用品及服务 Household Facilities, Articles and Services	交通通信 Transport and Communications	教育文化娱乐 Education, Cultural and Recreation	医疗保健 Health Care and Medical Services	其他用品及服务 Miscellaneous Goods and Services
平均指数	**Average Index**	**100.2**	**100.3**	**100.1**	**98.1**	**103.0**	**103.2**	**105.3**
北京	Beijing	100.2	99.8	99.5	97.6	103.4	113.1	108.3
天津	Tianjin	100.0	101.1	100.1	99.3	103.9	101.2	108.0
石家庄	Shijiazhuang	101.2	101.6	100.5	99.0	101.3	104.1	103.4
太原	Taiyuan	98.3	101.2	101.8	99.2	103.3	106.7	101.9
呼和浩特	Hohhot	100.3	101.0	99.8	100.0	103.5	116.6	101.6
沈阳	Shenyang	100.8	101.3	99.9	97.2	100.4	103.6	103.0
大连	Dalian	98.8	100.4	100.6	98.3	101.1	102.5	106.3
长春	Changchun	99.0	99.6	101.3	98.2	103.6	100.5	107.5
哈尔滨	Harbin	96.7	93.3	98.7	98.7	104.8	104.7	107.1
上海	Shanghai	102.0	101.4	100.2	98.0	101.6	102.9	103.7
南京	Nanjing	100.0	100.5	100.1	98.2	105.0	100.1	106.5
杭州	Hangzhou	102.6	99.7	103.0	98.5	108.2	105.8	104.7
宁波	Ningbo	99.2	101.9	100.1	96.6	104.1	99.3	105.0
合肥	Hefei	100.2	101.0	100.4	98.1	102.6	101.3	105.5
福州	Fuzhou	97.8	100.9	101.0	99.4	104.6	100.6	105.6
厦门	Xiamen	100.2	101.6	102.5	100.5	100.1	100.5	103.2
南昌	Nanchang	103.0	100.6	99.7	98.4	104.7	100.8	106.0
济南	Jinan	101.0	99.9	99.4	96.8	100.7	100.2	108.0
青岛	Qingdao	99.8	100.7	100.4	96.4	104.2	101.8	104.9
郑州	Zhengzhou	101.4	100.3	101.3	93.6	102.1	106.1	110.6
武汉	Wuhan	102.6	101.9	99.0	99.1	100.9	101.1	109.9
长沙	Changsha	100.0	100.4	99.7	98.1	99.6	101.1	106.0
广州	Guangzhou	95.8	98.1	98.6	97.6	101.7	100.3	103.4
深圳	Shenzhen	103.4	100.2	99.6	98.0	104.4	100.6	105.0
南宁	Nanning	94.0	99.9	99.6	99.4	100.4	103.0	104.1
海口	Haikou	100.7	98.8	99.9	96.3	103.7	101.1	105.7
重庆	Chongqing	98.5	100.4	99.9	99.2	102.2	102.3	103.4
成都	Chengdu	101.4	97.6	101.4	97.6	102.7	101.1	102.4
贵阳	Guiyang	97.8	97.4	99.4	98.0	105.4	102.8	104.3
昆明	Kunming	100.3	99.4	99.0	98.7	106.7	100.5	104.0
拉萨	Lasa	101.9	99.0	100.7	99.2	100.0	106.1	104.8
西安	Xi'an	101.3	100.2	100.8	99.2	103.2	100.8	107.2
兰州	Lanzhou	100.1	100.3	100.9	98.8	102.6	100.9	106.6
西宁	Xining	98.8	101.6	100.7	100.3	101.2	104.0	108.8
银川	Yinchuan	100.2	102.0	100.5	98.2	100.8	100.0	102.2
乌鲁木齐	Urumqi	99.5	101.6	99.2	98.8	102.5	100.1	102.6

3-66 36个大中城市居民消费价格分类指数(累计比)
Consumer Price Indices by Category for 36 Major Large and Medium-sized Cities (2020年1-4月)

(上年同期=100) (same period of preceding year=100)

城市	City	居民消费价格指数 Consumer Price Index	食品烟酒 Food, Tobacco and Liquor	粮食 Grain	鲜菜 Fresh Vegetables	畜肉 Meat	水产品 Aquatic Products	蛋 Eggs	鲜果 Fresh Fruits
平均指数	**Average Index**	**104.0**	**112.1**	**100.9**	**106.4**	**170.6**	**102.7**	**100.7**	**93.6**
北京	Beijing	103.4	109.0	100.8	107.1	151.7	100.1	98.6	88.7
天津	Tianjin	103.6	110.5	101.0	111.9	158.8	102.8	98.3	94.8
石家庄	Shijiazhuang	103.9	110.8	100.8	109.3	160.0	103.6	96.2	82.9
太原	Taiyuan	104.3	112.1	99.7	106.4	175.8	99.8	94.7	88.7
呼和浩特	Hohhot	103.8	106.8	100.9	106.4	132.3	99.1	97.5	93.6
沈阳	Shenyang	104.4	113.9	101.8	117.8	168.8	102.6	99.7	102.6
大连	Dalian	103.5	111.1	100.3	120.7	169.4	102.9	97.8	92.4
长春	Changchun	103.9	112.8	100.6	111.8	160.9	105.6	96.4	98.5
哈尔滨	Harbin	104.0	115.5	103.6	113.7	173.0	103.9	98.5	104.5
上海	Shanghai	103.2	108.7	101.0	108.0	153.9	101.3	102.6	96.0
南京	Nanjing	104.2	113.3	97.9	105.1	172.4	104.6	104.1	101.5
杭州	Hangzhou	104.4	111.2	102.5	100.6	174.4	100.8	103.7	91.7
宁波	Ningbo	103.2	109.8	100.8	101.8	173.4	99.7	100.2	97.3
合肥	Hefei	104.2	112.9	101.4	103.3	178.5	101.3	95.2	92.2
福州	Fuzhou	104.3	112.1	97.8	98.1	187.1	101.8	105.2	90.7
厦门	Xiamen	104.7	113.9	98.3	99.2	182.8	106.1	104.3	93.0
南昌	Nanchang	104.2	111.0	101.7	95.6	177.5	106.5	95.0	91.3
济南	Jinan	104.5	115.5	102.9	104.4	183.7	104.5	106.4	89.3
青岛	Qingdao	104.4	113.2	99.6	108.4	179.3	101.5	97.8	90.5
郑州	Zhengzhou	104.6	113.9	100.7	107.2	175.2	97.8	99.2	91.4
武汉	Wuhan	105.7	116.0	100.2	105.0	198.7	110.0	111.9	94.5
长沙	Changsha	103.4	111.6	100.9	93.2	184.4	99.6	99.0	87.3
广州	Guangzhou	104.0	115.1	101.3	100.7	189.7	104.0	114.2	87.6
深圳	Shenzhen	105.0	114.4	101.4	103.0	180.1	103.2	103.0	98.3
南宁	Nanning	104.5	117.0	100.1	100.3	198.2	110.3	101.5	93.1
海口	Haikou	104.4	113.7	101.2	92.7	174.5	103.1	103.6	108.7
重庆	Chongqing	104.4	114.0	96.6	106.5	182.8	106.3	95.9	81.3
成都	Chengdu	104.8	117.1	104.8	106.0	175.5	105.5	97.8	103.7
贵阳	Guiyang	104.7	115.8	101.9	104.7	171.2	110.0	102.9	99.7
昆明	Kunming	104.9	115.6	98.9	116.5	176.9	99.0	102.8	104.0
拉萨	Lasa	101.8	104.4	101.2	99.8	120.1	100.5	92.6	100.0
西安	Xi'an	103.6	110.2	101.9	115.4	162.8	106.1	95.1	86.6
兰州	Lanzhou	102.9	108.1	101.8	113.7	137.4	103.9	102.4	89.1
西宁	Xining	104.0	109.8	101.0	107.9	145.3	100.6	92.0	95.0
银川	Yinchuan	103.2	109.0	103.2	116.9	136.7	101.3	96.8	89.9
乌鲁木齐	Urumqi	102.0	105.5	101.8	98.4	128.6	101.4	95.4	91.6

3-66 续表 continued

(上年同期=100) (same period of preceding year=100)

城 市	City	衣着 Clothing	居住 Residence	生活用品及服务 Household Facilities, Articles and Services	交通通信 Transport and Communications	教育文化娱乐 Education, Cultural and Recreation	医疗保健 Health Care and Medical Services	其他用品及服务 Miscellaneous Goods and Services
平均指数	**Average Index**	**100.0**	**100.1**	**100.2**	**97.2**	**103.0**	**103.1**	**105.2**
北 京	Beijing	100.1	99.7	99.7	96.3	103.6	113.2	108.3
天 津	Tianjin	99.8	100.9	100.1	98.4	103.7	101.2	108.5
石家庄	Shijiazhuang	100.3	101.4	100.4	98.2	101.3	103.8	103.3
太 原	Taiyuan	98.2	101.0	101.5	98.0	103.4	106.7	101.8
呼和浩特	Hohhot	99.9	100.9	99.8	98.9	103.9	116.6	102.0
沈 阳	Shenyang	100.4	101.3	99.4	96.6	100.3	103.6	102.8
大 连	Dalian	98.6	100.5	100.5	97.1	101.5	102.5	106.1
长 春	Changchun	98.4	99.5	101.2	97.4	103.9	100.3	106.9
哈尔滨	Harbin	96.4	93.7	98.5	98.1	105.1	104.4	107.1
上 海	Shanghai	101.8	101.3	100.1	97.3	102.0	103.0	103.6
南 京	Nanjing	99.7	100.4	100.0	97.3	104.9	100.1	106.1
杭 州	Hangzhou	101.9	99.7	103.2	97.4	106.6	105.7	105.0
宁 波	Ningbo	99.2	101.8	100.1	95.4	103.9	99.1	105.6
合 肥	Hefei	100.1	100.8	100.3	97.3	102.2	101.2	105.4
福 州	Fuzhou	97.9	100.9	100.9	98.5	104.6	100.5	105.5
厦 门	Xiamen	99.9	101.5	102.5	99.3	100.3	100.4	103.2
南 昌	Nanchang	102.7	100.4	99.8	97.6	104.6	100.5	106.0
济 南	Jinan	100.6	99.8	99.6	95.9	100.9	100.1	108.0
青 岛	Qingdao	99.9	100.7	100.3	95.5	104.1	102.0	104.3
郑 州	Zhengzhou	100.8	99.9	101.2	92.8	102.3	105.9	110.7
武 汉	Wuhan	102.4	101.8	99.1	98.5	100.8	101.1	108.5
长 沙	Changsha	100.1	100.4	99.7	97.6	99.3	101.0	105.9
广 州	Guangzhou	95.8	98.3	98.8	96.5	101.9	100.3	103.1
深 圳	Shenzhen	103.9	99.9	99.9	96.9	104.5	100.5	104.9
南 宁	Nanning	93.8	99.7	99.7	98.3	100.4	103.4	103.3
海 口	Haikou	102.2	98.4	100.0	95.1	103.8	101.0	105.7
重 庆	Chongqing	98.0	100.1	99.9	98.3	102.2	102.1	103.5
成 都	Chengdu	101.4	97.6	101.5	96.6	102.3	100.9	102.2
贵 阳	Guiyang	97.9	97.6	99.5	96.9	105.4	102.6	104.2
昆 明	Kunming	100.3	99.4	99.1	97.6	106.5	100.4	104.0
拉 萨	Lasa	101.5	99.0	100.8	98.6	100.0	106.1	104.7
西 安	Xi'an	100.5	100.1	100.8	98.7	103.3	100.6	106.3
兰 州	Lanzhou	99.7	100.2	100.9	98.4	102.8	100.8	105.8
西 宁	Xining	99.1	101.3	100.7	99.7	101.1	104.0	108.7
银 川	Yinchuan	101.1	102.1	100.4	97.5	101.0	99.9	101.4
乌鲁木齐	Urumqi	99.4	101.5	99.2	97.8	102.3	100.1	102.5

3-67 36个大中城市居民消费价格分类指数(累计比)
Consumer Price Indices by Category for 36 Major Large and Medium-sized Cities
(2020年1-5月)

(上年同期=100) (same period of preceding year=100)

城市	City	居民消费价格指数 Consumer Price Index	食品烟酒 Food, Tobacco and Liquor	粮食 Grain	鲜菜 Fresh Vegetables	畜肉 Meat	水产品 Aquatic Products	蛋 Eggs	鲜果 Fresh Fruits
平均指数	**Average Index**	**103.6**	**111.1**	**101.1**	**103.7**	**167.2**	**102.7**	**98.3**	**90.7**
北京	Beijing	103.1	108.0	101.0	104.4	149.5	100.6	96.2	85.4
天津	Tianjin	103.4	109.6	101.3	109.0	156.4	102.9	94.9	92.5
石家庄	Shijiazhuang	103.5	110.0	101.4	106.6	157.4	104.8	93.5	80.2
太原	Taiyuan	104.1	111.0	99.9	103.8	171.5	100.4	90.0	86.4
呼和浩特	Hohhot	103.4	105.8	100.9	103.5	130.6	99.5	94.5	89.9
沈阳	Shenyang	103.9	112.7	102.2	114.5	165.0	101.5	97.4	99.6
大连	Dalian	103.2	110.2	100.5	118.0	165.7	103.6	93.6	90.9
长春	Changchun	103.5	111.7	100.8	109.3	158.2	105.7	94.1	95.0
哈尔滨	Harbin	103.6	114.1	103.6	110.8	168.0	103.3	95.3	101.1
上海	Shanghai	102.9	108.1	101.3	105.3	152.1	101.2	101.2	94.2
南京	Nanjing	103.8	112.4	98.1	102.6	168.3	105.4	101.9	97.6
杭州	Hangzhou	103.8	110.2	102.5	98.7	170.6	100.7	102.3	87.4
宁波	Ningbo	102.8	109.0	100.8	99.9	170.0	100.1	99.4	93.2
合肥	Hefei	103.7	111.5	101.9	100.4	173.2	102.4	91.8	87.8
福州	Fuzhou	103.9	111.1	98.4	96.3	183.3	101.7	102.2	86.3
厦门	Xiamen	104.3	112.9	98.6	96.7	179.0	106.2	102.8	90.0
南昌	Nanchang	103.7	110.1	101.9	93.3	173.4	108.4	93.5	87.1
济南	Jinan	104.2	114.7	103.1	102.7	180.8	104.8	105.1	86.5
青岛	Qingdao	104.1	112.3	100.6	106.6	175.1	101.5	95.3	87.6
郑州	Zhengzhou	104.0	112.6	100.9	104.2	170.4	98.2	95.5	88.7
武汉	Wuhan	104.9	114.4	100.3	102.0	192.1	109.6	108.4	90.1
长沙	Changsha	102.8	110.2	100.9	91.0	179.1	99.4	97.4	84.9
广州	Guangzhou	103.7	114.3	101.4	98.3	187.1	103.6	111.0	84.6
深圳	Shenzhen	104.6	113.3	101.0	100.4	176.2	103.1	101.7	96.2
南宁	Nanning	104.1	115.9	100.4	98.2	195.9	109.9	99.6	89.5
海口	Haikou	103.9	112.4	101.0	91.6	169.9	102.3	102.5	104.8
重庆	Chongqing	103.9	112.6	96.8	103.3	177.3	105.6	93.3	80.3
成都	Chengdu	104.5	116.0	105.0	103.5	172.3	104.9	97.0	99.2
贵阳	Guiyang	104.2	114.6	101.5	102.3	168.2	109.9	101.1	96.6
昆明	Kunming	104.5	114.4	98.8	112.2	175.0	98.9	101.8	98.4
拉萨	Lasa	101.7	104.4	101.4	100.9	118.9	100.5	92.5	99.9
西安	Xi'an	103.3	109.2	101.8	111.6	159.2	106.4	90.4	84.8
兰州	Lanzhou	102.6	107.4	102.0	110.9	136.5	103.5	98.8	86.0
西宁	Xining	103.7	109.2	101.3	104.9	144.4	101.1	89.1	92.3
银川	Yinchuan	102.9	108.0	103.7	113.2	135.0	101.5	94.1	87.4
乌鲁木齐	Urumqi	101.6	104.5	102.2	95.5	126.9	101.6	92.2	88.3

3-67 续表 continued

(上年同期=100) (same period of preceding year=100)

城 市	City	衣着 Clothing	居住 Residence	生活用品及服务 Household Facilities, Articles and Services	交通通信 Transport and Communications	教育文化娱乐 Education, Cultural and Recreation	医疗保健 Health Care and Medical Services	其他用品及服务 Miscellaneous Goods and Services
平均指数	**Average Index**	**99.9**	**100.1**	**100.2**	**96.6**	**103.1**	**103.0**	**105.3**
北 京	Beijing	99.9	99.6	99.8	95.8	103.8	113.0	108.4
天 津	Tianjin	99.7	100.8	100.1	98.0	103.8	101.0	109.0
石家庄	Shijiazhuang	99.6	101.4	100.3	97.7	101.7	103.6	103.3
太 原	Taiyuan	99.9	100.9	101.4	97.1	103.5	107.0	101.9
呼和浩特	Hohhot	99.6	100.9	99.8	98.0	104.3	116.3	102.1
沈 阳	Shenyang	100.3	101.2	99.0	96.3	100.2	103.5	102.8
大 连	Dalian	98.6	100.7	100.5	96.3	101.8	102.4	106.1
长 春	Changchun	98.2	99.5	101.1	97.1	104.2	100.2	106.7
哈尔滨	Harbin	96.7	94.2	98.6	97.2	105.4	103.9	107.2
上 海	Shanghai	101.6	101.2	100.0	96.9	102.4	102.8	103.4
南 京	Nanjing	99.4	100.4	100.0	96.7	104.7	100.1	105.9
杭 州	Hangzhou	101.4	99.6	103.3	96.8	105.5	105.6	105.2
宁 波	Ningbo	99.4	101.7	100.3	94.8	103.8	98.9	106.0
合 肥	Hefei	99.6	100.5	100.3	97.1	102.6	101.2	105.5
福 州	Fuzhou	98.1	100.9	100.8	97.7	104.7	100.4	105.6
厦 门	Xiamen	99.7	101.4	102.5	98.7	100.5	100.1	103.4
南 昌	Nanchang	102.4	100.3	99.9	97.2	104.4	100.2	106.3
济 南	Jinan	100.6	99.6	99.8	95.7	100.9	100.1	108.2
青 岛	Qingdao	100.1	100.6	100.3	95.1	104.1	102.1	103.9
郑 州	Zhengzhou	100.4	99.6	101.0	92.4	102.3	105.7	111.0
武 汉	Wuhan	102.2	101.2	99.3	97.7	100.8	101.2	107.7
长 沙	Changsha	100.1	100.3	99.7	97.2	99.1	101.0	106.0
广 州	Guangzhou	95.9	98.4	98.9	95.9	102.1	100.3	103.1
深 圳	Shenzhen	103.7	99.7	100.1	96.4	104.7	100.4	104.9
南 宁	Nanning	94.3	99.3	99.9	97.2	100.5	103.5	103.0
海 口	Haikou	102.9	98.0	100.1	94.6	104.1	100.7	105.8
重 庆	Chongqing	97.8	100.1	100.0	97.9	102.4	102.1	103.4
成 都	Chengdu	101.3	97.6	101.5	96.0	103.0	100.8	102.1
贵 阳	Guiyang	98.1	97.6	99.4	96.1	105.0	102.4	104.0
昆 明	Kunming	100.5	99.4	99.0	96.9	106.5	100.5	104.1
拉 萨	Lasa	101.3	99.0	100.8	98.0	100.0	106.0	105.2
西 安	Xi'an	100.3	100.0	100.8	98.4	103.4	100.5	106.0
兰 州	Lanzhou	99.6	100.1	100.8	98.1	102.9	100.7	105.5
西 宁	Xining	99.2	101.1	100.7	99.1	101.1	104.1	109.2
银 川	Yinchuan	101.4	102.3	100.3	97.0	101.2	100.0	101.1
乌鲁木齐	Urumqi	99.6	101.2	99.2	97.4	102.4	100.1	102.5

3-68 36个大中城市居民消费价格分类指数(累计比)
Consumer Price Indices by Category for 36 Major Large and Medium-sized Cities
(2020年1-6月)

(上年同期=100) (same period of preceding year=100)

城市	City	居民消费价格指数 Consumer Price Index	食品烟酒 Food, Tobacco and Liquor	粮食 Grain	鲜菜 Fresh Vegetables	畜肉 Meat	水产品 Aquatic Products	蛋 Eggs	鲜果 Fresh Fruits
平均指数	**Average Index**	**103.3**	**110.5**	**101.2**	**103.9**	**164.8**	**102.8**	**96.6**	**87.1**
北京	Beijing	102.8	107.6	101.3	105.9	147.7	101.1	94.7	81.9
天津	Tianjin	103.2	109.1	101.4	109.0	154.2	102.6	92.8	89.0
石家庄	Shijiazhuang	103.4	109.6	101.7	107.3	155.4	105.7	91.7	76.1
太原	Taiyuan	104.0	110.4	100.6	104.0	168.2	101.0	87.2	83.0
呼和浩特	Hohhot	103.2	105.4	100.9	103.5	130.1	100.2	92.5	85.6
沈阳	Shenyang	103.5	111.6	102.6	111.9	161.1	101.1	96.0	96.2
大连	Dalian	103.1	109.5	100.5	116.0	162.4	104.1	90.8	88.8
长春	Changchun	103.1	110.5	101.0	107.3	155.2	106.1	92.7	90.1
哈尔滨	Harbin	103.3	112.8	103.8	108.3	163.8	103.0	93.2	96.4
上海	Shanghai	102.7	107.5	101.4	105.7	150.8	101.2	100.3	91.0
南京	Nanjing	103.5	112.0	98.2	104.9	165.7	106.5	100.4	92.0
杭州	Hangzhou	103.5	109.7	102.1	99.8	167.4	100.8	100.9	85.1
宁波	Ningbo	102.6	108.7	100.7	101.0	167.4	100.6	99.4	88.5
合肥	Hefei	103.6	111.1	102.0	103.2	170.7	104.2	89.7	82.3
福州	Fuzhou	103.6	110.4	98.6	98.5	180.8	101.6	100.5	80.9
厦门	Xiamen	104.0	112.1	99.0	98.0	176.4	106.1	101.3	85.0
南昌	Nanchang	103.5	109.7	102.0	95.6	171.5	110.2	92.3	81.2
济南	Jinan	103.9	114.2	103.1	103.6	178.3	104.9	103.0	83.0
青岛	Qingdao	103.9	111.6	101.5	107.1	171.8	101.4	94.2	83.8
郑州	Zhengzhou	103.6	111.7	101.1	103.4	167.7	99.1	92.7	84.9
武汉	Wuhan	104.4	113.1	100.3	100.6	186.9	109.7	104.9	84.8
长沙	Changsha	102.6	109.8	101.0	92.5	176.3	99.5	95.7	83.1
广州	Guangzhou	103.5	113.6	101.3	98.2	184.3	103.5	108.4	81.4
深圳	Shenzhen	104.2	112.4	100.9	100.5	173.2	103.3	99.5	92.1
南宁	Nanning	103.8	115.1	100.3	98.6	194.1	109.4	97.9	85.3
海口	Haikou	103.5	111.3	101.1	91.3	167.4	101.8	101.3	98.5
重庆	Chongqing	103.7	111.9	96.9	102.9	174.8	105.3	91.4	78.6
成都	Chengdu	104.3	115.5	104.9	104.6	171.0	104.2	96.4	94.4
贵阳	Guiyang	103.8	113.7	100.9	101.9	165.7	109.8	98.8	92.6
昆明	Kunming	104.1	113.2	98.9	109.3	172.9	98.7	100.2	92.6
拉萨	Lasa	101.8	104.6	101.6	101.8	119.0	101.2	93.8	98.7
西安	Xi'an	103.0	108.6	101.7	111.7	157.0	106.7	87.7	81.7
兰州	Lanzhou	102.4	106.9	102.4	110.2	136.2	103.1	96.0	81.8
西宁	Xining	103.6	108.9	101.3	105.0	143.5	101.3	86.9	89.1
银川	Yinchuan	102.6	107.2	103.9	112.6	133.3	101.6	92.0	83.6
乌鲁木齐	Urumqi	101.5	104.3	102.4	97.0	126.2	101.4	90.2	86.1

3-68 续表 continued

(上年同期=100) (same period of preceding year=100)

城市	City	衣着 Clothing	居住 Residence	生活用品及服务 Household Facilities, Articles and Services	交通通信 Transport and Communications	教育文化娱乐 Education, Cultural and Recreation	医疗保健 Health Care and Medical Services	其他用品及服务 Miscellaneous Goods and Services
平均指数	**Average Index**	**99.9**	**100.0**	**100.2**	**96.4**	**103.0**	**102.8**	**105.2**
北京	Beijing	99.9	99.4	99.8	95.5	103.9	111.5	108.4
天津	Tianjin	99.5	100.9	100.2	97.6	103.8	100.8	109.0
石家庄	Shijiazhuang	99.5	101.3	100.3	97.5	102.0	103.4	103.3
太原	Taiyuan	101.1	100.8	101.2	96.6	103.6	107.2	101.9
呼和浩特	Hohhot	99.3	100.7	99.8	97.3	104.7	116.2	102.1
沈阳	Shenyang	99.9	101.0	98.7	96.2	100.3	103.5	102.9
大连	Dalian	98.9	100.8	100.9	95.9	102.2	102.4	106.0
长春	Changchun	98.0	99.5	101.2	96.7	104.4	100.0	106.5
哈尔滨	Harbin	97.2	94.5	98.7	96.6	105.6	103.2	107.3
上海	Shanghai	101.4	101.1	100.0	96.6	102.5	102.5	103.2
南京	Nanjing	98.9	100.3	99.9	96.4	104.3	99.9	106.3
杭州	Hangzhou	101.0	99.7	103.5	96.5	104.7	105.6	105.2
宁波	Ningbo	99.6	101.5	100.4	94.4	103.7	98.7	106.1
合肥	Hefei	99.5	100.4	100.3	97.3	102.6	101.1	105.4
福州	Fuzhou	98.1	100.9	100.7	97.3	104.4	100.3	105.6
厦门	Xiamen	99.7	101.3	102.5	98.2	100.6	99.8	103.4
南昌	Nanchang	102.1	100.2	100.1	97.0	104.1	100.1	106.5
济南	Jinan	100.3	99.3	99.8	95.6	100.8	100.1	108.4
青岛	Qingdao	100.2	100.6	100.3	94.8	104.0	102.1	103.6
郑州	Zhengzhou	100.0	99.4	100.9	92.1	102.2	105.5	110.6
武汉	Wuhan	102.2	100.6	99.4	97.4	100.7	101.3	107.2
长沙	Changsha	100.1	100.2	99.7	97.0	99.0	101.0	106.1
广州	Guangzhou	96.0	98.6	98.9	95.7	101.7	100.3	103.2
深圳	Shenzhen	103.1	99.5	100.1	96.2	104.5	100.4	104.9
南宁	Nanning	94.8	99.0	99.8	96.5	100.6	103.5	102.8
海口	Haikou	103.2	97.6	100.2	94.6	104.3	100.6	105.8
重庆	Chongqing	97.7	100.0	100.1	97.8	102.4	102.0	103.4
成都	Chengdu	101.2	97.6	101.5	95.7	103.6	100.6	102.0
贵阳	Guiyang	98.0	97.6	99.5	95.7	104.6	102.3	104.0
昆明	Kunming	100.5	99.4	98.9	96.6	106.3	100.6	104.4
拉萨	Lasa	101.2	99.0	100.9	97.8	100.5	105.4	105.5
西安	Xi'an	100.2	99.9	100.8	98.2	103.5	100.4	105.9
兰州	Lanzhou	99.5	100.0	100.8	97.9	103.0	100.6	105.1
西宁	Xining	99.5	100.9	100.7	98.6	101.0	104.1	109.2
银川	Yinchuan	101.5	102.4	100.1	96.6	101.2	100.1	100.8
乌鲁木齐	Urumqi	99.8	101.1	99.1	97.2	102.5	100.1	102.5

3-69 36个大中城市居民消费价格分类指数(累计比)

Consumer Price Indices by Category for 36 Major Large and Medium-sized Cities (2020年1-7月)

(上年同期=100) (same period of preceding year=100)

城市	City	居民消费价格指数 Consumer Price Index	食品烟酒 Food, Tobacco and Liquor	粮食 Grain	鲜菜 Fresh Vegetables	畜肉 Meat	水产品 Aquatic Products	蛋 Eggs	鲜果 Fresh Fruits
平均指数	**Average Index**	**103.1**	**110.2**	**101.3**	**104.5**	**163.6**	**103.0**	**95.2**	**85.0**
北京	Beijing	102.5	107.4	101.7	106.3	146.8	101.5	93.4	80.1
天津	Tianjin	103.0	108.8	101.6	108.8	153.1	102.4	91.1	87.4
石家庄	Shijiazhuang	103.2	109.6	101.7	107.6	154.3	106.2	90.3	76.4
太原	Taiyuan	103.8	109.9	100.8	103.8	166.2	101.3	84.4	80.4
呼和浩特	Hohhot	103.0	105.2	100.9	103.4	130.1	100.8	91.2	82.6
沈阳	Shenyang	103.3	111.1	102.9	111.0	158.5	101.2	94.9	94.3
大连	Dalian	103.0	109.3	100.5	115.3	161.1	104.3	89.3	87.9
长春	Changchun	102.9	109.9	101.2	106.7	153.0	106.4	91.8	87.1
哈尔滨	Harbin	102.8	112.0	103.9	107.0	161.0	102.8	91.3	92.4
上海	Shanghai	102.5	107.4	101.5	106.7	150.1	101.2	99.3	89.7
南京	Nanjing	103.4	112.2	98.4	108.2	165.1	107.6	98.9	90.1
杭州	Hangzhou	103.4	109.5	101.9	101.0	165.9	101.3	99.8	83.5
宁波	Ningbo	102.5	108.6	101.2	102.3	166.0	101.2	98.9	86.6
合肥	Hefei	103.5	111.1	102.4	106.2	170.1	105.9	88.6	79.3
福州	Fuzhou	103.5	110.2	98.7	100.9	178.6	102.1	98.2	77.9
厦门	Xiamen	103.8	111.7	99.2	98.5	175.3	106.1	99.6	81.5
南昌	Nanchang	103.5	109.8	102.4	99.0	170.8	111.2	91.6	78.2
济南	Jinan	103.8	114.0	102.9	103.5	177.3	105.1	101.4	80.2
青岛	Qingdao	103.6	111.2	101.7	107.1	169.7	101.6	93.2	81.0
郑州	Zhengzhou	103.4	111.2	101.2	103.0	166.2	99.8	90.6	81.9
武汉	Wuhan	104.1	112.6	100.3	102.6	184.1	110.1	101.9	81.6
长沙	Changsha	102.7	109.9	101.0	94.9	176.2	99.6	94.3	81.9
广州	Guangzhou	103.3	113.2	101.5	98.7	182.4	103.1	106.2	79.5
深圳	Shenzhen	103.9	111.8	101.0	100.6	170.8	103.4	98.1	89.7
南宁	Nanning	103.5	114.2	100.2	99.2	189.4	108.4	96.8	82.5
海口	Haikou	103.2	110.6	100.5	91.5	164.7	101.5	100.4	94.3
重庆	Chongqing	103.5	111.7	96.9	103.7	174.1	105.0	90.3	77.1
成都	Chengdu	104.1	115.3	104.4	105.1	171.3	103.8	96.0	91.0
贵阳	Guiyang	103.6	113.4	100.6	102.5	165.8	109.8	97.4	89.6
昆明	Kunming	103.9	112.7	99.2	107.3	173.0	98.8	99.0	88.6
拉萨	Lasa	101.9	104.7	101.9	102.2	119.5	102.0	96.4	96.2
西安	Xi'an	102.8	108.2	101.6	111.2	155.8	106.8	86.0	79.1
兰州	Lanzhou	102.3	106.7	102.6	109.7	136.8	102.7	94.1	78.7
西宁	Xining	103.4	108.7	101.5	104.5	143.1	101.6	85.6	87.4
银川	Yinchuan	102.5	106.8	104.2	112.1	132.6	101.7	90.4	81.5
乌鲁木齐	Urumqi	101.4	104.3	102.8	97.5	126.2	101.4	89.7	85.4

3-69 续表 continued

(上年同期=100) (same period of preceding year=100)

城 市	City	衣着 Clothing	居住 Residence	生活用品及服务 Household Facilities, Articles and Services	交通通信 Transport and Communications	教育文化娱乐 Education, Cultural and Recreation	医疗保健 Health Care and Medical Services	其他用品及服务 Miscellaneous Goods and Services
平均指数	**Average Index**	**99.8**	**99.9**	**100.2**	**96.2**	**102.6**	**102.5**	**105.2**
北 京	Beijing	99.8	99.3	99.8	95.4	103.4	109.5	108.4
天 津	Tianjin	99.4	100.9	100.2	97.4	103.7	100.6	109.0
石家庄	Shijiazhuang	99.3	101.3	100.2	97.4	101.5	103.2	103.6
太 原	Taiyuan	101.9	100.6	101.1	96.2	103.3	107.4	101.9
呼和浩特	Hohhot	99.1	100.7	99.8	97.0	104.6	115.9	102.1
沈 阳	Shenyang	99.6	100.8	98.5	96.3	100.2	103.4	103.1
大 连	Dalian	99.1	100.8	100.9	95.8	101.7	102.4	105.7
长 春	Changchun	97.8	99.5	101.2	96.6	104.5	99.9	106.4
哈尔滨	Harbin	97.5	94.2	98.7	96.1	105.1	102.6	107.5
上 海	Shanghai	101.4	101.0	99.9	96.6	101.8	102.2	103.1
南 京	Nanjing	98.4	100.2	99.9	96.2	103.5	99.8	106.8
杭 州	Hangzhou	100.7	99.7	103.5	96.4	104.0	105.5	105.2
宁 波	Ningbo	99.9	101.4	100.6	94.1	103.3	98.6	106.2
合 肥	Hefei	99.5	100.2	100.2	97.3	102.4	101.0	105.3
福 州	Fuzhou	98.3	100.9	100.6	97.1	103.9	100.2	105.8
厦 门	Xiamen	99.6	101.3	102.5	97.9	100.7	99.6	103.5
南 昌	Nanchang	101.9	100.2	100.1	96.9	103.8	100.0	106.5
济 南	Jinan	100.1	99.0	99.8	95.6	100.6	100.1	108.5
青 岛	Qingdao	100.2	100.6	100.2	94.7	103.5	102.3	103.3
郑 州	Zhengzhou	99.8	99.3	100.9	92.5	102.0	105.4	110.4
武 汉	Wuhan	102.1	100.0	99.5	97.3	100.7	101.3	106.9
长 沙	Changsha	100.1	100.2	99.8	96.9	99.0	101.0	106.1
广 州	Guangzhou	96.0	98.7	98.9	95.5	101.1	100.3	103.3
深 圳	Shenzhen	102.7	99.4	100.2	96.0	104.0	100.3	105.0
南 宁	Nanning	95.4	98.8	99.8	96.1	100.6	103.9	102.9
海 口	Haikou	103.2	97.3	100.3	94.5	104.1	100.5	105.8
重 庆	Chongqing	97.7	100.0	100.0	97.5	102.0	102.0	103.4
成 都	Chengdu	100.9	97.5	101.5	95.4	103.0	100.6	101.9
贵 阳	Guiyang	97.8	97.6	99.5	95.5	103.8	102.2	103.8
昆 明	Kunming	100.7	99.3	98.8	96.5	105.9	100.6	104.5
拉 萨	Lasa	101.1	99.0	100.8	97.7	101.4	105.1	106.0
西 安	Xi'an	100.1	99.8	100.7	98.2	103.3	100.3	105.8
兰 州	Lanzhou	99.4	100.0	100.8	97.7	103.1	100.5	105.1
西 宁	Xining	99.6	100.8	100.5	98.2	100.8	104.1	108.8
银 川	Yinchuan	101.7	102.3	99.9	96.6	101.2	100.2	100.7
乌鲁木齐	Urumqi	99.9	100.9	99.1	96.9	102.3	100.1	102.2

3-70 36个大中城市居民消费价格分类指数(累计比)

Consumer Price Indices by Category for 36 Major Large and Medium-sized Cities (2020年1-8月)

(上年同期=100) (same period of preceding year=100)

城市	City	居民消费价格指数 Consumer Price Index	食品烟酒 Food, Tobacco and Liquor	粮食 Grain	鲜菜 Fresh Vegetables	畜肉 Meat	水产品 Aquatic Products	蛋 Eggs	鲜果 Fresh Fruits
平均指数	**Average Index**	**103.0**	**109.9**	**101.3**	**105.3**	**160.1**	**103.0**	**94.6**	**84.6**
北京	Beijing	102.3	107.2	101.7	106.6	144.9	101.6	92.7	79.9
天津	Tianjin	102.9	108.5	101.7	109.2	150.8	102.2	90.2	86.9
石家庄	Shijiazhuang	103.2	109.6	101.6	107.6	152.2	106.5	89.7	77.4
太原	Taiyuan	103.7	109.8	101.1	104.6	163.9	101.7	84.6	80.5
呼和浩特	Hohhot	102.9	105.3	100.8	104.7	129.3	101.2	90.7	82.6
沈阳	Shenyang	103.1	110.5	103.1	109.4	155.1	101.0	94.3	93.5
大连	Dalian	102.8	108.9	100.5	113.1	158.5	104.5	88.7	87.7
长春	Changchun	102.7	109.5	101.3	106.2	150.5	106.7	91.9	86.0
哈尔滨	Harbin	102.4	111.1	104.0	105.3	157.5	102.5	91.0	89.8
上海	Shanghai	102.4	107.2	101.6	106.7	148.3	101.0	99.0	89.4
南京	Nanjing	103.3	112.2	98.5	111.0	161.8	107.9	97.9	90.2
杭州	Hangzhou	103.1	109.2	101.8	101.5	162.2	101.7	99.4	83.2
宁波	Ningbo	102.4	108.3	101.4	102.6	162.1	101.0	98.6	85.6
合肥	Hefei	103.4	110.8	102.7	108.2	165.5	106.4	88.2	78.1
福州	Fuzhou	103.4	110.0	98.8	103.4	174.3	102.6	96.6	77.7
厦门	Xiamen	103.6	111.2	99.5	99.8	170.6	105.9	98.8	80.2
南昌	Nanchang	103.3	109.4	102.6	101.2	165.9	111.3	91.1	77.1
济南	Jinan	103.7	113.9	102.7	104.3	174.2	105.5	100.1	80.4
青岛	Qingdao	103.5	110.9	102.0	107.5	165.8	101.9	92.4	80.7
郑州	Zhengzhou	103.3	110.7	101.3	103.5	162.5	100.3	89.4	80.8
武汉	Wuhan	103.8	112.2	100.3	104.5	178.4	109.9	100.6	81.1
长沙	Changsha	102.5	109.4	100.9	96.7	169.6	99.6	93.7	81.2
广州	Guangzhou	103.3	112.7	101.5	99.9	177.4	102.9	104.4	79.2
深圳	Shenzhen	103.7	111.3	101.0	101.3	165.7	103.4	97.2	89.6
南宁	Nanning	103.2	113.1	100.1	100.5	176.9	107.6	96.6	83.1
海口	Haikou	102.8	109.6	100.5	91.9	158.7	101.1	100.1	92.2
重庆	Chongqing	103.4	111.5	97.2	105.8	169.6	104.8	89.9	76.8
成都	Chengdu	103.9	114.8	103.9	107.8	166.0	103.2	95.9	90.1
贵阳	Guiyang	103.4	113.3	100.5	103.7	164.8	109.2	97.2	87.9
昆明	Kunming	103.9	112.6	99.3	106.6	173.4	99.0	98.2	86.2
拉萨	Lasa	102.0	104.9	102.0	102.9	119.6	102.3	98.7	95.3
西安	Xi'an	102.8	108.1	101.5	112.6	153.2	106.4	86.1	78.4
兰州	Lanzhou	102.3	106.7	102.6	110.7	136.4	102.4	94.2	78.0
西宁	Xining	103.3	108.7	101.6	105.9	141.8	101.7	85.9	87.6
银川	Yinchuan	102.4	106.8	104.3	114.3	131.6	101.9	90.2	81.6
乌鲁木齐	Urumqi	101.3	104.3	103.0	98.0	125.7	101.6	90.6	85.2

3-70 续表 continued

(上年同期=100) (same period of preceding year=100)

城市	City	衣着 Clothing	居住 Residence	生活用品及服务 Household Facilities, Articles and Services	交通通信 Transport and Communications	教育文化娱乐 Education, Cultural and Recreation	医疗保健 Health Care and Medical Services	其他用品及服务 Miscellaneous Goods and Services
平均指数	**Average Index**	**99.7**	**99.8**	**100.2**	**96.2**	**102.2**	**102.2**	**105.4**
北京	Beijing	99.7	99.2	99.9	95.4	103.0	108.1	108.5
天津	Tianjin	99.3	100.9	100.3	97.3	103.5	100.4	109.2
石家庄	Shijiazhuang	99.4	101.2	100.1	97.4	101.1	103.1	103.8
太原	Taiyuan	102.3	100.4	100.9	96.0	102.7	107.4	102.0
呼和浩特	Hohhot	99.0	100.5	99.7	96.8	104.3	115.6	102.5
沈阳	Shenyang	99.3	100.6	98.4	96.4	100.1	103.4	103.3
大连	Dalian	99.2	100.8	100.9	95.7	101.1	102.4	105.7
长春	Changchun	97.7	99.4	101.3	96.5	103.9	99.7	106.6
哈尔滨	Harbin	97.4	93.9	98.8	95.8	104.7	102.3	107.5
上海	Shanghai	101.3	101.0	99.9	96.7	101.2	102.0	103.1
南京	Nanjing	98.0	100.2	100.1	96.2	102.8	99.8	107.4
杭州	Hangzhou	100.5	99.7	103.4	96.4	103.4	104.7	105.4
宁波	Ningbo	100.1	101.3	100.8	94.0	102.9	98.7	106.4
合肥	Hefei	99.4	100.2	100.1	97.3	102.1	100.9	105.3
福州	Fuzhou	98.7	100.8	100.5	97.0	103.8	100.2	106.1
厦门	Xiamen	99.4	101.2	102.4	97.7	100.7	99.3	103.8
南昌	Nanchang	101.7	100.2	100.2	96.9	103.4	99.9	106.7
济南	Jinan	99.9	98.8	99.7	95.8	100.3	100.0	108.9
青岛	Qingdao	100.2	100.6	100.1	94.5	103.2	102.3	103.4
郑州	Zhengzhou	99.6	99.2	100.8	92.9	101.7	105.4	110.6
武汉	Wuhan	101.9	99.5	99.5	97.3	100.5	101.3	106.8
长沙	Changsha	100.2	100.3	99.7	96.8	98.8	101.0	106.3
广州	Guangzhou	96.1	98.9	99.0	95.4	101.0	100.4	103.6
深圳	Shenzhen	102.4	99.3	100.4	96.0	103.8	100.2	105.2
南宁	Nanning	96.0	98.7	99.8	95.8	100.3	104.0	103.1
海口	Haikou	103.1	97.1	100.3	94.6	103.6	100.4	105.9
重庆	Chongqing	97.7	99.9	100.0	97.3	101.7	102.0	103.6
成都	Chengdu	100.7	97.5	101.5	95.4	102.5	100.6	101.8
贵阳	Guiyang	97.7	97.6	99.5	95.3	103.2	102.1	104.1
昆明	Kunming	100.9	99.3	98.8	96.4	105.6	100.6	104.8
拉萨	Lasa	101.0	99.1	100.7	97.7	102.2	104.5	106.7
西安	Xi'an	100.0	99.7	100.7	98.2	103.1	100.2	106.1
兰州	Lanzhou	99.4	99.9	100.8	97.6	103.0	100.5	105.4
西宁	Xining	99.7	100.7	100.4	97.9	100.5	104.1	108.5
银川	Yinchuan	101.8	102.3	99.7	96.4	101.0	100.3	100.6
乌鲁木齐	Urumqi	99.8	100.8	99.2	96.8	102.1	100.1	101.5

3-71 36个大中城市居民消费价格分类指数(累计比)
Consumer Price Indices by Category for 36 Major Large and Medium-sized Cities (2020年1-9月)

(上年同期=100) (same period of preceding year=100)

城市	City	居民消费价格指数 Consumer Price Index	食品烟酒 Food, Tobacco and Liquor	粮食 Grain	鲜菜 Fresh Vegetables	畜肉 Meat	水产品 Aquatic Products	蛋 Eggs	鲜果 Fresh Fruits
平均指数	**Average Index**	**102.8**	**109.5**	**101.4**	**106.5**	**154.6**	**102.9**	**93.5**	**85.5**
北京	Beijing	102.2	107.1	101.8	108.2	141.5	101.7	91.7	81.7
天津	Tianjin	102.8	108.3	101.8	110.7	146.7	102.3	89.0	87.5
石家庄	Shijiazhuang	103.1	109.3	101.7	108.2	148.0	106.6	88.7	79.8
太原	Taiyuan	103.4	109.6	101.1	106.6	159.1	101.8	83.5	81.7
呼和浩特	Hohhot	102.8	105.2	100.8	106.7	126.9	101.4	90.0	84.0
沈阳	Shenyang	102.9	110.2	103.3	110.3	150.4	100.9	93.1	94.1
大连	Dalian	102.7	108.7	100.5	113.8	153.6	104.8	88.1	89.5
长春	Changchun	102.6	109.3	101.4	107.9	146.8	107.0	91.2	86.4
哈尔滨	Harbin	102.1	110.4	103.9	105.7	152.7	102.5	90.1	88.8
上海	Shanghai	102.3	106.9	101.6	107.1	144.8	100.9	98.5	89.9
南京	Nanjing	103.1	111.7	98.8	113.0	155.7	107.2	96.3	91.8
杭州	Hangzhou	102.9	108.9	101.9	102.8	156.4	102.0	98.7	83.7
宁波	Ningbo	102.3	107.9	101.5	103.5	155.6	101.1	98.3	86.0
合肥	Hefei	103.2	110.3	102.9	110.3	158.5	106.4	87.1	79.5
福州	Fuzhou	103.3	109.6	99.1	106.1	166.7	102.6	94.1	79.2
厦门	Xiamen	103.4	110.5	99.6	101.0	163.6	105.8	97.5	80.8
南昌	Nanchang	103.1	109.1	102.5	103.8	159.3	110.8	90.2	77.8
济南	Jinan	103.5	113.3	102.6	105.6	166.7	105.7	98.6	82.9
青岛	Qingdao	103.3	110.6	102.0	109.2	159.8	102.5	91.4	82.2
郑州	Zhengzhou	103.1	110.1	101.3	104.4	156.4	100.5	87.8	82.1
武汉	Wuhan	103.5	111.5	100.3	106.0	170.0	109.1	98.9	82.0
长沙	Changsha	102.4	109.0	100.9	98.9	161.8	99.7	92.9	83.2
广州	Guangzhou	103.1	112.1	101.4	100.9	169.8	102.8	101.9	80.4
深圳	Shenzhen	103.4	110.5	101.0	102.1	159.0	103.3	96.0	90.3
南宁	Nanning	103.0	112.2	100.2	101.6	167.6	107.1	95.7	84.5
海口	Haikou	102.5	109.0	100.7	92.2	153.5	101.0	99.5	91.5
重庆	Chongqing	103.2	110.8	97.5	107.8	162.1	104.2	88.9	77.9
成都	Chengdu	103.6	113.8	103.7	109.7	158.1	102.6	95.6	90.2
贵阳	Guiyang	103.2	112.8	100.5	105.3	160.0	108.8	96.3	88.2
昆明	Kunming	103.8	112.3	99.5	106.7	171.1	98.8	97.2	85.1
拉萨	Lasa	102.1	104.9	102.1	103.3	118.7	102.5	100.0	95.3
西安	Xi'an	102.6	107.8	101.2	113.5	148.9	106.0	84.2	79.8
兰州	Lanzhou	102.3	106.7	102.7	112.4	134.8	102.0	93.1	79.0
西宁	Xining	103.3	108.8	101.7	107.6	140.3	101.7	85.1	88.9
银川	Yinchuan	102.4	106.7	104.5	116.6	128.9	101.7	89.2	83.6
乌鲁木齐	Urumqi	101.2	104.2	103.2	98.3	124.2	101.6	89.7	86.1

3-71 续表 continued

(上年同期=100) (same period of preceding year=100)

城市	City	衣着 Clothing	居住 Residence	生活用品及服务 Household Facilities, Articles and Services	交通通信 Transport and Communications	教育文化娱乐 Education, Cultural and Recreation	医疗保健 Health Care and Medical Services	其他用品及服务 Miscellaneous Goods and Services
平均指数	**Average Index**	**99.7**	**99.8**	**100.2**	**96.2**	**102.0**	**102.1**	**105.2**
北京	Beijing	99.7	99.1	99.9	95.5	102.6	107.0	108.4
天津	Tianjin	99.1	100.8	100.3	97.3	103.1	100.3	109.0
石家庄	Shijiazhuang	99.5	101.1	99.9	97.3	101.3	103.0	103.7
太原	Taiyuan	101.8	100.1	100.8	95.9	102.3	107.4	101.9
呼和浩特	Hohhot	98.9	100.3	99.7	96.6	103.8	115.3	102.5
沈阳	Shenyang	99.1	100.5	98.2	96.5	100.2	103.3	103.3
大连	Dalian	99.4	100.7	100.9	95.7	100.9	102.4	105.6
长春	Changchun	97.7	99.4	101.3	96.6	103.5	99.6	106.3
哈尔滨	Harbin	97.6	93.7	98.8	95.7	104.3	102.1	107.2
上海	Shanghai	101.2	101.0	99.8	96.8	101.0	101.8	103.0
南京	Nanjing	97.8	100.2	100.1	96.0	102.3	99.7	107.8
杭州	Hangzhou	100.3	99.7	103.4	96.4	102.8	104.2	105.2
宁波	Ningbo	99.9	101.2	100.9	94.0	102.9	98.8	106.4
合肥	Hefei	99.4	100.1	100.0	97.2	102.0	100.8	104.9
福州	Fuzhou	99.0	100.7	100.4	96.9	103.7	100.1	105.9
厦门	Xiamen	99.3	101.2	102.4	97.5	100.8	99.2	103.7
南昌	Nanchang	101.5	100.1	100.2	96.9	102.9	99.9	106.6
济南	Jinan	99.9	98.7	99.6	95.8	100.2	99.9	108.8
青岛	Qingdao	100.1	100.5	99.9	94.5	102.8	102.2	103.3
郑州	Zhengzhou	99.5	99.1	100.8	93.2	102.0	105.3	110.3
武汉	Wuhan	101.8	99.2	99.5	97.2	100.3	101.3	106.4
长沙	Changsha	100.3	100.2	99.7	96.9	98.8	101.0	106.2
广州	Guangzhou	96.5	99.0	99.1	95.4	100.9	100.4	103.4
深圳	Shenzhen	102.2	99.3	100.5	96.0	103.5	100.1	105.1
南宁	Nanning	96.6	98.6	99.8	95.7	100.1	104.1	102.8
海口	Haikou	103.0	96.9	100.3	94.8	103.3	100.3	105.5
重庆	Chongqing	97.9	99.8	99.9	97.3	101.8	102.0	103.4
成都	Chengdu	100.6	97.5	101.5	95.5	102.4	100.5	101.8
贵阳	Guiyang	97.5	97.7	99.3	95.3	102.8	102.0	104.2
昆明	Kunming	101.1	99.3	98.8	96.5	105.4	100.7	104.7
拉萨	Lasa	101.0	99.2	100.7	97.8	102.8	104.0	107.1
西安	Xi'an	100.1	99.7	100.7	98.2	103.0	100.1	105.8
兰州	Lanzhou	99.5	99.9	100.8	97.7	102.8	100.4	105.1
西宁	Xining	99.9	100.6	100.2	97.8	100.4	104.1	108.1
银川	Yinchuan	101.6	102.3	99.7	96.5	101.0	100.3	100.6
乌鲁木齐	Urumqi	99.3	100.6	99.1	96.8	102.0	100.1	101.2

3-72 36个大中城市居民消费价格分类指数(累计比)
Consumer Price Indices by Category for 36 Major Large and Medium-sized Cities (2020年1-10月)

(上年同期=100) (same period of preceding year=100)

城市	City	居民消费价格指数 Consumer Price Index	食品烟酒 Food, Tobacco and Liquor	粮食 Grain	鲜菜 Fresh Vegetables	畜肉 Meat	水产品 Aquatic Products	蛋 Eggs	鲜果 Fresh Fruits
平均指数	**Average Index**	**102.6**	**108.8**	**101.4**	**107.4**	**147.4**	**102.8**	**92.6**	**86.9**
北京	Beijing	102.0	106.8	101.9	108.8	136.4	101.8	90.8	83.7
天津	Tianjin	102.5	107.7	101.9	111.3	140.8	102.4	88.0	88.5
石家庄	Shijiazhuang	102.9	108.7	101.9	108.4	142.2	106.3	87.8	81.7
太原	Taiyuan	103.1	108.9	101.0	107.5	151.3	101.8	82.3	83.8
呼和浩特	Hohhot	102.5	104.8	100.7	108.0	123.1	101.3	89.2	85.4
沈阳	Shenyang	102.7	109.4	103.5	110.5	143.1	100.8	92.1	95.3
大连	Dalian	102.5	108.1	100.6	113.8	145.9	105.1	87.5	91.0
长春	Changchun	102.4	108.6	101.4	108.2	141.0	107.0	90.6	87.5
哈尔滨	Harbin	101.8	109.5	103.9	105.8	145.0	102.7	89.3	89.8
上海	Shanghai	102.1	106.4	101.6	107.1	140.0	100.7	97.7	90.6
南京	Nanjing	102.8	111.0	98.9	113.8	147.8	106.9	95.4	93.4
杭州	Hangzhou	102.7	108.2	101.8	103.2	148.8	102.2	98.2	85.1
宁波	Ningbo	102.1	107.3	101.4	104.1	148.6	100.8	97.9	86.8
合肥	Hefei	102.9	109.5	103.0	111.6	149.5	106.2	86.5	80.9
福州	Fuzhou	103.1	108.8	99.3	108.0	156.9	102.5	92.5	81.9
厦门	Xiamen	103.0	109.5	99.7	101.8	153.7	105.7	96.6	82.6
南昌	Nanchang	102.9	108.6	102.5	106.2	151.7	110.1	89.6	79.1
济南	Jinan	103.1	112.2	102.4	106.5	156.9	105.8	97.3	85.2
青岛	Qingdao	103.0	109.7	102.2	109.8	151.1	103.1	90.6	83.7
郑州	Zhengzhou	102.9	109.1	101.4	104.8	148.1	100.6	86.6	84.2
武汉	Wuhan	103.1	110.5	100.4	107.5	159.9	108.2	97.2	83.0
长沙	Changsha	102.2	108.3	101.1	101.3	152.2	99.8	92.0	85.1
广州	Guangzhou	103.0	111.3	101.6	101.9	161.2	102.8	100.2	82.5
深圳	Shenzhen	103.0	109.6	100.9	103.3	151.5	103.2	94.9	91.3
南宁	Nanning	102.8	111.2	100.1	103.2	158.6	106.9	94.9	85.4
海口	Haikou	102.3	108.5	101.1	93.9	148.7	101.0	98.7	91.7
重庆	Chongqing	102.9	109.8	97.5	109.7	152.8	103.6	88.0	79.4
成都	Chengdu	103.2	112.5	103.6	111.0	149.0	101.8	95.4	90.6
贵阳	Guiyang	103.0	111.9	100.5	106.7	152.6	108.5	95.3	89.0
昆明	Kunming	103.7	111.7	99.6	108.0	164.2	99.0	96.1	84.8
拉萨	Lasa	102.1	104.8	102.1	103.3	117.2	102.8	100.8	95.5
西安	Xi'an	102.4	107.2	101.0	114.3	142.4	105.5	83.1	81.4
兰州	Lanzhou	102.2	106.5	102.7	113.3	131.5	101.8	92.1	80.4
西宁	Xining	103.1	108.3	101.7	108.2	136.1	101.5	84.6	90.3
银川	Yinchuan	102.2	106.3	104.5	117.7	125.5	101.6	88.6	85.7
乌鲁木齐	Urumqi	101.1	103.9	103.3	99.2	121.8	101.5	88.7	86.7

3-72 续表 continued

(上年同期=100) (same period of preceding year=100)

城市	City	衣着 Clothing	居住 Residence	生活用品及服务 Household Facilities, Articles and Services	交通通信 Transport and Communications	教育文化娱乐 Education, Cultural and Recreation	医疗保健 Health Care and Medical Services	其他用品及服务 Miscellaneous Goods and Services
平均指数	**Average Index**	**99.7**	**99.8**	**100.2**	**96.2**	**101.9**	**101.9**	**105.0**
北京	Beijing	99.8	99.1	99.9	95.6	102.6	106.2	108.4
天津	Tianjin	99.0	100.8	100.2	97.2	102.8	100.2	108.6
石家庄	Shijiazhuang	99.4	101.0	99.9	97.3	101.3	102.9	103.1
太原	Taiyuan	101.6	99.9	100.7	95.9	102.2	107.5	101.3
呼和浩特	Hohhot	98.8	100.2	99.6	96.5	103.5	115.1	102.4
沈阳	Shenyang	99.0	100.4	98.1	96.5	100.3	103.3	103.1
大连	Dalian	99.7	100.7	100.9	95.7	100.7	102.4	105.4
长春	Changchun	97.7	99.4	101.3	96.7	103.2	99.5	105.7
哈尔滨	Harbin	98.1	93.6	98.8	95.8	104.1	101.9	106.7
上海	Shanghai	101.1	100.9	99.7	96.7	101.0	101.6	102.8
南京	Nanjing	97.7	100.2	100.2	95.9	101.8	99.7	107.7
杭州	Hangzhou	100.1	99.7	103.3	96.4	102.5	103.7	104.7
宁波	Ningbo	99.9	101.1	101.1	94.2	102.9	98.8	106.0
合肥	Hefei	99.5	100.0	99.9	97.2	101.9	100.7	104.2
福州	Fuzhou	99.3	100.6	100.4	96.8	103.9	100.1	105.3
厦门	Xiamen	99.6	101.2	102.4	97.3	100.8	99.0	103.2
南昌	Nanchang	101.3	100.0	100.2	96.9	102.6	99.8	106.3
济南	Jinan	99.9	98.6	99.5	95.8	100.0	100.0	108.8
青岛	Qingdao	100.0	100.4	99.8	94.4	102.6	102.2	103.2
郑州	Zhengzhou	99.3	99.1	100.7	93.4	102.2	105.3	109.3
武汉	Wuhan	101.7	98.9	99.5	97.1	100.1	101.3	106.0
长沙	Changsha	100.3	100.2	99.7	96.9	98.9	101.0	106.0
广州	Guangzhou	97.1	99.2	99.0	95.4	100.9	100.5	103.0
深圳	Shenzhen	101.8	99.2	100.6	96.0	103.2	100.0	104.8
南宁	Nanning	97.2	98.6	99.8	95.5	100.1	104.2	102.5
海口	Haikou	102.9	96.8	100.3	94.9	103.0	100.2	105.1
重庆	Chongqing	98.0	99.7	99.9	97.3	101.9	101.9	103.2
成都	Chengdu	100.3	97.5	101.5	95.5	102.3	100.5	101.8
贵阳	Guiyang	97.3	97.7	99.3	95.4	102.6	101.9	104.4
昆明	Kunming	101.2	99.3	98.8	96.5	105.4	100.7	104.5
拉萨	Lasa	101.0	99.3	100.7	97.8	103.2	103.7	107.2
西安	Xi'an	100.1	99.7	100.7	98.2	102.8	100.0	105.6
兰州	Lanzhou	99.5	99.9	100.8	97.7	102.6	100.4	104.8
西宁	Xining	100.0	100.6	100.1	97.7	100.4	104.1	107.8
银川	Yinchuan	101.2	102.3	99.7	96.6	100.9	100.4	101.0
乌鲁木齐	Urumqi	99.3	100.5	99.3	96.8	101.9	100.1	101.1

3-73 36个大中城市居民消费价格分类指数(累计比)
Consumer Price Indices by Category for 36 Major Large and Medium-sized Cities (2020年1-11月)

(上年同期=100) (same period of preceding year=100)

城市	City	居民消费价格指数 Consumer Price Index	食品烟酒 Food, Tobacco and Liquor	粮食 Grain	鲜菜 Fresh Vegetables	畜肉 Meat	水产品 Aquatic Products	蛋 Eggs	鲜果 Fresh Fruits
平均指数	**Average Index**	**102.3**	**107.9**	**101.4**	**107.4**	**140.5**	**102.6**	**91.7**	**88.2**
北京	Beijing	101.9	106.2	101.9	108.5	131.0	101.5	90.0	85.2
天津	Tianjin	102.3	106.9	101.8	110.9	134.8	102.5	87.2	89.5
石家庄	Shijiazhuang	102.5	107.7	102.1	107.8	135.7	105.9	87.0	83.4
太原	Taiyuan	102.8	108.1	100.8	107.6	143.4	102.0	81.1	86.3
呼和浩特	Hohhot	102.2	104.3	100.7	108.3	119.5	101.0	88.5	86.7
沈阳	Shenyang	102.4	108.5	103.6	109.8	136.9	100.5	91.1	96.4
大连	Dalian	102.3	107.2	100.6	113.2	138.5	104.9	86.7	92.2
长春	Changchun	102.0	107.7	101.3	107.5	135.2	106.6	89.9	88.3
哈尔滨	Harbin	101.5	108.6	103.7	105.6	138.5	102.9	88.3	91.4
上海	Shanghai	101.9	105.8	101.6	106.9	134.8	100.6	97.0	91.5
南京	Nanjing	102.5	110.0	99.1	113.8	140.3	106.5	94.4	95.4
杭州	Hangzhou	102.3	107.4	101.7	102.5	141.5	102.4	97.6	86.9
宁波	Ningbo	102.0	106.6	101.5	103.8	141.8	100.5	97.6	88.0
合肥	Hefei	102.5	108.6	103.0	111.3	141.9	105.6	85.9	82.4
福州	Fuzhou	102.7	107.7	99.5	107.6	147.0	102.2	90.9	84.5
厦门	Xiamen	102.7	108.2	99.9	101.7	144.2	105.4	95.8	84.3
南昌	Nanchang	102.6	107.9	102.5	106.8	144.5	109.3	89.4	80.9
济南	Jinan	102.7	110.8	101.9	106.4	147.6	105.6	96.0	88.0
青岛	Qingdao	102.6	108.7	101.8	109.4	143.1	103.0	89.8	85.0
郑州	Zhengzhou	102.5	108.0	101.3	104.7	140.7	100.6	85.6	86.3
武汉	Wuhan	102.7	109.3	100.4	107.7	151.0	107.5	95.9	84.1
长沙	Changsha	102.0	107.4	101.3	102.3	143.8	99.7	91.2	86.7
广州	Guangzhou	102.8	110.5	101.7	102.5	152.8	102.6	98.7	84.4
深圳	Shenzhen	102.6	108.6	100.9	103.5	144.1	103.0	93.9	92.2
南宁	Nanning	102.5	110.0	100.3	103.4	149.4	106.7	94.1	86.5
海口	Haikou	101.9	107.5	101.4	94.8	141.2	100.8	97.8	92.2
重庆	Chongqing	102.6	108.7	97.3	110.4	145.1	103.1	87.2	80.9
成都	Chengdu	102.8	111.1	103.3	111.1	141.5	101.1	95.0	91.2
贵阳	Guiyang	102.6	110.8	100.0	107.3	145.4	107.9	94.3	90.3
昆明	Kunming	103.4	110.8	99.8	109.3	156.0	99.2	95.1	85.0
拉萨	Lasa	102.0	104.6	102.1	104.0	115.2	102.4	101.3	95.5
西安	Xi'an	102.2	106.5	101.0	114.3	136.5	105.1	82.0	82.7
兰州	Lanzhou	102.0	106.1	102.8	113.6	127.5	101.5	91.5	81.6
西宁	Xining	102.9	107.4	101.7	108.8	131.5	101.3	84.1	90.9
银川	Yinchuan	102.0	105.7	104.5	117.6	121.9	101.4	88.0	87.7
乌鲁木齐	Urumqi	101.0	103.5	103.3	99.7	119.5	101.4	87.9	87.3

3-73 续表 continued

(上年同期=100) (same period of preceding year=100)

城 市	City	衣着 Clothing	居住 Residence	生活用品及服务 Household Facilities, Articles and Services	交通通信 Transport and Communications	教育文化娱乐 Education, Cultural and Recreation	医疗保健 Health Care and Medical Services	其他用品及服务 Miscellaneous Goods and Services
平均指数	**Average Index**	**99.7**	**99.7**	**100.2**	**96.2**	**101.9**	**101.8**	**104.8**
北 京	Beijing	99.8	99.1	100.0	95.6	102.7	105.5	108.4
天 津	Tianjin	98.7	100.8	100.2	97.1	102.7	100.0	108.3
石家庄	Shijiazhuang	99.4	100.9	99.8	97.2	101.5	102.9	102.4
太 原	Taiyuan	101.3	99.7	100.6	95.8	102.1	107.5	100.9
呼和浩特	Hohhot	98.6	100.0	99.5	96.4	103.1	114.9	102.3
沈 阳	Shenyang	98.9	100.3	98.0	96.6	100.4	103.3	103.1
大 连	Dalian	99.9	100.6	100.9	95.7	100.6	102.4	105.2
长 春	Changchun	97.7	99.4	101.2	96.7	102.9	99.5	105.3
哈尔滨	Harbin	98.4	93.5	98.8	95.8	103.9	101.7	106.4
上 海	Shanghai	100.9	100.9	99.8	96.5	101.1	101.4	102.8
南 京	Nanjing	97.6	100.2	100.2	95.9	101.6	99.7	107.6
杭 州	Hangzhou	100.1	99.7	103.2	96.5	102.1	103.4	104.3
宁 波	Ningbo	99.9	101.0	101.3	94.4	103.0	98.9	105.6
合 肥	Hefei	99.6	100.0	99.8	97.0	101.8	100.8	103.8
福 州	Fuzhou	99.5	100.6	100.4	96.7	104.0	100.1	104.8
厦 门	Xiamen	100.0	101.2	102.3	97.2	100.9	98.8	102.8
南 昌	Nanchang	101.1	100.0	100.2	96.8	102.4	99.7	106.1
济 南	Jinan	99.9	98.6	99.4	95.7	99.8	100.0	108.7
青 岛	Qingdao	100.0	100.5	99.6	94.4	102.3	102.1	103.0
郑 州	Zhengzhou	99.2	99.1	100.6	93.5	102.4	105.3	108.7
武 汉	Wuhan	101.6	98.7	99.6	97.1	100.0	101.3	105.6
长 沙	Changsha	100.4	100.2	99.7	96.9	99.0	101.0	105.8
广 州	Guangzhou	97.5	99.3	99.1	95.4	100.9	100.7	102.7
深 圳	Shenzhen	101.4	99.1	100.7	96.0	102.9	99.9	104.6
南 宁	Nanning	98.1	98.7	99.8	95.3	100.0	104.3	102.5
海 口	Haikou	102.9	96.7	100.4	95.0	102.5	100.1	104.8
重 庆	Chongqing	98.2	99.7	99.9	97.2	101.8	101.9	103.0
成 都	Chengdu	100.0	97.5	101.4	95.4	102.1	100.5	101.8
贵 阳	Guiyang	97.4	97.7	99.2	95.4	102.3	101.8	104.4
昆 明	Kunming	101.0	99.3	98.8	96.5	105.2	100.7	104.3
拉 萨	Lasa	101.1	99.3	100.6	97.8	103.4	103.4	107.3
西 安	Xi'an	100.3	99.6	100.7	98.2	102.6	99.9	105.6
兰 州	Lanzhou	99.6	99.9	100.8	97.7	102.4	100.4	104.7
西 宁	Xining	100.4	100.5	100.0	97.7	100.4	104.1	107.6
银 川	Yinchuan	100.8	102.1	99.6	96.7	100.8	100.4	101.3
乌鲁木齐	Urumqi	99.5	100.4	99.5	96.9	101.8	100.1	101.2

3-74 36个大中城市居民消费价格分类指数(累计比)
Consumer Price Indices by Category for 36 Major Large and Medium-sized Cities
(2020年1-12月)

(上年同期=100) (same period of preceding year=100)

城市	City	居民消费价格指数 Consumer Price Index	食品烟酒 Food, Tobacco and Liquor	粮食 Grain	鲜菜 Fresh Vegetables	畜肉 Meat	水产品 Aquatic Products	蛋 Eggs	鲜果 Fresh Fruits
平均指数	**Average Index**	**102.1**	**107.3**	**101.4**	**107.1**	**136.0**	**102.5**	**91.5**	**89.7**
北京	Beijing	101.7	105.7	101.8	107.5	127.4	101.3	89.9	86.7
天津	Tianjin	102.0	106.5	101.7	109.8	131.1	102.7	87.5	90.7
石家庄	Shijiazhuang	102.3	107.0	102.3	106.6	131.8	105.6	86.9	85.4
太原	Taiyuan	102.6	107.6	100.9	107.7	138.7	101.9	81.4	88.9
呼和浩特	Hohhot	102.0	104.0	100.6	108.1	117.9	100.8	88.5	87.5
沈阳	Shenyang	102.3	107.9	103.7	108.9	133.3	100.4	91.0	97.5
大连	Dalian	102.1	106.7	100.7	112.5	134.2	104.5	86.8	93.0
长春	Changchun	101.9	107.0	101.3	106.5	131.5	106.2	90.1	89.3
哈尔滨	Harbin	101.4	108.1	103.5	105.4	134.6	102.9	88.3	93.3
上海	Shanghai	101.7	105.3	101.5	106.3	131.0	100.6	96.7	92.9
南京	Nanjing	102.4	109.4	99.3	113.8	135.6	106.3	94.1	97.1
杭州	Hangzhou	102.1	106.9	101.7	102.0	136.7	102.6	97.4	88.9
宁波	Ningbo	101.9	106.2	101.7	103.8	137.6	100.3	97.4	89.7
合肥	Hefei	102.3	108.0	103.0	111.2	137.3	105.1	86.0	83.6
福州	Fuzhou	102.4	106.8	99.5	106.7	140.3	101.9	90.2	86.7
厦门	Xiamen	102.5	107.5	100.0	101.5	138.6	105.2	95.5	86.1
南昌	Nanchang	102.5	107.5	102.6	107.6	139.9	108.7	89.4	82.4
济南	Jinan	102.4	109.9	101.7	105.9	142.0	105.0	95.7	91.0
青岛	Qingdao	102.4	108.0	101.5	108.9	138.3	102.9	89.9	86.7
郑州	Zhengzhou	102.3	107.3	101.3	104.6	136.3	100.7	85.6	87.8
武汉	Wuhan	102.4	108.7	100.4	108.2	145.6	106.9	95.2	85.3
长沙	Changsha	101.8	106.9	101.4	103.3	138.7	99.6	90.8	88.3
广州	Guangzhou	102.6	109.9	101.8	103.5	147.0	102.6	98.0	86.3
深圳	Shenzhen	102.3	107.9	100.7	103.7	139.1	102.9	93.4	93.1
南宁	Nanning	102.3	109.1	100.4	103.7	143.6	106.4	93.7	87.4
海口	Haikou	101.6	106.8	101.5	95.4	136.0	100.5	97.1	92.7
重庆	Chongqing	102.3	107.9	97.4	110.2	139.9	102.5	86.9	82.1
成都	Chengdu	102.5	110.2	103.2	110.9	136.6	100.6	94.8	91.7
贵阳	Guiyang	102.4	110.0	99.6	107.2	140.5	107.3	93.7	91.2
昆明	Kunming	103.1	110.1	99.9	109.4	150.0	99.3	94.7	85.4
拉萨	Lasa	102.0	104.6	102.3	104.6	114.5	102.1	101.6	95.9
西安	Xi'an	102.1	106.1	100.9	114.0	133.1	104.8	82.2	84.0
兰州	Lanzhou	102.0	105.8	102.8	113.3	125.2	101.3	91.4	83.0
西宁	Xining	102.7	106.9	101.8	109.0	128.6	101.2	84.3	91.9
银川	Yinchuan	101.8	105.3	104.5	116.9	119.5	101.1	87.8	89.6
乌鲁木齐	Urumqi	100.9	103.3	103.3	100.1	118.1	101.6	87.6	88.0

3-74 续表 continued

(上年同期=100) (same period of preceding year=100)

城市 City	衣着 Clothing	居住 Residence	生活用品及服务 Household Facilities, Articles and Services	交通通信 Transport and Communications	教育文化娱乐 Education, Cultural and Recreation	医疗保健 Health Care and Medical Services	其他用品及服务 Miscellaneous Goods and Services
平均指数 Average Index	**99.7**	**99.7**	**100.2**	**96.2**	**101.8**	**101.6**	**104.7**
北京 Beijing	99.8	99.1	100.0	95.8	102.5	104.9	108.3
天津 Tianjin	98.5	100.7	100.2	97.1	102.6	99.9	107.9
石家庄 Shijiazhuang	99.7	100.8	99.7	97.1	101.6	102.8	101.9
太原 Taiyuan	101.1	99.6	100.5	95.8	102.1	107.4	100.5
呼和浩特 Hohhot	98.5	99.9	99.5	96.2	102.8	113.6	102.2
沈阳 Shenyang	98.8	100.3	97.9	96.8	100.5	103.2	102.9
大连 Dalian	100.0	100.5	100.8	95.8	100.6	102.3	105.0
长春 Changchun	97.8	99.4	101.2	96.9	102.8	99.4	104.9
哈尔滨 Harbin	98.7	93.7	98.9	95.9	103.6	101.6	106.0
上海 Shanghai	100.9	100.8	99.8	96.6	101.1	101.2	102.9
南京 Nanjing	97.6	100.2	100.3	95.9	101.3	99.7	108.0
杭州 Hangzhou	100.1	99.7	103.1	96.6	101.7	103.1	103.8
宁波 Ningbo	99.9	100.9	101.5	94.6	103.1	98.9	105.3
合肥 Hefei	99.7	99.9	99.8	97.1	101.6	100.8	103.4
福州 Fuzhou	99.6	100.6	100.3	96.7	104.0	100.0	104.4
厦门 Xiamen	100.5	101.2	102.3	97.1	100.9	98.8	102.5
南昌 Nanchang	100.9	99.9	100.2	96.9	102.2	99.7	105.9
济南 Jinan	99.9	98.5	99.4	95.7	99.6	100.0	108.6
青岛 Qingdao	99.9	100.5	99.4	94.5	102.1	102.0	102.7
郑州 Zhengzhou	99.1	99.0	100.5	93.7	102.5	105.4	108.0
武汉 Wuhan	101.5	98.5	99.7	97.2	99.9	101.2	105.3
长沙 Changsha	100.4	100.2	99.8	96.9	99.0	101.0	105.5
广州 Guangzhou	97.9	99.4	99.1	95.4	100.9	100.9	102.6
深圳 Shenzhen	101.2	99.0	100.7	96.0	102.6	99.8	104.5
南宁 Nanning	98.9	98.7	99.8	95.2	100.0	104.4	102.5
海口 Haikou	103.0	96.7	100.4	95.1	101.9	100.1	104.4
重庆 Chongqing	98.3	99.5	100.0	97.3	101.8	101.9	102.7
成都 Chengdu	99.8	97.6	101.4	95.5	101.9	100.5	101.7
贵阳 Guiyang	97.4	97.9	99.2	95.4	102.1	101.7	104.3
昆明 Kunming	100.8	99.3	98.9	96.5	104.7	100.7	104.1
拉萨 Lasa	101.1	99.4	100.6	97.8	103.5	103.1	107.3
西安 Xi'an	100.4	99.6	100.6	98.3	102.5	99.8	105.7
兰州 Lanzhou	99.7	99.9	100.8	97.7	102.2	100.3	104.6
西宁 Xining	100.7	100.4	99.8	97.6	100.3	104.1	107.4
银川 Yinchuan	100.4	101.9	99.6	96.8	100.7	100.4	101.5
乌鲁木齐 Urumqi	99.8	100.5	99.6	96.9	101.6	100.1	101.2

主要统计指标解释

城市居民消费价格指数 是反映城市居民购买的消费品及服务价格水平的变动趋势和变动程度的相对数。它是宏观经济分析和决策、价格总水平监测和调控以及国民经济核算的重要指标。其按年度计算的变动率通常被用来作为反映通货膨胀（或紧缩）程度的指标。

城市居民消费价格的调查范围包括城市居民购买并用于日常生活消费的商品和服务项目价格。按用途划分为8个大类，包括食品烟酒、衣着、居住、生活用品及服务、交通和通信、教育文化和娱乐、医疗保健、其他用品和服务等。

城市商品零售价格指数 是工业、商业、餐饮业和其他零售企业向城市居民、机关团体出售生活消费品和办公用品的价格水平变动趋势和变动程度的相对数。其目的在于掌握零售商品价格的变动趋势，为国家宏观调控和国民经济核算提供参考依据。

商品零售价格的调查范围涉及到各种类型的工业、商业、餐饮业和其他行业的零售商品以及农民对非农民居民出售商品的价格。包括食品、饮料烟酒、服装鞋帽、纺织品、家用电器及音响器材、文化办公用品、日用品、体育娱乐用品、交通通信用品、家具、化妆品、金银饰品、中西药品及医疗保健用品、书报杂志及电子出版物、燃料、建筑材料及五金电料等16大类。

固定资产投资价格指数 是反映一定时期内固定资产投资额价格变动趋势和程度的相对数。固定资产投资额是由建筑安装工程投资完成额、设备、工器具购置投资完成额和其他费用投资完成额三部分组成的。编制固定资产投资价格指数首先编制上述三部分投资的价格指数，然后采用加权算术平均法求出固定资产投资价格总指数。该指数可以准确地反映固定资产投资中涉及的各类商品和取费项目价格变动趋势和变动幅度，消除按现价计算的固定资产投资指标中的价格变动因素，真实地反映固定资产投资的规模、速度、结构和效益，为国家科学地制定、检查固定资产投资计划并提高宏观调控水平，为完善国民经济核算体系提供科学的、可靠的依据。

工业生产者出厂价格指数 是反映一定时期内全部工业产品出厂价格总水平的变动趋势和程度的相对数，包括工业企业售给本企业以外所有单位的各种产品和直接售给居民用于生活消费的产品。通过工业生产者出厂价格指数能观察出厂价格变动对工业总产值的影响。

工业生产者购进价格指数 是反映一定时期内全部工业企业作为生产投入，从物资交易市场和能源、原材料生产企业购买原材料、燃料和动力产品时，所支付的价格水平变动趋势和程度的相对数，是扣除工业企业物质消耗成本中的价格变动影响的重要依据。

住宅销售价格 指房产所有权转移时买卖双方实际成交的价格（合同价格）。房产买卖时，买房人购买的是房产的所有权，卖房人将房产所有权出让，同时要获得房产所有权出让的价值补偿。它主要包括新建住宅销售和二手住宅销售两部分。

新建商品住宅销售价格 指新建的、用于居住的进入房地产市场进行交易的房屋，第一次进行产权登记时的实际交易价格（合同价格）。其价格由成本、税金、利润、代收费用等组成，它受地段、层次、朝向、质量、材料差价等因素的影响。

二手住宅销售价格 指用于居住的进入房地产市场进行交易的房屋，再次进行产权登记时的实际交易价格。该指标取自《存量房屋买卖合同》。若合同中含有相关税费，则应将其扣除。

Explanatory Notes on Main Statistical Indicators

Urban Consumer Price Index reflects the trend and degree of changes in prices of consumer goods and services purchased by urban households. It is an indicator used for government decision making, price monitoring & controlling and improving the current national accounting system. The annual price index is used to reflect the degree of inflation and deflation.

Its survey field covers the prices of goods and services purchased by urban households and used for living. It is classified into 8 categories by food tobacco and liquor, clothing, residence, household facilities articles and services, transportation and communication, education, culture and recreation, health care and medical services, miscellaneous goods and services.

Urban Retail Price Index reflects the trend and degree of changes in retail prices of living consumer goods and office equipment which are sold to residents and organizations by retail enterprises. It can be used to know about the change tendency of the price of retailed goods, provides reliable data for government decision making and further improving the current national accounting system.

Its survey field covers the retail price of industry, commerce, catering trade and other sectors and prices of goods sold to non-agricultural population by farmers. Now it is classified into 16 categories by food, beverages tobacco and liquor, garments shoes and hats, textiles, household appliances music and video equipment, cultural and office appliances, articles for daily use, sports and recreation articles, transportation and communication appliances, furniture, cosmetics, gold silver and jewelry, traditional chinese and western medicines and health care articles, books newspapers magazines and electronic publications, fuels, building materials and hardware.

Price Index of Investment in Fixed Assets reflects the trend and degree of changes in prices of investment in fixed assets during a given period. The investment in fixed assets consists of three components, namely the investment in construction and installation, the investment in purchases of equipment and instrument, and the investment in other items. Price index of investment in fixed assets is calculated as the weighted arithmetic mean of the price indices of the three components of investment in fixed assets. Removing the factor of price change in the aggregates of investment at current prices, this indicator shows the changes in the prices of commodities and fees involved in the investment of fixed assets, and can be used to observe the actual size, growth, structure, and efficiency of investment in fixed assets and provides reliable and scientific date for government planning, management, decision making, and further improving the current national accounting system.

Industrial Producer Ex-factory Price Indices reflects the trend and degree of changes in general ex-factory prices of all industrial products during a given period, including sales of industrial products by an industrial enterprise to all units outside the enterprise, as well as sales of consumer goods to residents. It can be used to analyze the impact of ex-factory prices on gross industrial output value.

Industrial Producer Purchasing Price Indices reflects the trend and degree of changes in purchasing price of raw material, fuel and power paid by industrial enterprises when they purchase production as input from the market or other energy and raw material producers during a given period, and provide basis for measuring the material consumption of industrial enterprises after removing influence of price from cost.

Residential Houses Selling Price Index refers to the transfers the ownership of the property buyers and sellers of the actual clinch a deal price (the contract price). Estate sale, is the ownership of the property buyers to purchase, sellers will property ownership transfer, at the same time to obtain the value of the property ownership transfer compensation. It mainly includes two parts of the new housing sales and second-hand housing sales.

New Commodity Residential Houses Selling Price Index refers to the newly built into the real estate market, used to live in trading houses, undertake property right registration for the first time the actual transaction price of (the contract price). Its price by cost, taxes and profits, collecting fees, etc, it is location, level, orientation, quality, the factors of material price difference.

Second-hand Housing Sales Price refers to enter the real estate market for residential houses, which trade, undertake property right registration of actual transaction prices again. The index from the stock of the sale and purchase contract. If contract is contained in the relevant taxes, it should be deducted.

四、农　业

Chapter 4

AGRICULTURE

4-1 按人口平均的主要农产品产量
Per Capita Output of Major Agricultural Products (2016-2020)

项目	Item	单位	Unit	2016	2017	2018	2019	2020
粮食总产量	Yield of Grain	千克	kilogram	128.29	136.35	134.45	142.94	164.56
#小 麦	Wheat	千克	kilogram	37.71	40.09	36.63	38.72	45.33
玉 米	Corn	千克	kilogram	75.98	76.62	70.89	73.75	79.12
水 稻	Rice	千克	kilogram	12.83	16.91	23.99	27.48	36.24
棉花总产量	Yield of Cotton	千克	kilogram	1.34	1.61	1.17	1.16	0.74
油料总产量	Yield of Oil-bearing Crops	千克	kilogram	0.86	0.81	0.46	0.26	0.22
蔬菜总产量	Yield of Vegetables	千克	kilogram	175.68	173.17	162.85	155.45	192.17
生猪出栏	Slaughtered Hogs	头	head	0.23	0.19	0.18	0.13	0.14
牛出栏	Slaughtered Cattle and Buffaloes	头	head	0.01	0.01	0.01	0.01	0.01
羊出栏	Slaughtered Sheep and Goats	只	head	0.04	0.04	0.03	0.02	0.03
家禽出栏	Slaughtered Poultry	只	head	4.70	3.94	3.49	4.35	4.73
肉类总产量	Output of Meat	千克	kilogram	27.57	23.21	21.72	19.49	21.35
#猪 肉	Pork	千克	kilogram	17.71	14.51	13.62	10.01	11.07
牛 肉	Beef	千克	kilogram	2.21	2.18	1.83	1.62	1.93
羊 肉	Mutton	千克	kilogram	0.95	0.91	0.76	0.54	0.63
禽蛋产量	Output of Poultry Eggs	千克	kilogram	12.25	12.20	12.45	12.40	15.02
奶类产量	Output of Milk	千克	kilogram	32.04	33.43	30.80	30.33	36.11
农林牧渔业产值	Output Value of Farming, Forestry, Animal Husbandry and Fishery	元	yuan	2532.26	2454.09	2503.85	2652.98	3436.05
农林牧渔业增加值	Added Value of Farming, Forestry, Animal Husbandry and Fishery	元	yuan	1117.39	1117.63	1157.73	1226.83	1573.34

注：人口数据为天津市常住人口数据。
Note: The population data is the permanent population data of Tianjin.

4-2 农业经济主要指标
Major Indicators of Agricultural Economy (2016-2020)

项目	Item	单位	Unit	2016	2017	2018	2019	2020
农作物总播种面积	Total Sown Area	万亩	10000 mu	665.49	662.54	643.91	615.40	628.76
#粮食	Grain	万亩	10000 mu	543.01	527.10	525.32	508.90	525.31
棉花	Cotton	万亩	10000 mu	19.35	31.00	25.65	21.16	11.70
油料	Oil-bearing Crops	万亩	10000 mu	8.40	8.37	3.14	1.66	1.26
蔬菜	Vegetables	万亩	10000 mu	70.35	73.92	74.62	72.51	79.38
粮食总产量	Yield of Grain	万吨	10000 tons	200.40	212.27	209.69	223.25	228.18
棉花总产量	Yield of Cotton	万吨	10000 tons	2.10	2.50	1.83	1.81	1.02
油料总产量	Yield of Oil-bearing Crops	万吨	10000 tons	1.34	1.26	0.72	0.41	0.31
蔬菜总产量	Output of Vegetables	万吨	10000 tons	274.43	269.61	253.98	242.78	266.47
生猪出栏	Slaughtered Hogs	万头	10000 heads	355.43	297.22	278.56	197.78	193.99
牛出栏	Slaughtered Cattle and Buffaloes	万头	10000 heads	20.07	19.49	16.69	14.10	14.39
羊出栏	Slaughtered Sheep and Goats	万只	10000 heads	63.51	55.22	49.17	34.21	36.05
家禽出栏	Slaughtered Poultry	万只	10000 heads	7335.77	6137.62	5435.66	6786.50	6564.50
肉类总产量	Output of Meat	万吨	10000 tons	43.07	36.14	33.88	30.43	29.61
禽蛋产量	Output of Eggs	万吨	10000 tons	19.13	18.99	19.41	19.36	20.83
奶类产量	Output of Milk	万吨	10000 tons	50.04	52.05	48.04	47.37	50.07
农林牧渔业总产值	Gross Output Value of Farming, Forestry, Animal Husbandry and Fishery	亿元	100 million yuan	395.57	382.07	390.50	414.35	476.44
农林牧渔业增加值	Added Value of Farming, Forestry, Animal Husbandry and Fishery	亿元	100 million yuan	174.55	174.00	180.56	191.61	218.16

4-3 农作物播种面积
Sown Area of Farm Crops (2016-2020)

单位：万亩 (10000 mu)

项　目	Item	2016	2017	2018	2019	2020
农作物总播种面积	**Total Sown Area**	**665.48**	**662.54**	**643.91**	**615.40**	**628.76**
一、粮食作物	**Grain Crops**	**543.01**	**527.10**	**525.32**	**508.90**	**525.31**
#夏收粮食	Grain Harvested in Summer	160.94	163.15	166.26	151.68	155.93
(一)谷　物	Cereal	534.16	517.06	513.58	498.48	516.53
#稻　谷	Rice	39.77	45.73	59.85	68.29	80.17
小　麦	Wheat	160.94	163.15	166.26	151.68	155.93
玉　米	Corn	329.29	302.13	280.16	271.16	268.29
(二)豆类合计	Beans	5.76	5.66	9.79	8.20	6.60
#大　豆	Soybean	5.31	5.06	9.31	7.72	6.17
绿　豆	Green Gram	0.11	0.20	0.18	0.18	0.16
红 小 豆	Ormosia	0.10	0.20	0.14	0.25	0.22
(三)薯类(折粮)	Tubers (converted into grain)	3.09	4.38	1.95	2.22	2.18
二.油料作物	**Oil-bearing Crops**	**8.38**	**8.37**	**3.14**	**1.66**	**1.26**
#花　生	Peanuts	1.90	2.20	2.15	1.36	1.05
芝　麻	Sesame	0.07	0.05	0.03	0.01	0.00
葵 花 籽	Sunflower Seeds	6.19	5.43	0.80	0.15	0.06
三、棉　花	**Cotton**	**19.39**	**31.00**	**25.65**	**21.16**	**11.70**
四、麻类合计	**Fiber Crops**					
五、蔬　菜(含菜用瓜)	**Vegetables (including melon-vegetable)**	**70.34**	**73.92**	**74.62**	**72.51**	**79.38**
六、瓜　类	**Melon**	**6.92**	**9.77**	**7.16**	**6.62**	**7.44**
#西　瓜	Watermelon	5.49	8.55	5.65	5.21	6.30
七、其他农作物	**Other Crops**	**17.44**	**12.38**	**8.02**	**4.55**	**3.67**

4-4 农作物种植结构
Planting Structure of Farm Crops (2016-2020)

单位：% (%)

项　目	Item	2016	2017	2018	2019	2020
农作物总播种面积	**Total Sown Area**	**100.0**	**100.0**	**100.0**	**100.0**	**100.0**
一、粮食作物	**Grain Crops**	**81.6**	**79.6**	**81.6**	**82.7**	**83.5**
#夏收粮食	Grain Harvested in Summer	24.2	24.6	25.8	24.6	24.8
(一)谷　物	Cereal	80.3	78.0	79.8	81.0	82.2
#稻　谷	Rice	6.0	6.9	9.3	11.1	12.8
小　麦	Wheat	24.2	24.6	25.8	24.6	24.8
玉　米	Corn	49.5	45.6	43.5	44.1	42.7
(二)豆类合计	Beans	0.9	0.9	1.5	1.3	1.0
#大　豆	Soybean	0.8	0.8	1.4	1.3	1.0
绿　豆	Green Gram	0.0	0.0	0.0	0.0	0.0
红小豆	Ormosia	0.0	0.0	0.0	0.0	0.0
(三)薯类(折粮)	Tubers (converted into grain)	0.5	0.7	0.3	0.4	0.3
二.油料作物	**Oil-bearing Crops**	**1.3**	**1.3**	**0.5**	**0.3**	**0.2**
#花　生	Peanuts	0.3	0.3	0.3	0.2	0.2
芝　麻	Sesame	0.0	0.0	0.0	0.0	0.0
葵花籽	Sunflower Seeds	0.9	0.8	0.1	0.0	0.0
三、棉　花	**Cotton**	**2.9**	**4.7**	**4.0**	**3.4**	**1.9**
四、麻类合计	**Fiber Crops**					
五、蔬　菜(含菜用瓜)	**Vegetables (including melon-vegetable)**	**10.6**	**11.2**	**11.6**	**11.8**	**12.6**
六、瓜　类	**Melon**	**1.0**	**1.5**	**1.1**	**1.1**	**1.2**
#西　瓜	Watermelon	0.8	1.3	0.9	0.8	1.0
七、其他农作物	**Other Crops**	**2.6**	**1.9**	**1.2**	**0.7**	**0.6**

4-5 农作物总产量
Yield of Farm Crops (2016-2020)

单位：万吨 (10000 tons)

项 目	Item	2016	2017	2018	2019	2020
一、粮食作物	**Grain Crops**	**200.40**	**212.27**	**209.69**	**223.25**	**228.18**
#夏收粮食	Grain Harvested in Summer	58.90	62.41	57.13	60.47	62.86
(一)谷 物	Cereal	198.60	209.94	207.36	221.17	226.33
#稻 谷	Rice	20.04	26.33	37.41	42.91	50.24
小 麦	Wheat	58.90	62.41	57.13	60.47	62.86
玉 米	Corn	118.69	119.29	110.55	115.18	109.70
(二)豆类合计	Beans	0.89	0.85	1.42	1.09	0.90
#大 豆	Soybean	0.83	0.78	1.35	1.04	0.85
绿 豆	Green Gram	0.01	0.02	0.02	0.02	0.02
红小豆	Ormosia	0.01	0.02	0.02	0.03	0.02
(三)薯类(折粮)	Tubers (converted into grain)	0.91	1.48	0.91	0.99	0.96
二.油料作物	**Oil-bearing Crops**	**1.34**	**1.26**	**0.72**	**0.41**	**0.31**
#花 生	Peanuts	0.43	0.53	0.62	0.36	0.28
芝 麻	Sesame	0.01	0.00	0.00	0.00	0.00
葵花籽	Sunflower Seeds	0.86	0.61	0.08	0.03	0.01
三、棉 花	**Cotton**	**2.10**	**2.50**	**1.83**	**1.81**	**1.02**
四、蔬 菜(含菜用瓜)	**Vegetables (including melon-vegetable)**	**274.43**	**269.61**	**253.98**	**242.78**	**266.47**
五、瓜 类	**Melon**	**21.77**	**20.26**	**22.64**	**21.67**	**24.67**
#西 瓜	Watermelon	18.94	18.45	18.91	18.71	21.86

4-6 畜牧业生产情况 Production of Animal Husbandry (2016-2020)

项目	Item	单位	Unit	2016	2017	2018	2019	2020
一、畜禽存栏	**Livestock and Poultry Stocks**							
猪	Hogs	万头	10000 heads	180.80	179.95	196.91	124.26	162.33
牛	Cattle and Buffaloes	万头	10000 heads	23.21	25.85	24.57	25.68	28.16
1.肉牛	Beef Cattle	万头	10000 heads	12.39	13.84	13.27	14.68	17.45
2.奶牛	Cows	万头	10000 heads	10.75	11.95	11.30	11.00	10.71
羊	Sheep and Goats	万只	10000 heads	43.82	43.48	41.93	39.23	45.22
活家禽	Poultry	万只	10000 heads	2601.44	2294.5	2230.98	2432.77	2232.62
其中：活鸡	Chickens	万只	10000 heads	2443.06	2158.4	2249.36	2334.01	2171.67
二、畜禽出栏	**Number of Slaughtered Livestock and Poultry**							
猪	Hogs	万头	10000 heads	355.43	297.22	278.56	197.78	193.99
牛	Cattle and Buffaloes	万头	10000 heads	20.07	19.49	16.69	14.10	14.39
羊	Sheep and Goats	万只	10000 heads	63.51	55.22	49.17	34.21	36.05
活家禽	Poultry	万只	10000 heads	7335.77	6137.62	5435.66	6786.50	6564.50
三、畜禽产品产量	**Output of Livestock and Poultry Products**							
猪肉	Pork	万吨	10000 tons	27.67	22.59	21.24	15.64	15.35
牛肉	Beef	万吨	10000 tons	3.45	3.39	2.85	2.53	2.67
羊肉	Mutton	万吨	10000 tons	1.49	1.42	1.18	0.85	0.87
禽肉	Poultry	万吨	10000 tons	10.39	8.67	8.55	11.27	10.56
禽蛋	Poultry Eggs	万吨	10000 tons	19.13	18.99	19.41	19.36	20.83
其中：鸡蛋	Hen's Eggs	万吨	10000 tons	17.78	17.75	19.08	19.03	20.47
牛奶	Cow Milk	万吨	10000 tons	50.04	52.05	48.04	47.37	50.07

主要统计指标解释

农作物总播种面积 指应该在本日历年度内收获农产品的作物播种面积之和。其计算公式为:

农作物总播种面积=上年秋冬播作物面积+本年春播作物面积+本年夏播作物面积=本年夏收作物播种面积+本年秋收作物播种面积

粮食总产量 指全社会的产量。包括国有经济经营的、集体统一经营的和农民家庭经营的粮食产量，还包括工矿企业家属办的农场和其他生产单位的产量。包括稻谷、小麦、玉米、高粱、谷子、其他杂粮、薯类、大豆。其计算方法，豆类按去豆荚后的干豆计算；薯类按 5 公斤鲜薯折 1 公斤粮食计算。其他粮食一律按脱粒后的原粮计算。

当年出栏头数 指农林牧渔企业生产单位饲养的，供屠宰并已出栏的全部牲畜头数。包括交售给国家，集市上出售的部分。

Explanatory Notes on Main Statistical Indicators

Sown areas of Farm Crops refer to area of land sown incurrent year. The formula is:

Sown areas of Farm Crops = area of land sown in previous autumn and winter + area of land sown in current spring + area of land sown in current summer = sown area of current summer crops + sown area of current autumn crops

Grain Output refer to the total output in the whole region including grain produced by state farms, collective units, rural households, as well as by farms affiliated to industrial and mining enterprises and other production units. Grain includes rice, wheat, corn, sorghum, millet, tubers, soybean and others. The beans are calculated according to the dried beans after the pods. Tubers are calculated according to 5 kilograms of fresh tubers folded 1 kilogram of grain. All other grains are calculated according to the original grain after threshing.

Number of Livestock Slaughtered refers to the total number of animals for butchering by farming, forestry, animal husbandry and fishery, including parts of selling to country and markets.